电子支付

ELECTRONIC PAYMENT

◎ 徐 勇 主编

·广州·

内容简介

本书从当前主流的电子支付工具角度进行分类与阐述,全面系统地介绍了电子支付工具、方式、相关法规和监管。全书共分七章,包括电子支付概述,网络支付基础,离线支付系统,网络银行及其支付,第三方支付,移动支付、微支付与云支付,其他网络支付方式。

本书提供了与网络支付有关的大量案例、资料和形式多样的思考与练习题,以供阅读、训练使用,便于读者对所学知识的巩固和分析能力的培养,在实用性和操作性方面都具有很强的指导作用。

本书可作为高等院校电子商务专业的本科教材,也可作为从事电子商务的企业、事业单位、金融机构等相关人员的参考书籍。

图书在版编目(CIP)数据

电子支付/徐勇主编. —广州:华南理工大学出版社,2019.2(2025.9重印)
ISBN 978 - 7 - 5623 - 5904 - 3

Ⅰ. ①电… Ⅱ. ①徐… Ⅲ. ①电子商务 - 支付方式 - 高等学校 - 教材 Ⅳ. ①F713.361.3

中国版本图书馆 CIP 数据核字(2019)第 025119 号

电子支付

徐勇 主编

出 版 人:房俊东
出版发行:华南理工大学出版社
(广州五山华南理工大学17号楼,邮编510640)
http://hg.cb.scut.edu.cn E-mail:scutc13@scut.edu.cn
营销部电话:020-87113487 87111048(传真)
策划编辑:谢茉莉
责任编辑:谢茉莉
印 刷 者:广州方迪数字印刷有限公司
开 本:787mm×1092mm 1/16 印张:13.75 字数:335千
版 次:2019年2月第1版
印 次:2025年9月第3次印刷
定 价:35.00元

版权所有 盗版必究 印装差错 负责调换

前　言

我国电子商务发展迅速，20多年来，已经历从简单模仿、理性调整到快速发展的阶段。电子支付同样发展迅猛，2010年，随着移动智能终端的普及，各大银行开始推出手机银行APP；同时，以支付宝、微信为代表的互联网巨头纷纷发力移动支付市场，依靠其强大的线上生态场景优势抢占市场份额。2017年，全国共办理非现金支付业务1608.78亿笔，金额3759.94万亿元；电子支付系统共处理支付业务773.34亿笔，金额5414.25万亿元。电子支付正在深刻地改变生活方式、商业模式、社会管理、金融体系以及安全观念，我们该如何解读电子支付这项技术创新？如何诠释改变世界的电子支付？

本书系统介绍了电子支付系统和模式、网络银行及第三方平台结算支付和移动支付，探讨了电子支付的管理和法律保障方法，可以作为普通高等院校本科生和研究生的专业教材，也可作为有关电子商务企业和企事业单位开展电子商务活动的参考书。

全书共分七章：第1章介绍了电子支付的基本概念，电子支付模式的各种分类及其特点，此外也介绍了支付系统的演变与电子支付中几个领域的发展趋势。第2章讲述了网络支付的基本概念，介绍了常见的网络支付工具和网络支付系统的各种分类及其特点，同时列举了电子货币的产生及其发展特点，并介绍了几种常见的支付系统。第3章讲述了离线支付系统的特点，包括各类离线支付的内容，分析了使用扫码支付和近场支付的优势及存在的问题。第4章介绍了网络银行的概念、分类及其特点，个人网络银行和企业网络银行的功能，讲述了网络银行的系统架构及个人网络银行的支付方式。第5章讲述了第三方支付的概念、产生及发展，通过对国内外第三方支付平台的对比了解和案例的学习，帮助读者掌握第三方支付平台的运作机制及系统架构。第6章讲述了移动商务及移动支付相关技术，明确移动支付产业链涉及成员及其关系，介绍了三种不同的移动支付方式，并且简要概述了有关微支付、云支付等相关内容。第7章讲述了信用卡、电子现金、基于转账以及电子汇兑支付方式的概念和特点,并明确预付型、即付型以及后付型网络支付的差异。

本书在编写过程中注重科学性、先进性,并提供了大量与网络支付有关的案例(包括导入案例、阅读案例和分析案例)、资料和形式多样的思考与练习题,便于学生对所学知识的巩固和分析能力的培养。力求实用性、针对性和现实性,着眼于应用能力的培养。

本书由徐勇负责全书结构的设计、草拟写作提纲、组织编写工作及全书统稿定稿,书中的案例由徐勇组织收集,由各章编写人员具体撰写。具体分工如下:第1章由徐勇编写,第2章由陈洁编写,第3章、第4章由朱妮编写,第5章由李静雯编写,第6章由白煜编写,第7章由皮颖鑫编写。初稿完成之后,各章的修改负责人如下:第1章由皮颖鑫修改,第2~4章由朱妮修改,第5~7章由李静雯修改。

在本书的编写过程中参阅了国内多位专家、学者的电子商务著作或译著,也参考了同行的相关教材和网络案例资料,在此对他们表示崇高的敬意和衷心的感谢!由于电子商务发展异常迅速,大量的新问题、新情况不断出现,给本书的编写带来了一定的困难,加上编者水平有限,书中不当之处在所难免,敬请广大读者批评指正。

编　者
2018 年 7 月

目 录

第1章 电子支付概述 ·· 1
  1.1 电子商务与支付 ·· 2
  1.2 支付的基本概念 ·· 3
  1.3 支付系统的演变 ·· 12
  1.4 电子支付分类及其特点 ·· 18
  1.5 电子支付的发展趋势 ·· 24
  综合练习 ·· 29

第2章 网络支付基础 ·· 34
  2.1 网络支付工具 ·· 35
  2.2 网络支付系统的基本构成和功能 ··································· 38
  2.3 电子货币 ··· 40
  2.4 中国国家金融通信网 ·· 44
  2.5 中国国家现代化支付系统（CNAPS） ································ 47
  2.6 电子资金转账系统 ··· 54
  综合练习 ·· 58

第3章 离线支付系统 ·· 61
  3.1 ATM ·· 62
  3.2 智能卡网络支付方式 ·· 66
  3.3 扫码支付 ··· 73
  3.4 近场支付 ··· 85
  综合练习 ·· 100

第4章 网络银行及其支付 ··· 103
  4.1 网络银行概述 ·· 104
  4.2 网络银行的功能优势及挑战 ····································· 107
  4.3 网络银行系统结构概述 ·· 115

4.4 网络银行的支付模式 …………………………………………………… 119
4.5 网络银行与电子商务 …………………………………………………… 122
综合练习 …………………………………………………………………… 125

第5章 第三方支付 ……………………………………………………… 128
5.1 第三方支付概述 ………………………………………………………… 129
5.2 第三方支付平台的分类 ………………………………………………… 135
5.3 网联平台 ………………………………………………………………… 136
5.4 第三方支付行业的监管 ………………………………………………… 140
5.5 国内的第三方支付平台 ………………………………………………… 142
5.6 微信支付、支付宝和华为支付、苹果支付的对比 …………………… 145
综合练习 …………………………………………………………………… 147

第6章 移动支付、微支付与云支付 …………………………………… 151
6.1 移动商务及移动支付的基本概念 ……………………………………… 154
6.2 三种移动支付模式 ……………………………………………………… 159
6.3 手机银行 ………………………………………………………………… 167
6.4 微支付 …………………………………………………………………… 170
6.5 云支付 …………………………………………………………………… 172
综合练习 …………………………………………………………………… 175

第7章 其他网络支付方式 ……………………………………………… 177
7.1 基于信用卡的网络支付方式 …………………………………………… 177
7.2 电子现金网络支付方式 ………………………………………………… 187
7.3 基于转账的网络支付方式 ……………………………………………… 193
7.4 电子汇兑系统 …………………………………………………………… 194
综合练习 …………………………………………………………………… 208

参考文献 …………………………………………………………………… 211

第1章 电子支付概述

教学目标

通过本章学习，掌握电子支付的基本概念，熟悉电子支付模式的各种分类及其特点，了解支付系统的演变，了解电子支付中几个领域的发展趋势。

 导入案例

我国电子商务发展的特点和趋势

1998 年，阿里巴巴、中国制造网等 B2B 电子商务企业成立；2003 年，淘宝网、京东商城等 B2C 电子商务平台崛起，中国电子商务开启了快速发展的 20 年。2016 年，我国电子商务交易额已相当于国民生产总值的 35%，对推动供给侧结构性改革的作用日益突出。当前，我国电子商务呈现以下几个特点：

一是服务业电商快速发展。从消费群体看，2016 年，我国在线教育用户规模达 1.38 亿人，增长率为 25%；互联网医疗用户规模达 1.95 亿人，年增长率为 28%；网上外卖用户规模达到 2.09 亿人，年均增长 83.7%；网络约车用户规模达 2.25 亿人，增长率为 41.7%；在线旅游预订网民规模达 2.99 亿人，年增长率为 15.3%。从市场规模看，2016 年，我国本地生活服务 O2O 交易额达到 7291 亿元，同比增长 64.2%。

二是新业态新模式层出不穷。租车、租房、租设备等分享经济新业态，众创、众包、第四方物流等协同经济新业态，团购点评、体验购物、主题酒店等体验经济新业态百花齐放、争奇斗艳。分享经济使得消费者之间通过互联网直接建立联系，提升闲置资源的利用效率。滴滴快车分享了闲置的汽车运力，人人快递分享了闲置的人力资源，小猪短租分享了闲置的住房空间。体验经济促使线下企业通过互联网与消费者开展互动，打破信息壁垒，畅通消费渠道。

三是跨境电商如火如荼。2015 年 3 月和 2016 年 1 月，国务院先后批准设立杭州、天津等 13 个跨境电子商务综合试验区。2016 年，13 个综试区跨境电商进出口超 1600 亿元人民币，增长 1 倍以上，其中，跨境电商出口拉动杭州出口增长 10% 以上，占全市出口的 13%。目前，跨境电商综试区 B2B 出口占综试区进出口总额的比重约 7 成，依托互联网，助推产业转型升级。郑州带动周边地区服装产业集群发展，大连推动东北老工业基地 2000 多家中小微企业触网。跨境电商已成为加快外贸转型升级，推进内外贸协同发

展，实现国际国内市场一体化的重要举措，为促进外贸回稳向好作出了重要贡献。

（资料来源：湖南人大融媒体中心．http://www.hnrd.gov.cn/content/2018/05/03/7246553.html）

问题：

1. 我国电子商务是稳步增长的，电子支付在电子商务发展过程中的地位和作用是什么？

2. 新业态的发展，很多都与电子支付模式尤其是移动支付有关，你认可这个观点吗？为什么？

从上面的导入案例可以看出，2016年我国电子商务交易额已相当于国民生产总值的35%，对推动供给侧结构性改革的作用日益突出。电子支付是电子商务的支撑性产业，同样有着广阔的发展前景。快、易、准的支付方式，催生了电子商务的新业态，促进了"互联网+传统产业"的快速融合；无现金支付在我国一二线城市越来越成为现实，传统支付渐渐淡出人们的视野，电子支付顺势蓬勃发展。

本章将从电子商务的定义入手，为大家介绍电子支付的基本概念及相关的基础内容。

1.1　电子商务与支付

广义电子商务的定义为，使用各种电子工具从事商务或活动。这些工具包括从电报、电话、广播、电视、传真到计算机、计算机网络、信息系统。狭义电子商务的定义为，主要利用互联网从事商务或活动。电子商务是在技术、经济高度发达的现代社会里，掌握信息技术和商务规则的人，系统化地运用电子工具，高效率、低成本地从事以商品交换为中心的各种活动的总称。它主要涉及三个方面的内容：信息、电子数据交换（electronic data interchange，EDI）和电子资金转账。

电子商务的交易过程一般可分为三步：①交易各方在网上发布和寻找交易机会，比较价格和条件，选择交易对象；②进行银行、运输、税务、海关等方面的电子数据交换，即EDI；③将商品交付运输公司起运，银行按照合同约定，依据提供的单据进行支付。由此可见，电子商务的整个交易过程都涉及支付问题，支付是电子商务的中心环节。

电子商务迅猛发展的20年里，给传统零售行业带来了很多冲击，"新零售"在微信、支付宝的支持下，已经开始介入电子商务中形成一种新型零售模式。依托于微信支付和支付宝支付的强大功能，充分利用微信、支付宝的社交或者支付生态，开始新模式、新生态的尝试。

电子商务的支付问题是随着电子商务本身的快速发展而衍生的。单纯就它们的关系而言，电子商务需要电子支付，支付体系是开展电子商务的必备条件。同时，电子商务的发展也促进电子支付的发展，使电子支付方式向多样性发展。具体来说，就是电子商务的发展已经突破增值网络（value-added network），更为大众所显见的是基于互联网和移动互联网的这一开放网络环境下的商务形式。

随着计算机、网络、信息技术的发展和日益融合，互联网尤其是移动互联网、智能手机、4G已进入人们社会生活的各个领域和环节，无论是机关、单位还是家庭、个人，以及企事业单位，都可以通过互联网或者移动互联网获取资源、共享信息。电子商务的新模式正是，在互联网和移动互联网的环境下，将海量数据与传统信息技术系统的丰富资源相互结合应运而生的一种相互关联的动态商务活动。基于广泛互联和完全开放式平台，"互联网+传统行业"实现了低成本、高效率的经营模式，包括各种金融业务。

电子商务中参与商务活动的各方，包括商家、顾客、银行或金融机构、信用卡公司或证券公司和政府等，都通过计算机网络完成各自的作业流程，全面实现网上在线交易过程电子化。电子商务包括两个基本环节，即交易环节和支付结算环节，主要涉及的是企业及个人的对外交易部分。电子商务不可避免地要发生支付、结算和税务等对外的财务往来业务，势必要求企业与企业之间、企业与银行之间能够通过网络进行直接的转账、对账、代收费等业务往来，而支付结算业务绝大多数是由金融专用网络完成的。

众多的第三方支付也会与银行有着千丝万缕的联系，很多情况下，第三方支付的客户账户的资金也是来自客户的银行账户，要借助于网络银行或者手机银行进行资金转移。因此，离开了银行，便无法完成网上交易的支付，也谈不上真正的电子商务。

电子商务的应用普及必须有金融电子化作保证，即通过良好的网络支付与结算手段提供高质高效的电子化金融服务。信息技术和网络为金融电子化创造了条件，电子银行、电子钱包、电子付款以及智能信用卡等已开始应用。但是，要真正发挥金融电子化对电子商务的保证作用，还需要建立完整的网络电子支付系统，提供验证、银行转账对账、电子证券、账务管理、交易处理、代缴代付、报表服务等全方位的金融服务和金融管理信息系统。

电子商务的发展要求信息流、资金流和物流等三流畅通，以保证交易的速度。

未来的电子商务将依托于互联网和移动互联网，在电商化的驱使下，以"互联网+"和传统行业（先进制造业等）的形式进行深度融合。而电子支付在这个过程中将发挥巨大作用。电子支付尤其是第三方支付在这个过程中，必然渗透到各传统行业中，如与金融领域相关的银行、证券、保险、邮电、医疗、文体娱乐和教育等众多行业，市场潜力巨大。

1.2 支付的基本概念

随着移动互联网和智能手机的推广应用，电子商务的新模式（如新零售等领域）将更加注重用户体验，因此电子支付、移动支付这些新模式将会发挥更大的作用。

1.2.1 结算

结算（settle accounts）通常是指那些伴随着各种经济交易的发生，交易双方通过进行债权债务清偿的货币收付行为。结算分为现金结算和非现金结算两种形式。结算通常是指银行与客户之间的联系，结算业务通常由商业银行操作。实现结算业务与服务的计算机信息系统称为结算信息系统。1988年，中国人民银行推出了以"三票一卡"为主的结算方式，其中的三票是本票、支票和汇票，一卡是信用卡。从那时起我国便开始推广和使用信用卡，为个人消费提供了新的支付工具和支付方式。

1.2.2 清算

清算（clear accounts）通常是指那些伴随着各种结算业务发生的，需要通过两家以上银行间账户往来或通过当地货币清算系统的清算账户来完成的货币划转。清算分为同城清算和异地清算，是进行债权债务清偿的货币收付行为。清算是指银行与银行之间的联系。从发生的过程来看，发生在结算之后，才有清算。通常清算业务是由中央银行进行操作（如美国联邦储备银行的FEDWIRE系统），或由中央银行管理下的独立于各商业银行之外的机构进行操作（如纽约清算所银行同业支付系统CHIPS）。

清算作为中央银行的主要职能，在国民经济中发挥着很大的作用，可以说清算是电子支付开展的必备条件。一直以来，央行的清算系统只是涵盖了金融机构的跨行跨机构的清算，而对于第三方支付而言，它们的资金清算往往是各自为政，某个第三方支付只负责其内部用户的资金清算，依靠在不同银行建立结算账户的形式，在系统内完成跨行的清算。

网联平台的建立使得央行得以将所有的第三方支付平台的资金清算归于该平台。

1.2.3 支付

在经济生活中，每个人都会发生交易行为，交易的结束必然伴随物品所有权的转移，而支付就是商品或劳务的转移以及债务的清偿过程。

1. 货币与支付

货币是商品经济发展到一定阶段的产物，是商品发展和商品交换的产物，是一种被广泛接受的、充当一般等价物的金融资产。随着人类社会经济和科学技术的发展，货币的表现形式经历了实物货币、金属货币、纸质货币、信用货币和电子货币五次重大的变革。

在现代金融体制与现代经济中，充当货币的资产主要有三类：①现金，包括铸币和纸币，这是一种中央银行负债，是中央银行通过法定地位而推行的一种法定支付手段；②经济行为者在商业银行体系拥有的存款，这是商业银行的负债，也是现代经济中经济行为者用于清偿债务关系的主要货币手段；③中央银行货币，这是商业银行体系在中央银行拥有的储备账户存款，是商业银行间用于清算同业债务关系的最终货币手段。这三种货币资产在现代经济中都是支付手段，是各经济行为者所拥有的本身不含有实际价值的资产，对这些资产的接受程度取决于经济行为者对这些资产的信心。

2. 银行与支付

作为现代经济的核心，银行业的起源与贸易和国际贸易密切相关，也就是说与商业发展和商品交换密不可分。贸易的发展促进了经济的发展，也促进了银行业的产生与发展。自12世纪法国香巴尼集市贸易最早出现银行的雏形之后，银行业经过长期发展，逐渐成为现代金融经济体系的核心。纵观中外银行业的发展，可以看出，商品贸易的方式不仅孕育了银行业，而且深刻地影响着银行业的发展。中世纪的集市贸易（大量经营法兰姆布匹的集市）诞生了最早的银行家；而在我国唐代，商业的普遍发展，丝绸之路的延伸，催生了中国古代银行的萌芽。

银行的出现是支付系统结构演变过程中的一个里程碑。自1473年世界上第一家银行在意大利的威尼斯问世以来，可以根据中央银行的出现将银行发展划分两个阶段。现代市场经济中通常具有两层结构的银行体制。在这种体制中，各商业银行（包括其他吸收存款的金融机构）对非银行机构和其他商业银行（指规模较小的银行机构）提供银行服务，而中央银行向各商业银行提供银行服务、发行纸币和硬币（在某些国家，硬币是由财政部发行的）。

银行资金的融通和金融媒介活动的中心是支付。在现代经济生活中，支付通常通过银行转账、支票或者货币转账的形式实现，而现在更多地表现为电子资金转账的形式。事实上，在发达的市场经济中，非现金支付已经占了全部支付金额的绝大部分，例如在美国，非现金支付金额达到全部支付金额的99%以上（从支付业务量上讲，现金支付仍占60%）。因此，银行系统提供的支付服务构成了现代支付系统的核心。

3. 中央银行与支付

中央银行是发行的银行、银行的银行（集中存款准备、最终贷款人、组织全国的清算）和国家的银行（代理国库、代理国家债券的发行、对国家给予信贷支持、保管外汇和黄金准备、制定并监督执行有关金融管理法规）。中央银行的支付清算服务是指中央银行作为一国支付清算体系的参与者和管理者，通过一定的方式和途径，使金融机构之间的债权债务清偿和资金转移顺利完成，以保证经济活动和社会生活的正常进行。支付系统是经济和社会生活正常运转的重要保障，对中央银行货币政策实施具有重要影响，与金融稳定具有密切相关性。因此，中央银行的支付清算服务是很多国家中央银行的基本职责之一，其效率对一国经济安全及金融稳定具有重要意义。

支付清算体系是中央银行向金融机构及社会经济活动提供资金清算服务的综合安排，包括清算机构、支付系统、支付结算制度及银行间清算制度与操作。

各国中央银行提供支付清算服务的方式与范围有所不同，但业务运行原理基本一致。金融机构需要在中央银行开立清算账户，并通过银行间支付系统实现资金清算。中央银行的支付清算服务主要包括组织票据交换清算、办理异地跨行清算、为私营清算机构提供净额结算服务、提供证券和金融衍生工具交易清算服务，以及提供跨国支付服务等。

1.2.4 支付系统

支付系统是指金融业为了解决经济行为人之间的商品交换和劳务关系所引起的债权债务的清算和结算而提供的一系列金融服务。支付系统由经济行为人、第三方支付等非银行支付机构或者商业银行以及中央银行共同构成，它们各自担当不同的角色。经济行为人之间由于交易而产生支付义务，在第三方支付机构出现之前，这种支付义务必须依靠中央银行为其提供银行间的清算服务，所以中央银行是清算的终结机构。而在第三方支付机构出现以来，第三方支付平台承担了很大一部分电子商务活动中的清算服务，这种清算服务一直持续到网联平台出现为止。从2018年6月30日开始网联平台已完成第三方支付的资金清算任务。

支付体系通常由两个层次构成：底层由客户和银行等金融机构的支付与结算活动组成，高层由面向往来银行和金融机构、中央银行与商业银行之间的支付与清算活动构成。这两个层次将金融交易中的双方与银行等金融机构紧密联系起来，共同构成一个复杂的支付体系。自从纸币和票据出现以来，这两个层次的资金支付活动就一直存在，但是由于纸质票据缓慢的流通速度和繁重的数据处理工作严重阻碍了资金流通，没有形成现代意义的支付体系。银行卡的出现、计算机技术的发展、各种电子资金转账的建立和推广，促使纸币发展为电子货币，通过资金流和信息流这两种电子信号流将资金支付活动的双方有机地联系起来，形成了各种电子支付系统。

第三方支付平台的出现，使得支付系统出现了更多新的形式。支付的完成不再仅仅局限于客户、银行之间以及银行间的结清算活动。在电子商务活动中，第三方支付承担了更多的支付职能，但它们只是非银行的支付功能完成机构。

1.2.5 电子支付系统

1989 年，美国法律学会批准的《统一商业法规》对电子支付的定义是：电子支付是支付命令发送方把存放于商业银行的资金通过一条线路划入收益方开户银行，以支付给收益方的一系列转移过程。

在我国，依据金融电子化网络系统，可以给出下列定义：电子支付（electronic payment，E-Payment）是指电子交易的当事人（消费者、商家和银行）通过网络以电子数据形式进行的货币支付或资金流动。它本身以金融电子化网络为基础，以商用电子化机具和各类交易为媒介，以计算机技术和通信技术为手段，以电子数据形式存储在银行的计算机系统中，利用安全和密码技术实现方便、快捷、安全的计算机网上资金流通和支付。

电子支付是传统支付的发展和创新，与传统的支付方式相比，电子支付具有以下特征。

（1）电子支付是基于一个开放系统的工作环境平台（互联网），而传统支付则是在较为封闭的系统中运作，如某一银行的各个不同地区分行之间。工作环境的开放性有利于更多商家和消费者方便参与和使用。

（2）电子支付采用先进的技术通过数字流转完成信息传输，其各种方式都采用数字化的方式进行款项支付；而传统的支付方式则是通过现金的流转、票据的转让及以后的汇兑等物理实体的流转来完成款项支付。

（3）电子支付使用最先进的通信手段，如互联网、外联网；而传统支付使用的则是传统的通信媒介。电子支付对软、硬件设施的要求很高，一般要求有联网的微机、相关的软件及其他一些配套设施，而传统支付则没有这么高的要求。

（4）电子支付可以真正实现任何时间的服务。

（5）电子支付具有方便、快捷、高效、经济的优势。电子支付只需现有的技术设施（互联网）和计算机系统就可以实现，而且只需要少数系统维护人员。电子支付的交易效率较高，从而加快了资金周转速度，降低了企业的资金成本。用户只要拥有一台可上网的终端，便可足不出户，在很短的时间内完成整个支付过程。支付费用仅相当于传统支付的几十分之一，甚至几百分之一。

支付的安全性和支付信息私密性一直是困扰电子支付发展的关键性问题。大规模地推广电子支付，必须解决黑客入侵、内部作案、密码泄露等涉及资金安全的问题。同时，消费者所选用的电子支付工具必须满足多个条件：一是要由消费者账户所在的银行发行，二是要有相应的支付系统，三是要有商户所在银行的支持并被商户所认可。如果消费者的支付工具得不到商户的认可，或缺乏相应的系统支持，电子支付也还是难以实现。而对消费者来说，要求同时持有各种流行的支付工具，也是不现实的。所以，电子支付的推广要求商家认可支持多种支付工具，各种电子支付系统能够相互兼容和互通。

随着信息技术和通信技术的发展，电子支付的方式及其依托的工具越来越多。小额支付方式可以分为三大类：第一类是在线卡基支付工具类，如信用卡、借记卡、预付卡等；第二类是电子支票类，如电子支票、电子汇款、电子划款等；第三类是虚拟货币类，如电子现金等。这些方式各有自己的特点和运作模式，适用于不同的交易过程。

电子支付可以通过三种形式传输：一是通过银行账户的贷记/借记（电子转账等），二是通过卡片或计算机进行支付（卡基支付工具），三是通过某个网站上电子账户的贷记/借记（虚拟货币）。

1. 电子支付的发展过程

随着社会与科学技术的不断发展，银行也进行了很多的支付革新，其目的在于减少银行成本，加快清算和结算速度以及减少欺诈。近些年，电子商务的发展大大地推动了银行支付系统的发展和创新。因此，从银行采用计算机等技术进行电子支付的形式上来说，银行所具有的支付形式就代表着电子支付发展的不同阶段。

第一阶段，银行利用计算机处理银行之间的业务以及办理结算，如工商银行实时电子汇兑系统。

第二阶段，银行与其他机构的计算机之间进行资金结算，如代发工资、代收费等。

第三阶段，利用网络终端向客户提供各项银行服务，如在自动柜员机（ATM）上进行存取款等。

第四阶段，利用银行销售终端（POS）向客户提供自动扣款、转账业务，即"电子支付系统"，它是现阶段电子支付的主要方式。在这一阶段，以发卡行的行内授权系统为基础，全国银行卡信息交换中心和城市银行卡中心的建立为银行卡跨行交互和跨行交易创造了条件，现行的银行支付系统也自然成为第五阶段网络支付的软硬件基础。

第五阶段，最新发展阶段，电子支付可随时随地通过互联网进行直接转账结算，以资金流的畅通来支持电子商务，形成电子商务环境。这一个阶段出现了第三方支付，这些第三方支付是非银行机构，但它们承担了支付中介和担保职责。这是正在发展的形式，也将是未来的主要电子支付方式。我们又称这一阶段的电子支付为网络支付或在线支付（包含移动支付）。

随着互联网的迅猛发展，网上金融服务已在世界范围内开展。网络金融服务可满足人们的各种需要，包括网上消费、网上银行、个人理财、网上投资交易、网上炒股等。这些金融服务的特点是通过电子货币进行即时的电子支付与结算。电子商务中，支付过程要求从发起到最后完成，资金转账的全过程都是电子形式。目前在互联网上使用的电子货币系统主要包括电子信用卡系统、电子支票系统和电子现金系统等。

在我国，目前网上交易绝大部分是使用银行卡来完成电子支付的，这也越来越被人们所接受。从 2002 年以来，尤其是 2005 年开始，涌现了很多的第三方支付平台，它们也参与到电子商务、移动商务活动中，承担电子支付中介和担保职能。

经过多年的努力，中国现代化支付系统（CNAPS）建设已经取得了很大进展，商业银行也建设了各自的行内电子汇兑系统和行内银行卡异地授权系统，清算网络逐步实现银行卡在本行内的跨地区消费使用和通存通取，人民银行电子联行系统已在全国大、中城市得到普及，全国银行卡信息交换网络建设也已初具规模。银行卡的发卡品牌主要有中国银行的"长城卡"、中国工商银行的"牡丹卡"、中国建设银行的"龙卡"、中国农业银行的"金穗卡"等数十种。在用卡环境上，全国银行卡的受理环境较以前有了很大的改善，全国可受理银行卡的银行网点数量，可受理银行卡的商店、宾馆、饭店等特约商户数量，以及各金融机构安装 ATM 数量、POS 数量、已联网的 ATM 和 POS 数量都有大幅度的增加。所有这些都为电子支付以及电子商务的发展提供了必要的条件。

2. 电子支付系统的层次

一个国家的电子支付系统一般由支付服务系统、支付清算系统和支付信息管理系统三个层次组成。

（1）支付服务系统主要指完成银行与客户之间的支付与结算的系统，也就是联机采用分布式数据库的综合业务处理系统。其特点是账户多、业务量大、涉及客户与银行双方的权益，是支付系统的基础，也是金融信息系统的数据源点。在我国，支付服务系统包括公司业务系统、储蓄业务系统和新型电子化服务三类系统。

（2）支付清算系统是国民经济资金运动的"大动脉"，社会经济活动大多要通过清算系统才能最终完成。该系统一般由政府授权的中央银行组织建设、运营和管理，各家商业银行和金融机构共同参加。

（3）支付信息管理系统也就是广义的金融管理信息系统，它是连接金融综合业务处理系统，对各子系统所产生的基础数据进行采集、加工、分析和处理，为管理者提供及时、准确、全面的信息及信息分析工具的核心系统。它的建设和完善对提高金融业的经营管理水平具有重要作用，是防范和化解金融风险的必由之路，也是金融现代化的重要标志。

通过上述三层支付系统，可以完成金融支付体系的所有支付活动。在金融实际业务中，支付服务系统主要完成客户与商业银行之间的资金支付与结算活动；支付清算系统主要完成中央银行与商业银行之间的资金支付与清算活动；支付信息管理系统体现的是金融系统的增值服务与监管方面的内容，它是建立在支付服务系统与支付清算服务系统基础之上的。

1.2.6 网络支付系统

广义网络支付是发生在购买者和销售者之间的金融交换，而这种交换的内容通常是银行所支持的某种数字金融工具，比如信用卡、电子支票或电子现金等。狭义网络支付是指消费者借助各类电子货币，通过互联网实现交易的支付结算。通常人们所讨论的网络支付都是广义的网络支付,都需要借助金融电子化系统来进行。现在我国各大商业银行的网络银行,如果要利用网络银行来进行支付,也需要通过商业银行本身的内部网络以及结算、清算网络系统来完成。由于接入端为互联网,因此借助于网络银行来进行的网络支付实际上要通过金融专用网和互联网来共同完成。

由于银行通过传统的支付清算网络完成支付授权和支付获取,网络支付所引起的账户之间的结算和银行之间的清算也是通过已有的支付清算网络来完成的,因此,现行支付系统是实现网络支付的基础。

网络支付系统是利用计算机网络和互联网实现电子支付的系统。电子支付系统是实现网络支付的技术基础,网络支付系统是电子支付系统发展的更高形式。电子商务的发展使得银行的结算、清算和支付业务开始迈向一个新的发展过程。

(1) 电子支付系统并没有改变银行支付结算的基本结构和过程。电子支付、企业银行等都是建立在封闭的专用网中,不论企业、个人支付行为是否发生,银行结算都是发生在商品交易完成之后,而网络支付则是与网上交易紧密结合、互为条件的。网上交易不确定,网络支付不会发生,而网络支付不进行,网上交易也不能最终完成。

(2) 网络支付系统是以电子支付系统为条件的。以电子购物中普遍应用的银行卡结算为例,持卡人在网上确定购物意向后,支付指令是由商场经过支付网关、银行卡信息交换网络送往发卡行处理中心授权、扣账,然后将信息返回商户,完成交易过程。银行卡授权、扣账信息的最终资金清算又需要通过银行电子汇兑、电子联行或同城清算系统来完成。

(3) 网络支付系统是交互的。原本只有企业才能直通银行的电子支付方式,现已由互联网为个人、家庭开辟了连接银行的渠道,并且使个人和企业不再受限于银行的地理环境、上班时间,突破了空间距离和物体媒介的限制,足不出户即可完成支付结算。

网络支付系统分为在线支付系统和非在线支付系统。在线支付系统,可以是直接传递信用卡、银行账号信息,或间接(通过第三方)传递付款信息,或把信用卡、银行存款转化为电子货币,用电子货币直接付款;非在线支付系统,如利用电话、电传、信件等手段传递信用卡信息或银行账户信息,虽然很不方便但是比较安全。

1.2.7 电子货币

1. 电子货币的定义

电子货币是计算机介入货币流通领域后产生的,是当代较新的货币形式,已经成为电子商务实施的核心,是电子支付活动的主要媒介。

对于电子货币的定义,目前还没有一个统一的提法。

巴塞尔银行监管委员会的定义:在零售支付机制中,通过销售终端、各类电子设备,以及在公开网络上执行支付的"储值"产品和预付支付机制。

"储值"产品:保存在物理介质(硬件或者卡介质)中可用来支付的价值。可以是Mondex智能卡、多功能信用卡、电子钱包等。

预付支付机制:预存在特定软件或者网络中的一组可以传输并可用于支付的电子数据,通常可以被称为数字现金或者代币,由一组二进制数据(位流)和数字签名组成,可以直接在网络上使用。

这个定义涵盖了电子货币的在线交易和离线交易，定义较为完整、准确。

在我国，电子货币的定义通常是以金融电子化的系统为基础的，具体如下：

电子货币是以电子数据形式存储，并通过计算机网络以电子信息传递形式实现流通和支付功能的货币。电子货币在形式上已与钱币无关，并以一种"0、1"排列组合的二进制数据（电子数据）形式存储在银行的计算机系统中，以商用电子化机具和各类交易卡为媒介，利用计算机网络系统进行交易。电子货币是用一定金额的现金或存款从发行者处兑换并获得代表相同金额的数据，将现金价值预存在集成电路（integrate circuit，IC）芯片或其他存储介质中，通过使用某些电子设备直接转移给支付对象，从而能够清偿债务。

电子货币的载体有磁卡、集成电路卡和光卡等。磁卡是以磁材料为介质的一种卡，基本原理是在塑料卡中加入一个磁条，作为记录信息的载体。IC卡是在一张名片大小的塑料片上镶嵌一小块集成电路。根据嵌入卡片集成电路功能（卡内所装配的芯片）的不同IC卡分为存储器卡、带逻辑加密的存储器卡和带有微处理器的智能卡（CPU），目前金融IC卡大多是CPU卡。光卡是近几年才有的一种新型的存储介质，在欧美等发达国家和地区已经开始使用。

2. 电子货币的特征

电子货币作为现代金融业务与现代科学技术相结合的产物，与传统货币相比具有以下特征：

（1）存在的形态不同。电子货币不再以实物如贵金属、纸币等可视、可触的传统货币形式出现，而是以电子数据形式储存，故又得名电子现金、虚拟货币。传统货币以实物的形式存在，大量的货币必然要占据较大的空间，且形式比较单一。而电子货币则是一种电子符号，所占空间很小，体积几乎可以忽略不计，一张智能卡或一台计算机可以存储无限数额的电子货币。其存在形式随处理的媒体不同而不断变化。例如，在网络中传播时是电磁波或光波，在磁介质中（磁盘、磁带、磁卡等）存储时是磁化元极性方向，在CPU中处理时是电脉冲等。

（2）电子货币具有依附性。从技术上看，电子货币的发行、流通、回收等都采用现代的电子化手段，依附于相关设备的正常运行。另外，新技术和新设备可产生电子货币新的业务形式。

（3）电子货币的安全性。电子货币不是靠普通的防伪标识，而是利用现代信息技术。如采用了用户密码、信息加解密系统、防火墙等安全防范措施。

（4）传递渠道不同。传统货币传递花费的时间长，较大数额传统货币的传递甚至需要组织人员押运。而电子货币是用电子脉冲代替纸张传输和显示资金的，通过计算机处理和存储，可以在很短时间内进行远距离传递，借助互联网可以在瞬间转到世界各地，且风险较小。

（5）计算的方式不同。传统货币的清点、计算通常需要通过人工利用各种计算工具进行，需要花费较多的时间和人力，直接影响交易的速度。而电子货币的计算在较短时间内就可利用计算机完成，大大提高了交易速度。

(6) 匿名程度不同。传统货币的匿名性相对来说较强，这也是传统货币可以无限制流通的原因。但传统货币都有印钞号码，同时，传统货币总离不开面对面的交易，这在很大程度上限制了传统货币的匿名性。电子货币的匿名性要比传统货币强，主要原因是加密技术的采用以及电子货币便利的远距离传输。

电子货币被消费者和商家在电子支付过程中所接受，确认其具有合法地位，还需要解决四个关键的技术问题：一是安全性，对于在线交易、资金转移和电子货币发行都需要绝对安全；二是真实性，买卖双方能够确认他们收到的电子货币是真实的；三是匿名性，要确保消费者、商家及二者之间的交易都是不记名的，从而保护消费者的隐私权；四是可分性，在电子支付过程中能够处理以"分"或更小的货币单位出现的大量低价格的交易。

电子货币当事人一般包括电子货币发行者、电子货币使用者以及中介机构。电子货币的使用者可以是一个，也可以是多个，中介机构一般为银行等金融机构。

3. 电子货币的种类

目前，电子货币可在专用网络上传输，POS、ATM 进行处理，又可在互联网上应用。电子货币种类和形式多种多样，但基本形态大致是类似的，即电子货币的使用者以一定的现金或存款从发行者处兑换并获得等值的电子数据，以可读写的电子信息方式储存起来，当使用者需要清偿债务时，可以通过某些电子化的方法将该电子数据直接转移给支付对象，如 IC 卡、Cyber-Cash 及 E-Cash 等，其中智能卡在技术与市场方面最为成熟。

电子货币按形态可以分为三种：

(1) 电子现金型。通过按一定规律排列的电子串存储于电子计算机的硬盘内或 IC 卡内来进行支付，即以电子化的电子信息块代表一定金额的货币。它模拟了现实世界中的货币功能，并采用电子签名等安全技术来保证电子现金的真实性和不可伪造性。如专门从事电子现金开发的 DigiCash 公司的 E-Cash、IBM 的 Mini-pay、英国研制的 Mondex 型电子货币等，是最接近于现金形式的电子货币。

(2) 电子银行卡型。在传统银行卡基础上实现了在互联网上进行支付的电子银行卡，有些还脱离了实物形式，以电子形式虚拟存在，包括智能卡、电子钱包卡、电话卡、虚拟互联网支付系统、计算机现金安全互联网支付服务等。它是目前发展最快、已经步入实用阶段的电子货币。

(3) 存款电子化划拨型。通过计算机网络转移、划拨存款以完成结算的电子化支付方法，又可细分为通过金融机构的专用封闭式网络的资金划拨和通过互联网开放网络实现的资金划拨。如美国安全第一网上银行提供的电子支票、环球银行金融电信协会提供的电子结算系统等。

电子货币按流通形态分为两类：

一类是电子货币的余额信息在个人或企业之间可以辗转不断地流通下去，信息的流通路径没有限定的终点，这种类型的电子货币称为开环型电子货币，此类电子货币流通形态类似于现金，可以无数次换手，其最接近纸币，Mondex 系统支持这种货币。另一类是指用于一次支付的余额信息必须返回到发行主体，即余额信息在"发行主体—客户—

商家—发行主体"这样的闭合环路中流动的电子货币，称为闭环型电子货币。大多数电子现金属于闭环型电子货币，也就是说，大部分电子现金是一次性流通的，这一点与传统货币有很大区别。

1.3 支付系统的演变

支付系统是由一系列支付工具、程序、有关交易主体及法律规则组成的用于实现货币金额所有权转移的完整体系。

支付体系是市场经济下货币体系不可分割的一部分，根据国际清算银行的定义，"支付体系由特定的机构以及一整套用来保证货币流通的工具和过程组成"。任何支付系统的目的都是为了尽可能高效地组织实际交易和金融交易的资源传送。支付系统包括资金转移的规则、机构和技术手段。

任何在经济中有关支付的工具、手段等均是广义上支付系统的组成部分，如现金、支票、中央银行的票据处理中心及有关票据的法律等。狭义上的支付系统是指以计算机网络系统为依托，由一系列交易主体参与的，由一系列相关支付工具、程序、有关法律组成的，用于实现电子资金转账的体系。

支付系统并不是一套单纯的计算机系统，支付系统的建设与管理也并不完全是工程技术方面上的问题。主机、终端及通信线路构成现代化支付系统的物理概念，而支付系统的本质是一套服务于金融业的完整体系，计算机网络是这一体系得以运行的必要条件。

1.3.1 支付的演变历程

商品交易发展到近代出现了以银行为支付中介的新支付形式。在传统商务和电子商务中，银行在支付过程中都起到了很重要的作用，具有举足轻重的地位。由于银行这一信用中介的介入，现代含义上的支付演变为银行与客户、银行与银行之间的资金收付关系，支付是客户和银行之间进行资金清算和结算。现代化支付系统是商业银行为广大客户提供全面金融服务、中央银行为各商业银行提供支付资金最终清算服务的综合性金融服务系统。支付、支付工具与支付系统的演变和发展是与人类社会文明演变过程相一致的。

1. 原始社会的支付方式

在原始社会，支付是以最原始的交换方式进行的，即使有交换，也是一种直接的以物易物，交换过程和支付过程同时发生。这时不存在支付工具。

2. 自然经济社会的支付方式

自然经济社会对应的是以实体货币为媒介的支付方式。这时的交换是以某种物质（主要是贵金属）作为一般等价物进行交换，货币由此产生。交换和支付同时发生，货币作为支付工具，初级的支付系统已形成。

3. 工业化经济社会的支付系统

工业化经济社会对应的是以银行信用为主的支付系统。在工业化经济社会，信息传播媒体多样化，各种形式的信息收集、加工和传播的壁垒被打破，信息具有了社会化的性质。作为信用中介的银行则在社会交换和支付中起到了关键的作用。最为典型的支付工具——支票应运而生。买方通过将资金存入银行，在商品购买过程中，用银行的信用工具——支票进行支付，而卖方则通过支票得到所售商品的资金。商品的交换过程与支付过程发生分离，产生各种具有银行信用性质的支付工具，如支票、汇票、本票等，比较完善的支付系统已经建立。

4．信息经济社会的支付方式

信息经济社会对应的是电子化、网络化的现代支付方式。现在，由于信息化技术的不断发展，信息采集、加工、储存和传递越来越依靠计算机和网络通信手段。互联网的普及使世界变为了地球村，经济全球一体化已成为了现实，整个社会的商品交换极度扩大。与之相适应，支付方式也发生了根本性的变革，出现了各种现代化的网络支付系统。基于网络的支付系统不仅使支付自动化、快速化和安全化，而且适用范围广而专。随之衍生的支付工具种类繁多，如银行卡、电子现金、电子支票等。针对电子商务不同应用的各种网络支付体系建设日趋完善。

1.3.2 支付方式的演变

经济活动中债权债务关系的出现，产生了由货币价值衡量的债权债务关系的清偿，出现了用货币支付的初级形式。随着债权债务关系双方的认同和清偿支付的等值物的出现，产生了不同的清偿支付方式，支付方式的各种形态由此得到发展。

1．现金货币的支付方式

经济活动中债权债务关系清偿的最初级和简单的形式是使用现金的支付方式，这是整个社会广泛采用的法定支付方式，但由于各种条件的限制和因素的制约，无现金和无足够的现金货币时就会采用其他替代的方式来进行支付，这就产生了各种不同形式的支付方式。

2．货币等值物的支付方式

用货币等值物作为支付工具进行债权债务关系的清偿，其前提条件为：①具有债权债务的价值等价性；②具有当事双方的认同性；③具有法律规定的合法性。

例如，A 与 B 产生了一笔债务，A 在 1 个月后要向 B 支付 10 000 元才能清偿到期的债务，到期后 A 没有偿还债务的现金，就用等值于 10 000 元的其他财物来清偿债务。要使这种等值物作为支付工具使用一定要满足三个条件：这个财物有 10 000 元的价值的等价性、有 B 的同意、能得到法律的保障。因此，双方要订立一种合同性的契约，以便出现经济纠纷时有法律的保障。

从上述分析可知，这种等值物的支付方式适用的范围有一定的限制，不是一种社会广为接受的方式，要采用一定有双方的认同和法律保障的支付方式，这种保障一般采用的是契约的形式。这种不方便就使社会上出现服务性的金融机构来解决对货币的需求性的满足。于是，A 可用财产向银行进行财产抵押或借贷而获得支付的货币来清偿债务，使自己的债务延期和转移，产生与银行之间的新的债权债务关系，这种支付方式称为转移的支付方式。

3. 转移的支付方式

转移的支付方式可以定义为到期偿还债务时，由于无偿还支付的货币就采用向第三方（一般是银行类的金融机构）通过借贷或抵押的方式获得货币资金，从而进行债权债务关系的清偿。这种转移到第三方构成新的债权债务关系的方式有延期偿还债务的功能，也是在债权债务关系的清偿中一种常采用的支付方式，如图 1-1 所示。

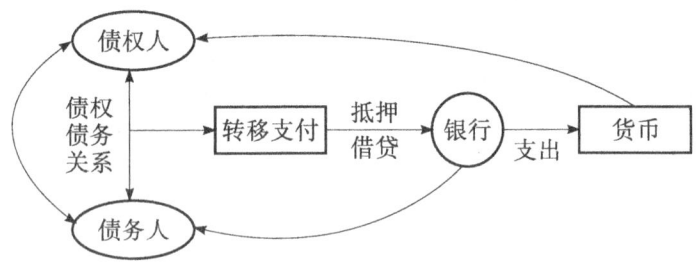

图 1-1 转移的支付方式

从图 1-1 可知转移支付就是使用社会上提供资金的第三方货币资金来清偿原有的债权债务关系，它具有延期支付和转移债务的功能。

4. 账户划转的支付方式

银行是社会信用的产物，它具有很高的社会信用。银行发行的票据和银行账户具有与现金同等的信誉，社会相信它，因此，它也可作为支付中的一个工具使用。

如，A 向 B 支付以清偿债务，可以采用将自己账户上等值数额的金额划拨到 B 账户上的方式来进行，如图 1-2 所示。

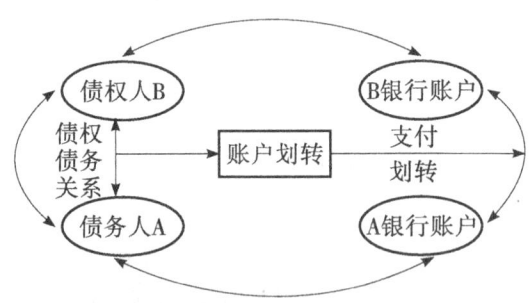

图 1-2 账户划转的支付方式

这种支付方式减少了现金在社会中的流通量，并且支付的环节更简单。社会上债权债务关系的清偿，通过银行这个中间环节，变成了银行间账户划拨的结算关系。这种支付方式成为现代信用社会中普遍通行的一种支付和结算方式。

5. 银行提供支付工具的支付方式

银行的信用得到法律的肯定和保障，银行成为社会支付与结算的服务机构，因此，银行所提供的支付工具能被社会广泛接受，可成为经常使用的支付方式。例如，银行支票的支付方式在商业和交易活动中常常被使用,其原理如图 1-3 所示。

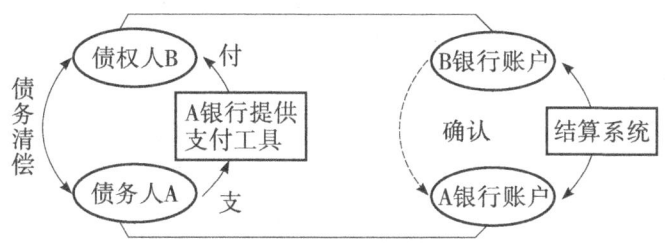

图 1-3 银行提供支付工具的支付方式

这种支付方式的一个重要特点是在债权和债务关系形成的双方之间,加入了作为支付服务的第三方,一般是银行类的金融服务机构。提供金融服务的第三方机构有以下几个特点:

(1) 有很高的社会认可信用度。
(2) 有兑现和赔付经济保证的法律承诺。
(3) 有资本资金的实力。
(4) 有发行社会接受的支付工具的能力。
(5) 有国家批准的经营金融业务的许可。

服务于社会支付和结算服务的第三方机构,是信用社会发展的一种必然结果,它对解决支付瓶颈、加速社会资金周转和商品流通有重要作用,是未来社会发展的一个主要方式。

6. 提供支付服务的第三方介入的支付方式

由于信用的发展,除了银行等法定的金融机构作为社会提供支付和结算服务的机构外,社会上也出现信用度高、有充足资本资金支持,并得到主管单位——中央银行批准的一些机构介入到提供支付和结算资金服务的领域。例如,政府部门的财政结算中心以及在网上电子支付条件下提供各种支付平台建设的第三方服务组织,都具有这种功能。他们采用的模式都是用自己的信用作为担保,进行支付的资金先打入自己账户,等交易过程完成后再代为支付,最后与其签约的单位以及银行进行结算来完成当事人之间债权债务关系的清偿和自己服务费用的收取,如图 1-4 所示。

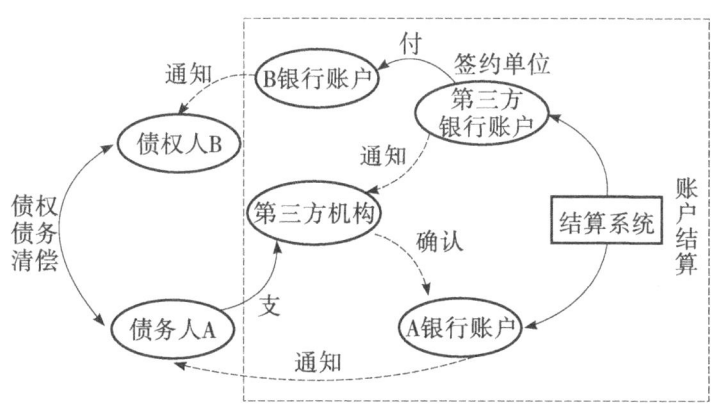

图 1-4 提供支付服务的第三方介入的支付方式

在一些商务交易中由于当事人之间缺少相互的信任，可能使交易难以进行，而第三方支付平台的加入，就可以使交易得到保障。交易的双方都信任第三方，商家可以获得账户上资金划转的保障，而购买者可以解除得不到商品的担忧。购买者支付资金后，其资金从账户上划给第三方，因为信用商家与第三方进行了签约，不愿意失去这个商机，加之第三方的实力和信用保证，资金到第三方账上后，由于第三方与信用商家资金划转的结算方银行有契约信用关系，能使资金的清偿得到结算的保证。这使商家在钱没到账之前就发货，也使一些信用关系难以保证的商务活动在这种模式下能够顺利进行，特别是在网上电子商务的交易模式中。因此，这种支付方式是目前我国网络支付正在发展的一种第三方中介担保的支付方式。

电子商务的极速发展刺激了在线支付需求的急剧增长，引发了电子支付行业的诞生和进步。反过来，电子支付行业的发展也极大地促进了电子商务的发展，促使众多的传统行业借助电子商务来实现产业的升级和进一步发展。

1.3.3　网络支付系统发展历程

网络支付系统发展的历程可以划分为以下四个阶段。

1. 准备期（1982—1992 年）

互联网进入大规模商用之前，电子支付系统已经得到相当充分的发展，并为后来互联网支付系统的开发奠定了基础。这一阶段的终点在 1992 年，以万维网（WWW）获得广泛应用、全球 IP 服务器数量超过 100 万台为标志。

自 20 世纪 80 年代起，以取代现金与纸质票据为目的的多种电子化支付手段得到发展。最初，人们期望发明一种像现金一样的支付手段，资金可以通过电子网络或某种介质（如智能卡）流动。最重要的先锋工作来自 David Chaum。1982 年，Chaum 完成关于盲签名用于不可追踪支付的论文，之后开始进行匿名电子现金的研究与测试，并于 1989 年在荷兰创办 Digi Cash。公钥密码体系早于 1976 年由 Whitfield Diffie 与 Martin Hellman 等共同开始研究。

储值智能卡在 20 世纪 80 年代开始发展，以取代 20 世纪 70 年代的磁条卡，起初面向单一用途，1983 年法国首张预付电话 IC 卡推出。电子钱包的概念随之出现：1991 年英国 NatWest 银行启动 Mondex 项目，1992 年丹麦推出全球第一个全国性储值卡方案 Dankorta。这类电子钱包方案期望在 POS 支付领域与现金以及信用卡/借记卡进行竞争。

20 世纪 80 年代开始出现的可视图文（Videotex）服务，如法国的 Minitel、德国的 BTX。家庭银行的概念开始出现，并一度被视为可视图文服务的关键应用，计费系统也作为服务的一部分开始得到发展。

当互联网的商业用途开始被发现时，多种电子化支付系统已经出现，包括 POS、电子现金、预付款机制、计费系统、电子钱包等。

2. 初创期（1993—1995 年）

信用卡是传统环境中最成熟的消费支付工具，无卡交易模式（如邮购、电话购物）早已存在，互联网作为一种新型信息交换渠道出现时，信用卡支付便开始通过互联网进行。起初的实现方法非常简单,但是几乎没有任何防护,只是通过互联网传递卡号码从而实现交易。1994 年 Netscape 开发的 SSL 标准增强了信息交互的安全性,即使后来出现了更多的安全手段,这种由消费者向商家呈递卡号码的交易模式也没有根本上的改变。

然而,这个阶段创造了多项互联网支付的历史。Digi Cash 开始发行电子化符号货币 Cyberbucks,这种"私有互联网现金"的出现使第一代互联网用户非常兴奋。作为消费者、商家、信用卡网络之间交易中介的互联网支付服务商开始出现,如 First Virtual、CyberCash 等,其角色类似于传统环境中的 POS 服务商。

初创阶段对于银行业来说是难以接受的。欧美出现了众多不由银行发行的电子钱包方案,互联网现金的试验开始给银行敲响了警钟。

3. 回归期(1995—1998 年)

初创期的领先者来自非银行领域,下一阶段的回归期指银行业夺回支付领域控制权的时期,最重要的一步是组织开发并推广 SET 协议。SET 协议是一个真正的金融支付标准,它按照现实环境中支付交易的要素构建出一个适用于互联网的完美模型,交易过程中各方之间依赖数字证书相互进行身份验证。SET 协议的开发目的在于防止早期信用卡通过网络简单呈递这一模式中已出现的欺诈行为,期望对整个交易链进行系统性控制。

初期的 SET 方案依赖客户端功能创建复杂的本地钱包,也称为"富钱包"方案。第一笔 SET 交易于 1996 年 12 月完成。各国政府与中央银行都注意到电子货币的试验与扩散,开始考虑电子货币与互联网支付的法律问题。1997 年德国的电子货币业务被明确视为银行业务,1998 年欧盟委员会开始起草电子货币法律。

一些初创期的先行方案被金融机构所接纳。1995 年,马克·吐温银行开始接受符号电子货币,但从长远来看并不成功。至 1998 年,First Virtual 与 Digi Cash 相继停止服务。同时,各国银行业开始尝试对其他传统支付工具(如直接借记、贷记转账)进行改造以适用于互联网,网上银行业务出现初步增长。

4. 发展期(1999 年至今)

2000 年之前,大多数金融与非金融机构的创新行动并没有取得商业上的成功,"电子现金"无论在现实与互联网环境都相继失败,人们希望通过新技术创造出革命性新型货币的愿望很快落空。互联网支付系统并没有沿着最初的设想发展,而是在多个方向、多个细分领域取得了长足的进展。当前,信用卡占据了网络支付的统治地位,从全球范围来看占有 70%~90%的份额。SET 标准没有取得商业上的成功,革新方案开始出现,信用卡组织各自开发自身的系统,如 3D-SET。

1999 年第一个 SET 瘦钱包出现,客户端越来越简化,钱包系统朝着中央服务器的方向发展。

2002 年,两大卡组织回到合作的道路上来,以 3D-Secure 为基础统一了信用卡在线认证标准。

2000 年以后,电子商务出现飞跃,在线拍卖的盛行带动了 C2C 支付的增长,以 PayPal 为代表的虚拟账户机制获得了空前的机会。C2C 定位于以前未被开发的中小型商家与国际支付市场。目前,互联网支付向多元化方向发展。基于银行账户的在线支付方案在多个市场取得初步成功，对信用卡支付形成重要的补充。

EMV 迁移使全球多数市场扩展至互联网环境，2003 年英国 Barclaycard 开始测试 EMV 卡在线支付。音乐与视频下载以及数字内容市场的兴起使微支付机制获得新生。结合移动通信、智能卡、互联网等多种技术的移动支付前景看好，2004 年日本 DoCoMo "钱包手机"计划开始启动。在现实环境下，卡基电子货币并没有很快成为被广泛接纳的现金替代品，而是首先在移动、交通、政府等不同领域得到充分应用，目前这类系统正在向零售领域扩展。

在法律领域，欧盟电子货币法令于 2000 年正式颁布，2002 年开始生效并逐步在欧盟各国推行。我国已有《电子签名法》，它解决了类似传统结算业务中签章的问题，规章有中央银行发布的《网上银行业务管理办法》，并出台国家金融监督管理总局（以下简称"金融监管总局"）的《电子银行业务管理办法》和中央银行的主要针对企业和个人支付行为的《电子支付指引》。今后涉及网络支付相关的法律法规还将不断完善，如与网络支付密切相关的关于电子票据的相关法规等。

1.4 电子支付分类及其特点

电子支付分类方法有很多种，消费者当前可根据不同支付场景自主选择不同的付款方式。

1.4.1 按照货款交付先后顺序分类

1. 预付型电子支付

预付型电子支付也就是预支付型支付，顾名思义是指先付款，然后才得到产品或服务，即"先交钱，后交货"。

如麦当劳、肯德基之类的快餐店的消费模式，为了得到食物，消费者需要先点餐并支付费用才能拿到所点的食物。快餐店通过这种预支付行为的设定最大化地杜绝了吃完不付账的行为的发生，从而保障了卖方利益。

在电子商务中，很多基于电子现金的支付方式都属于这种方式。很显然，一家在线商店，如 B2C 的电子商务模式，会很喜欢预支付方式，通过瞬间完成的在线银行转账操作，资金能够以最快的速度进入卖方的口袋。这样他们无须去辨别客户的购买行为是否隐含欺诈，同时也加速了资金的回笼。正因为如此，几乎所有的在线商店都提供并极力推荐预支付方式。

2. 后付型电子支付

后付型电子支付也就是后支付型支付，允许用户购买商品后再付款。

由于信用体制的建立尚需时日，因此现阶段 B2C 为了促成交易行为的发生，一般都会委托物流公司进行送货上门式的配送，允许购买者拿到所购商品后再支付费用，即常说的"货到付款"。这种支付方式不过是"即时支付"的变通做法，还算不得是后支付。

什么是真正意义上的后支付呢？信用卡是一种最为普遍和广为接受的后支付方式。

实践也证明,信用卡在实现向电子支付方式转化方面具备独特优势、前途光明,这就不仅仅是"货到付款",而是"先消费,后付款"了。

3. 即付型电子支付

即付型电子支付也就是即时支付型电子支付,它是以"交易时支付"概念为基础的,是人们常说的理想模式——"一手交钱,一手交货"的尝试。即时支付是实现"在线支付"的最初模型,虽然这种真正意义上的"即时"要做到并非易事,但是绝大多数非实物的在线交易可以实现真正的即时支付。

举例来说,借助网络银行在线对储值型手机进行充值的行为便是即时支付的一个典型应用。如中国移动神州行的用户可以在线登录诸如招商银行之类的网络银行,通过实时资金划拨实现充值。现在很多基于银行储蓄卡的网络支付,都属于这种即付型网络支付,客户的资金实时地通过网络划拨到商家的账户上。

表 1-1 为三种电子支付的比较。

表 1-1 三种电子支付的比较

比较项目	预支付	后支付	即时支付
可接收性	低	高	低
匿名性	中	低	高
可兑换性	高	高	高
效率	高	低	高
灵活性	低	低	低
集成度	中	高	低
可靠性	高	高	高
可扩展性	高	高	高
安全性	中	中	高
适用性	中	高	中

1.4.2 按结算方式分类

按结算方式分类,电子支付可以分为全额和净额。全额结算是指在资金转账前并不进行账户金额的对冲,而以实际的支付金额进行转账的结算方式。净额结算是指在进行双方或多方的资金转账前,先对各方账户上的余额进行相互冲减,之后才转移剩余资金金额的结算方式。净额结算又可分为双边净额结算和多边净额结算两种。

在净额结算的情况下,银行把与每笔支付有关的信息传送到清算所,参加清算所的所有银行,在发生支付义务的时候,并不立即通过银行间资金转账结算每一笔支付,而是在约定的时期(称作清算周期)内让债权和债务累积起来,然后在清算周期末的指定结算时间对其往来支付进行相互抵消。这样,银行只需把支付净额转给清算所。

结算通常于每日终了在结算银行（一般是中央银行）的账簿上进行，但也可以在算出零头后的一个或几个营业日后进行，净额结算也可以通过在商业银行开设的往来账户进行。

1.4.3 按结算时效分类

按照结算时效分类，可以将电子支付分为实时和非实时两种方式。

所谓结算时效是指以某一支付工具发出指令后，资金从某人转给某人或从某账户转到其他账户所用的时间长短。所用的时间越长，时效性越差；时间越短，时效性越好。

支付系统按时效性可分为实时性和非实时性两种。实时性支付系统的实效性是最理想的，当一方发出支付指令时，结算也同时完成（实时）。在非实时支付系统中，从系统收到支付指令到完成结算之间有一定的时间间隔，此间隔长短随支付系统的不同而不同。

实效性的好坏与结算方式有密切的关系。全额结算方式有可能使实效性达到理想状态。这是因为在全额结算中，支付系统将对每一笔支付指令进行资金的转移，资金转移的速度与计算机系统的处理速度直接相关。当今计算机的性能早已使这种资金转移可瞬间完成。

但是对于净额结算来说，时间间隔（收到支付指令与进行实际资金转账间隔）无法避免，这由净额结算的方式所决定。要进行净额结算，必须设定结算周期，在结算周期结束时，再对账户进行轧差。因为结算周期的存在，实效性显然与结算周期的长短直接相关。

1.4.4 按开展电子商务的实体性质分类

电子商务的主流分类方式就是按照开展电子商务的实体性质分类的，即分为B2B、B2C、B2E、E2E、B2G、G2G等类型的电子商务。目前，客户在进行电子商务交易时通常会按照开展的电子商务类型不同，选择使用不同的电子支付与结算方式。如企业在进行传统商务时，对一般小金额的消费直接用信用卡或现金进行支付，以图方便；购买像计算机、数码摄像机、汽车等贵重设备时，由于涉及较大金额付款，常用支票结算，而大批量订货时就考虑用银行电子汇票。

考虑到这些不同类型的电子商务实体的实力、商务的资金流通量大小、一般支付结算习惯等因素，可以按开展电子商务的实体性质把当前的电子支付方式分为B2C型和B2B型两类，这也是目前较为主流的电子支付结算分类方式。也就是说，个体消费者有自己习惯的支付方式，而企业与政府单位也有适合的电子支付方式。

1. B2C型电子支付方式

这是企业与个人、政府部门与个人、个人与个人进行网络交易时采用的电子支付方式，比如电子货币中介绍的信用卡网络支付、IC卡网络支付、电子现金支付、电子钱包支付以及个人网络银行支付等。这些方式的特点就是适用于金额不是很大的网络交易支付结算，应用起来较为方便灵活，实施较为简单，风险也不大。

2. B2B 型电子支付方式

这是企业与企业、企业与政府部门进行网络交易时采用的电子支付方式，电子货币中介绍的电子支票电子支付、电子汇兑系统、国际电子支付系统 SWIFT 与 CHIPS、中国国家现代化支付系统 CNAPS、金融 EDI 以及最新的企业网络银行服务等都应用于该种电子支付方式。这种支付方式的特点就是适用于金额较大的网络交易支付结算。

1.4.5 按支付数据流的内容性质分类

根据电子商务流程中用于电子支付结算的支付数据流内容性质不同，即传递的是指令还是具有一般等价物性质的电子货币本身，可将电子支付方式分为以下两类。

1. 指令传递型电子支付方式

支付指令是指启动支付与结算的口头或书面命令，电子支付的支付指令是指启动支付与结算的电子化命令，即一串指令数据流。支付指令的用户从不真正地拥有货币，而是由其指示银行等金融中介机构替其转拨货币，完成转账业务。指令传递型网络支付系统是现有电子支付基础设施和手段（如 ACH 系统和信用卡支付等）的改进和加强。

指令传递型电子支付方式主要有银行网络转拨指令方式（EFT、CHIPS 与 SWIFT、电子支票、网络银行、金融电子数据交换 FEDI 等）、信用卡支付方式等。FEDI 是一种以标准化的格式在银行与银行计算机之间、银行与银行的企业客户计算机之间交换金融信息的方式。因此，FEDI 可以较好地应用在 B2B 电子商务交易的支付结算中。

2. 电子现金传递型电子支付方式

电子现金传递型电子支付是指客户进行电子支付时在网络平台上传递的、具有等价物性质的电子货币本身，即电子现金的支付结算机制。其主要原理是，用户可从银行账户中提取一定数量的电子现金，且把电子资金保存在一张卡（比如智能卡）中或者用户计算机中的某部分（如一台 PC 或个人数字助理 PDA 的电子钱包）中。这时，用户拥有真正的电子货币，能在互联网上直接把这些电子现金按相应支付数额转拨给另一方，如消费者、银行或供应商。

传递型电子支付方式可分为两类：一类是依靠智能卡或电子钱包提供安全和其他特征的系统，以及严格基于软件的电子现金系统；一类是对于款额特别小的电子商务交易（如用户浏览一个收费网页），需要一种特殊的成本很低的电子支付策略，这就是所谓的微支付方式。

微支付（MicroPayment）是指对于那些款额特别小的电子商务交易，如浏览一个收费网页、在线收听一首歌曲、上网发送一条手机短信息等，应用一般信息卡支付时每次运作成本也许会超过支付的数额本身，成本相对较高，所以类似零钱应用的微支付就有了很大的需求空间。目前的电子零钱系统是实现微支付的方式之一，如 MilliCent 钱包用的是能够在 Web 上使用的脚本（Script）的电子令牌或电子零钱。脚本可被安全地保存在用户的 PC 硬盘上，且用口令对其保护，可像电子现金一样实现在线灵活支付。

1.4.6 按电子支付金额的规模分类

电子商务由于基于互联网平台进行，运作成本较低，对大中小型企业、政府机构以及个体消费者均比较适用。不同规模的企业及个体消费者的消费能力、网络上商品与服务的价格也是不同的，大到几十万元的汽车，小到几角钱的一条短消息服务，因此同一个商务实体针对这些不同规模的资金支付，也可采用不同的支付结算方式。

根据电子商务中进行网络支付金额的规模大小来划分，可以将电子支付方式分为以下三类方式。

1. 微支付

微支付是指那些款额特别小的电子商务交易。按美国标准发生的支付金额一般在5美元以下，中国相应为5元人民币以下。由于互联网的快速普及，这类小额的资金支付经常发生，因此，企业与银行业发展一个良好的微支付体系将大大有利于数目众多的小额网络服务的开展，特别是在普通大众中进行电子商务业务的推广。

中国移动推出的手机短消息收费策略为每次短消息费用从手机费中直接扣除，手机的SIM卡就像一个装满了电子零钱的钱包一样，支付起来很方便，对企业结算也方便，这正是短消息应用推广很快的原因之一。如果换成每次面对面进行支付结算，那么，短消息虽好，谁又愿意这么麻烦呢？如果这样结算，中国移动的短消息运作成本也会很高，估计中国移动也不会开展此项业务。

2. 消费者级电子支付

消费者级电子支付指满足个体消费者和商业（包括企业）或政府部门在经济交往中的一般性支付需要的电子支付服务系统，亦称小额零售支付系统。这种电子支付方式，按美国标准发生的支付金额一般在5～1000美元之间，中国相应为5～1000元人民币。由于金额不大不小的一般性网络支付业务在日常事务是最多的，一般占全社会总支付业务数量的80%～90%。所以，这类系统必须具有极大的处理能力，才能支持经济社会中发生的大量支付交易，如去买一本书、买一束鲜花、下载一个收费软件及企业批发一些办公用品等。因此支持这种档次消费的电子支付工具也发展得最成熟与最普及，常用的有信用卡、电子现金、小额电子支票、个人网络银行账号等。

3. 商业级电子支付

商业级电子支付指满足一般商业（包括企业）部门之间的电子商务业务支付需要的网络支付服务系统，亦称中大额资金转账系统。这种电子支付方式，按美国标准发生的支付金额一般在1000美元以上，中国为1000元人民币以上的电子支付。

一般说来，银行与银行间、银行与企业间、企业与企业间、证券公司与银行间等发生的支付金额较大，安全可靠性要求高，这些支付属于中大额支付系统处理的业务。常见的商业级电子支付方式主要有金融EDI（FEDI）、电子汇兑系统、电子支票、CNAPS、企业网络银行服务等。但这种分类方法中金额的界限并不是特别严格的。

1.4.7 按在线传输数据的种类、分发类型分类

网络支付按在线传输数据和分发类型来分，大致可以划分为以下三类。

1. 通过信任的第三方中介支付方式

客户和商家必须到第三方系统注册才可以交易。客户和商家的信息比如银行账号、

信用卡号都被信任的第三方托管和维护。当要实施一个交易的时候，网络上只传送订单信息和支付确认、清除信息，而没有任何敏感信息。在这种系统中，网络上的传送信息甚至可以不加密，因为真正的金融交易是离线实施的。如美国的第一虚拟公司（First Virtual Corporation）提供的就是典型的信任第三方系统。

2. 传统银行转账结算系统的扩充

在利用信用卡和支票交易中，如客户信用卡号、用户和商家的账号等敏感信息，若要在线传送，必须经过加密处理。著名的 Cyber-Cash 和 VISA、MasterCard 的 SET 就是基于电子信用卡的典型支付系统。

3. 电子货币系统

电子货币系统支付过程的完成是通过代表等量电子化货币的加密信息。交易双方无须通过中介就可以在线完成支付。该支付形式传送的是真正的"价值"和"金钱"本身。前面两种交易中，信息的丢失往往是信用卡号码等，而这种交易中丢失的信息，不仅仅是信息丢失，也是财产的真正丢失。

电子货币系统按电子货币的种类可分为电子现金支付系统、网上银行卡支付系统、电子支票支付系统。

在线电子支付系统可随时随地通过互联网进行直接的转账、结算，形成电子商务环境。没有相应实时的电子支付手段相配合，电子商务就只能是"虚拟商务"，只能是电子商情、电子合同，而无法实现真正的网上交易。

1.4.8 按债权债务关系分类

电子支付方式按在经济活动中形成的债权债务关系来分，可以划分为以下三类。

1. 交易的商务类支付方式

这类支付方式是由经济活动中的交易行为而产生的，购买产生了购买者与销售者之间的债权债务关系，购买者是债务人，而销售者是债权人，购买者支付是为了清偿商务活动中形成的这种债权债务关系。这种交易的商务类支付方式具有用货币体现其价值的特点。

2. 借贷的债务类支付方式

这类支付方式是由经济活动中信用关系的借贷行为而产生的，由于对货币的需求而产生向金融机构的借贷行为，形成借贷人与金融机构之间的债权债务关系。这类支付具有到期按约定还本付息的特点，体现了资金使用价值的时间性。

3. 让渡的捐赠类支付方式

社会生活中对公益和慈善事业的捐赠，通过资金和财产的让渡支付而实现转移。这种不清偿债权债务关系的支付方式只实现了资金的转移，也是文明高度发展的社会中常见的一种现象，是实现社会财富、资金调节和再分配的一种方式。在这个过程中发生的支付活动称为捐赠类支付方式。凡是不清偿债权债务关系的支付，而只带有救助、支援和转移的社会福利性质的支付行为都可以划分为这一类。这类支付有社会性质的也有家庭性质的，如遗产的继承转移就属于家庭性质的。

1.4.9　按支付工具种类分类

根据系统中使用的支付工具不同，可以将电子支付系统大致分为三类。

1. 信用卡支付系统

信用卡支付系统的特点是每张卡对应着一个账户，资金的支付最终是通过转账实现的。

但由于在消费中实行"先消费，后付款"的办法，其对信用卡账户的处理是后于货款支付的。也就是说，购物支付是通过银行提供消费信贷来完成的，与电子转账有实质上的不同。信用卡支付系统需采用在线操作，可以透支。

2. 电子转账支付系统

电子转账支付系统的特点是支付过程中操作直接针对账户，对账户的处理即意味着支付的进行。

在支付过程中由于发起人不同可分为付款人启动的支付和接收人启动的支付，在此系统中，付款人对支付的确认意义十分重大，这就需要一些确认的手段，如支票。

电子转账支付系统又包括直接转账的支付系统和电子支票支付系统。由于涉及账户，此系统也必须在线操作，不允许透支。

3. 电子现金支付系统

电子现金支付系统的特点是不直接对应任何账户，持有者事先预付资金，便可获得相应货币值的电子现金（智能卡或硬盘文件），因此可以离线操作。

1.5　电子支付的发展趋势

1.5.1　第三方支付的发展趋势

已经进入行业成熟期的第三方支付，未来有以下三种发展趋势。

1. 竞争激烈、监管趋严挤压行业利润

第三方支付企业同质化的程度高，市场竞争激烈导致同业之间的过度竞争，利润不断下降。由于央行不再发放新支付牌照，大企业纷纷通过购买支付牌照的方式挤入目前已经很拥挤的支付市场，比如美团推出支付、万达收购快钱等，这加剧了市场的竞争和利润的下降。

另一方面，监管逐步严格规范行业形成的"潜规则"，大力打击了资金挪用等不规范行为，并规定自 2017 年 4 月 17 日起，支付机构应将客户备付金（客户交易时间差产生的资金沉淀）逐步集中存管，而且客户备付金不计利息，防止支付机构以"吃利差"为主要盈利模式。

在竞争和监管双重挤压下，第三方支付行业利润下降幅度较大，已经成为红海，这迫使企业需要运用新技术、挖掘新市场和提高服务来进行战略优化。

2. 服务企业和垂直行业领域有深挖空间

面向消费者的标准化第三方支付的增速逐渐放缓，市场格局短期很难改变。新的消费者支付场景往往由于非高频交易而无法形成规模，或者新场景形成一定规模，却吸引支付宝和财付通的进入，两大巨头的挤压效应导致其他企业很难找到发展空间。反而针对某个行业细分领域的支付需求还有精细化和多样化的空间，这样的需求无法由大而全的标准产品来满足，比如旅游、教育、医疗等特殊行业。第二梯队的第三方支付企业，通过深耕垂直行业、积累行业数据和业绩品牌，巩固了自己擅长的领域，也拓展了第三方支付的发展空间。

企业面对众多的支付接口和系统，如何优化和管理是个问题。因此产生了"聚合支付"等新型的面向企业的支付服务，其本质是为商户提供融合多个支付渠道、统一和优化支付接口的一站式综合支付服务。这不仅可以节约成本、提高效率，还能帮助企业摆脱过于依赖特定支付接口的现状。虽然聚合支付刚起步也面临一些挑战，但是深挖企业端服务的方向是符合行业目前的趋势。

3. 从支付到多元金融服务

支付作为金融的基础服务，天生有切入其他金融服务的优势。支付交易所积累的数据具有真实、高频和高质量的特点，可以作为金融交易数据的必要补充，从而丰富数据维度，提供精准营销、客户管理、信用评级和金融产品推广等增值服务。第三方支付机构经过多年的积累，拥有了大量的行业和个人的交易数据，纷纷开始着手基于支付数据的多元金融服务，比较集中在征信和理财领域。

目前大部分支付机构基于数据提供的增值服务业务尚处在探索期，唯独蚂蚁金服在这方面做得最早也走得最远。蚂蚁金服依托支付宝十年运营数据和全球超过 8.7 亿活跃用户积累以及淘宝、天猫生态圈场景，打造出涵盖现金余额管理（余额宝）、投资理财（招财宝）、供应链和消费金融服务（蚂蚁微贷）、个人征信平台（芝麻信用）、线上财产保险（众安保险）和全面金融服务（网商银行），一个全面而丰富的消费端金融平台服务。蚂蚁金服虽然还未上市，但已经估值超过 1500 亿美金，单支付宝就估值 500 亿美金，支付宝对其他金融服务的重要性可见一斑。

中国的第三方支付行业的高速发展得益于巨大的人口数量和市场规模、快速的互联网化潮流，特别是电子商务的兴起和互联网金融的高速发展以及宽松的监管。随着这些红利慢慢消减，第三方支付未来将把竞争重点从消费端转入行业端，并利用支付数据提供多元金融服务。

1.5.2 移动支付的发展趋势

对于移动支付的未来发展趋势，本节将从以下七个方面展开。

1. 监管带来的产业新机遇

央行 2017 年发布的 296 号文规定，使用静态条码同一客户单个银行账户或所有支付账户单日累计交易金额应不超过 500 元。央行的限额，对于静态码收单是较大的打击，但是促进了动态条码显示设备、智能 POS 等设备的产业发展。

另外，央行在 288 号文《中国人民银行关于优化企业开户服务的指导意见》中要求，银行必须强化企业开户管理和风险控制。在 2017 年的监管中，不少银行因反洗钱不力被罚，其中对企业开户风险控制不足是一大原因。但文件同时也鼓励银行将人脸识别、光学字符识别（OCR）、二维码等技术手段嵌入开户业务流程，作为读取、收集以及核验客户身份信息和开户业务处理的辅助手段。

此外，在 2018 年，最热门的话题应该是"断直连"了，央行要求 2018 年 6 月 30 日前所有支付机构和银行需要接入网联。296 号和 281 号文件也重复要求不得直连银行，不得支付机构互转。直连的生意做不了，网联和银联的辉煌时代要到了。

2. 第三方支付账户的金融属性将增强

银行账户拥有较高的金融属性，可以在除了大众支付场景以外的场景使用，比如 ATM 提现、公司对公账户。而第三方支付账户，其实更多只是一个用于消费的账户，央行对此限制较多。

未来，第三方支付账户的金融属性将会逐渐增强，首先是对第三方支付的监管正在逐渐增强，银行账户功能强大是因为国家对银行的监管足够强，必要时可以通过银行进行国家金融调控。从用户角度来说，在银行账户拥有身份证、U 盾、当面开户等各种安全保障、安全等级跟上的情况下，应用场景会更加丰富。

3. 二维码与近场通信（NFC）在交通支付的技术普及

2017 年，支付宝与微信支付先后向交通领域推出了二维码支付方案，并且迅速落地，与二维码技术不同的是，NFC 技术虽然在 2017 年也在银联和手机厂商的推动之下拥有较好发展，ODA 技术和支付方案等均有实际落地，但 NFC 的推动仍然较为缓慢。

2017 年，二维码支付在交通领域的基础场景搭建基本完成，NFC 交通支付也进入了部分城市。

4. 生物识别的信息安全防护

在移动支付时代，信息安全变得愈加重要，随着监管的加强以及技术的升级，产业链各方对信息安全的重视已经达到了较高的程度。但信息安全也不仅仅是数据上的安全，更是生物信息的安全。2017 年 Face ID 的大火就如当年苹果刚开始应用 Touch ID 一样，人脸在身份认证上的应用开始普及，与此同时，移动支付与生物识别的结合也更加密切。

然而由于所谓的商业"风口"鼓吹，普通用户较少关注生物识别信息泄露的严重性，而更多地被灌输其唯一性、不可篡改性特征，以至于误认为生物识别技术非常安全。

5. 聚合支付行业大变革，洗牌、出海、增值服务

聚合支付在 2017 年经历了大起大落，受到了央行的认可，但也遭到了"捧杀"，因为聚合支付确实为商户带来了价值，但同时违规问题也不断出现。"90%以上聚合支付都具有二清问题"，根据央行 217 号文件，"二清"的定义为无证机构以平台对接，或大商户接入支付机构或商业银行，留存商户结算资金，并自行开展商户资金清分结算，即用户支付资金先到网络平台账户，再由网络平台结算给其平台入驻商户。

支付产业在 2017 年见证了支付巨头出海声势的浩大，拥有实力的聚合支付服务商也在这一年积累实力，准备在国内支付产业监管趋严、薄利化趋势之下谋求出海。2018

年，在解决"二清"的基础上，有更多拥有支付牌照的机构等聚合支付服务商加入到出海的行列当中。

6. 银行移动支付将迎来政策红利期

银行在移动支付方面，似乎都是以旁观者的角色存在，早期的NFC与2.4G标准之争，到后来的二维码与NFC之争，再到二维码政策开闸，错失了二维码支付拓展的黄金时期。到2017年末，在一系列的政策执行之下，对银行的各种利好开始呈现。

首先是账户分类管理的优化，央行新发布的《关于改进个人银行账户分类管理有关事项的通知》，将推动Ⅱ类、Ⅲ类户成为个人办理网上支付、移动支付等小额消费业务的主要渠道，极大地释放银行的金融业务潜力。

其次，296号文对静态码进行了500元限额，对于银行的相关NFC支付产品有利好，银联发布的《商户小额免密免签业务运营指引》，将小额双免的单笔交易额度提升到1000元，单日提升到3000元。这一抑一扬，对银行的移动支付产品有较大利好。

最后，在聚合支付方面，银行由于拥有资质，不存在"二清"风险，以及拥有自身账户体系和较强技术积累，其推聚合支付产品具有天然优势。在推聚合支付产品的同时，聚合自身移动支付应用，在收单和支付场景搭建方面有双重利好。

7. 区块链的非虚拟货币应用席卷金融支付领域

2017年，比特币等去中心化虚拟货币成为全社会的焦点，随之而来的是商业对相关区块链技术的关注。在禁止ICO、关闭数字货币交易中心等一系列的政策打压之后，区块链在虚拟货币中的应用热度降低，取而代之的是区块链技术如何与传统商业进行结合，其中也包括金融支付领域。

蚂蚁金服、招商银行、上海银行、民生银行、清算协会等极具代表性的企业和机构，或是公开相关项目，或者表达相关言论，都认可区块链在金融支付领域的应用，以解决传统技术难以企及的问题。

区块链技术的应用有助于降低金融机构间的对账成本及争议解决的成本，显著提高支付业务的处理效率。

1.5.3 支付媒介的发展趋势

基于智能硬件的广泛普及，以生物识别技术带来的快速获客和用户效率提升，结合大数据和人工智能技术的加速发展，支付媒介在互联网金融行业的应用正在进入新一轮发展。

1. 基于硬件的指纹支付的用户量将呈现爆发式增长

指纹支付操作时间远小于刷卡和现金交易，安全性也更高。用户轻易上手并大量使用指纹支付的过程，就是市场洗牌和互联网金融公司大举发展用户，抢占市场的过程。

以支付宝、微信支付为代表的互联网金融平台抢先完成了扫码支付的市场渗透。以银联、VISA和MasterCard为代表的清算机构也相继完成了与苹果、三星等硬件厂商的合作，希望借助指纹设备的普及继续保持市场份额。目前市场已经形成了鲜明的两大阵营：刷手机+指纹的银行阵营和扫码+指纹的互联网阵营。

基于指纹支付的爆发增长，将产生两个深远影响：其一是手机将代替银行卡成为支付的主流媒介；其二是互联网金融公司将借手机的"主场优势"，继续扩大扫码支付的市场份额，并提供附加的理财、消费金融、信贷等长尾金融服务，传统的线下营业厅和面对面服务将进一步式微。

2. 人脸识别的应用场景和获客数将猛增

互联网金融服务的核心价值在于"随时随地"和"线上低成本"，人脸识别技术是实现这两个价值最直接的手段，比如用户冲动消费的第一时间就可开通账户、开通新手机号码、申请分期借款、申请消费信贷，又如用户无须等待即可完成身份验证，继续后续操作。人脸识别的价值在于打破营业时间，打破线下营业网点，随时随地获客。

虽然由于技术能力、安全限制和监管限制等原因，人脸识别暂时还无法独立完成这一系列工作，这一技术目前更多被用于辅助验证场景（如人脸验证后转远程视频客服）和安全需求较低的场景（如普通业务开通和人脸识别登录等），但是鉴于需求如此旺盛，越来越多的场景正在采用人脸比对，国内主要互联网金融公司都在大量试水利用人脸技术加速获客，今后人脸的应用场景和获客数量将会猛增。

3. 基于云端的大数据和区块链技术产生商用场景

尽管基于云的大数据技术还未在金融领域创造价值，但其明确的发展趋势已经成行业共识，留给业界的想象空间巨大。同样基于云的区块链技术也已赚足眼球，并在一些金融企业跨行清算场景中小试牛刀。

区块链技术和基于区块链技术产生的数字货币，可能在未来改变整个行业。数字货币可以是某企业或企业联盟发行的内部流通"货币"，比如某清算机构使用数字货币作为其体系内的清算单位，用户的每个货币单位不仅唯一，更先天防伪。基于数字货币的支付和清算可能造就全新的行业，拥有截然不同的账务和风险管理体系，拥有全新的交易和资金融通场景。

数字货币也可能是某国央行直接发行官方货币，以区块链技术布局从央行到金融机构到清算机构到个人的金融网络，这个金融网络可能对整个经济社会带来更加革命性的影响。

智能硬件的普及带来了行业洗牌，扫码支付产品的成功推广使互联网金融公司在竞争中占据了主动。银行和互联网金融两个阵营都不约而同地选择了指纹支付巩固其市场份额，指纹支付用户数量将在短期爆发式增长。此外，生物识别技术应用带来的快速、高效、低成本获客价值将越发显著。基于云端的大数据和区块链技术可能彻底改变未来。

本章小结

首先，阐述了电子商务和支付之间的关系，从而引出与网络支付相关的一般概念：结算、清算、支付、支付系统、电子支付系统、网络支付系统和电子货币等。

其次，介绍了支付系统及电子支付系统的演变历程。

再次，从9个不同的角度对电子支付方式进行分类：货款交付先后，结算方式，结算时效，开展电子商务的实体性质，支付数据流的内容性质，电子支付金额的规模，在线传输数据的种类、分发类型，债权债务关系，支付工具种类。

最后，介绍了电子支付中几个领域的发展趋势。

电子支付的一般概念以及电子支付方式的分类是本章的重点内容，而电子支付方式的分类是本章的难点内容。

关键术语

电子商务　电子支付　网络支付　第三方支付　移动支付

综 合 练 习

一、填空题

1. 结算通常是指那些伴随着各种经济交易的发生，交易双方通过进行＿＿＿＿＿＿＿的行为。结算分为＿＿＿＿＿＿＿和＿＿＿＿＿＿＿两种形式。

2. 清算通常是指那些伴随着各种＿＿＿＿＿＿＿发生的，需要通过两家以上银行间账户往来或通过当地货币＿＿＿＿＿＿＿来完成的货币划转。清算分为＿＿＿＿＿＿＿和＿＿＿＿＿＿＿。清算业务是由＿＿＿＿＿＿＿进行操作，或由＿＿＿＿＿＿＿管理下的独立于各商业银行之外的＿＿＿＿＿＿＿进行操作。

3. 电子支付可以通过三种形式传输：一是对于＿＿＿＿＿＿＿的贷记/借记（电子转账等）；二是通过＿＿＿＿＿＿＿进行支付；三是对于某个网站上＿＿＿＿＿＿＿的贷记/借记。

4. 一个国家的电子支付系统一般由＿＿＿＿＿＿＿、＿＿＿＿＿＿＿和＿＿＿＿＿＿＿三个层次组成。

5. 网络支付系统是利用＿＿＿＿＿＿＿和＿＿＿＿＿＿＿实现电子支付的系统。电子支付系统是实现网络支付的＿＿＿＿＿＿＿，网络支付系统是电子支付系统发展的＿＿＿＿＿＿＿。

二、判断题

1. 网络支付系统并没有改变银行支付结算的基本结构和过程。（　　）
2. 非在线支付系统不能称为电子支付系统。（　　）
3. 没有电子货币，就没有电子支付和网络支付。（　　）
4. 预付型也就是预支付型支付，即"先交钱，后交货"。（　　）

5. 按开展电子商务的实体性质分类，网络支付分为 B2B 型和 B2C 型，这两者之间有严格的金额限制。（   ）

三、选择题

1. 以下哪些网络支付方式是交易时按照客户交款的时间来划分网络支付而得到的网络支付方式？（   ）
    A. 预付型网络支付方式   B. 即付型网络支付方式
    C. 后付型网络支付方式   D. 移动支付方式

2. 根据电子商务中进行网络支付金额的规模大小来划分网络支付方式，下面哪种方式不属于该分类？（   ）
    A. 微支付   B. 消费者级网络支付
    C. 商业级网络支付   D. 小额网络支付

3. 网络支付按在经济活动中形成的债权债务关系可以将支付方式划分为三类，下列哪些支付方式属于这种划分方法？（   ）
    A. 交易的商务类支付方式   B. 让渡的捐赠类支付方式
    C. 信用卡支付系统   D. 指令传递型网络支付方式

4. 根据系统中使用的支付工具不同，可以将网络支付系统分为哪些？（   ）
    A. 信用卡支付系统   B. 电子转账支付系统
    C. 电子支票支付系统   D. 电子现金支付系统

5. 按电子货币的形态，可以分为三种，下列哪一种不属于这种分类？（   ）
    A. 电子现金型   B. Mondex 型
    C. 电子银行卡型   D. 存款电子化划拨型

四、简答题

1. 为什么说 B2B、B2C、C2C 之间的融合将成为大势所趋？
2. 第三方认证的作用是什么？
3. 论述网络支付与电子商务的关系。
4. 简述网络支付与电子支付之间的关系。
5. 简述清算和结算的关系。
6. 你认为第三方支付将会如何发展？

 实际操作训练

熟悉一个国内比较有名的第三方支付平台，并申请该平台的支付账号，通过该支付账号，进行一次完整的电子商务，并实时进行电子支付。描述开户的过程，以及实际支付过程，并谈谈你在该过程的体验感受。

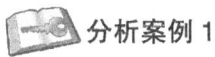
分析案例 1

美媒：中国正快速进入"无现金社会"，引领全球移动支付发展

根据中国人民银行 2018 年 5 月 24 日发布的最新数据，2018 年一季度中国银行业金融机构共处理移动支付业务 109 亿笔，金额达 70 万亿元人民币，同比分别增长逾 17% 和 16%。在网上支付、移动支付、电话支付三大类中，移动支付增速最为明显。中国正快速进入"无现金社会"，并引领了全球移动支付的发展。美国"商业内幕"网站发表文章，肯定了中国移动支付的发展前景。

文章称，中国移动支付市场规模远远超过了美国和欧洲国家。移动支付在中国的崛起，一方面是因为信用卡的普及率不高给了移动支付成长的空间，另一方面要得益于中国智能手机的普及以及社交应用软件的快速发展。

(资料来源：http://www.ec.com.cn/article/ydds/201806/29010_1.html)

根据分析案例 1 所提供的资料，试分析以下问题。
(1) 影响电子支付发展的因素有哪些？
(2) 为什么说中国引领全球移动支付发展？

分析案例 2

World First 申请进入中国第三方支付　竞争日趋激烈

2018 年 5 月 2 日，中国人民银行收到了 World First 关于申请支付业务许可的来函，这意味着第一家外商投资支付机构已经迈出了进入中国市场的第一步。

2018 年 3 月 21 日，央行官网发布 2018 年第 7 号公告，放开了外商投资支付机构准入限制，明确了外资和内资支付机构须遵守相同规定，实现统一的准入标准与监管要求。该公告称，下一步人民银行将按程序受理外商投资支付机构的支付业务申请。欢迎和鼓励外资机构参与中国支付服务市场的发展与竞争，更好地服务社会民生和经济发展。

目前，中国只有非银行机构从事支付服务尚未开放，其他领域已经全部开放；下一步需要快字当头，推进电子支付领域的对外开放；全面开放不是局部开放，个别环节开放，而是全方位多维度开放；全面开放实行准入前国民待遇加负面清单管理制度，大幅度放宽市场准入。

现在，第一家申请跨境支付牌照的外资机构已经到来。公开资料显示，World First 致力于为跨境电商卖家提供多币种收款方案，解决跨境收款问题。具体而言，就是卖家在跨境电商平台上销售商品，收入以外币结算，World First 为卖家免费开通当地收款账户，提供跨境收款服务，帮助电商将平台收入转为本地货币，再转回国内银行账户。客户可以在线注册，随时随地快速转换货币。

据了解，World First 自 2004 年为跨境电商在海外市场收款，现已支持全球 66 个网上销售平台。由于 B2B 占了整个跨境电商 80% 的份额，World First 在 2018 年 4 月推出了针对中国的第一个跨境 B2B 卖家的收款产品——World Account，以解决跨境电商卖家跨境收款难题。

World First 中国区总经理黄伟强在接受媒体采访时表示，该公司在风险和资金安全方面有着丰富的经验，与巴克莱、花旗、德意志等全球知名银行合作，确保客户资金安全。World First 此前已在中国的华东、华南等地区加大布局力度，并且和阿里收购的东南亚电商平台 Lazada 对接，推出多种币种的服务，比如最近拓展了澳大利亚币和新西兰币的业务。

在分析人士看来，随着中国金融开放的逐步推进，未来越来越多的外资机构进入中国金融市场成为必然，而这对如今生存愈显艰难的国内众多第三方支付机构而言，无疑是巨大的压力。

据记者了解，随着近一两年来对第三方支付机构的监管不断趋严，越来越多的国内第三方支付机构感到生存艰难，而其中一些拥有跨境支付牌照的机构开始将自身的业务重点转向跨境支付领域，并出击东南亚市场进行布局，希望能启动新的发展引擎。除了支付宝和财付通两大巨头外，翼支付、连连支付等也都开始积极布局海外市场。

(资料来源：http://finance.sina.com.cn/money/bank/bank_hydt/2018-05-03/doc-ifyuwqfa5468060.shtml.)

根据分析案例 2 所提供的资料，试分析以下问题。

(1) 什么叫第三方支付？在电子商务中第三方支付所起的作用有哪些？
(2) 以一个第三方支付平台为例，说明第三方支付的流程。
(3) 目前主要的第三方支付平台有哪些？

分析案例 3

移动支付诚信建设需放在首位

"零钱都不用准备，走到哪儿都可以扫码。"讲起在杭州使用移动支付的经历，23 岁的程序员杨文博很是得意："没想到在老家也处处可以用手机支付，简直难以想象。"他对于移动支付的普及速度感到惊讶，"这下不用担心没带钱买不了年货了。"在春节假期，记者发现，无论是路边摊还是大大小小的商铺，都贴上了扫码支付用的二维码，一个是微信，一个是支付宝，大部分都支持这两种。即使没有摆放二维码，店家也会拿出手机进行收付款操作。

"扫码支付给乡村也带来了巨大的便利，不用担心收到假钱，省去了找零钱的麻烦，也让收支情况变得一目了然。"在走访中，多数商家如实告诉记者，这是他们选择跟上潮流、加入移动支付大军的主要原因。对于扫码支付，多名商家向记者表示，有专门的推广人员下乡推广，已经开始使用半年左右。

据蚂蚁金服方面统计，截至 2017 年 12 月，已经有 4000 万小微商户在线下使用收钱码，而国内线下具有经营性质的小微商家及个体户总量约 1 亿户。但是，在移动支付的过程中，也潜藏着一些风险，需要商家和消费者慎之又慎。事实上，自打以微信、支付宝为主导的移动支付布局推开来，围绕二维码付款的骗局不断被揭露。有想着办法少付款或不付款的，也有想着办法套取用户信息的。

面对日益庞大的移动支付市场，采取一定的措施对其进行规范必不可少。制度是市场规范化运作的"硬件配置"，顾客、商户等市场参与主体是确保整个市场有序的"软性力量"，在移动支付诚信体系的构建过程中，"硬件配置"和"软性力量"缺一不可。

国家发展改革委在《分享经济发展指南（征求意见稿）》中单列"信用体系"条目，明确提出："积极发挥全国统一的信用信息平台、国家企业信用信息公示系统和金融信用信息基础数据库作用，推进各类信用信息平台无缝对接。"

因此，在线上支付模式盛行的时代，需要消费者和商家明辨、谨慎，更应把诚信放在首位。既要包容性监管，又要穿透式监管。不断完善诚信制度体系建设，开辟专门针对第三方支付机构、卖家、买家不诚信情况的举报、公开途径，抑制虚假交易。

同时，健全相关主体信用记录、大力推动守信联合激励和失信联合惩戒。需要公民从习惯他律转变为主动自律，提升诚信意识，从而严守规则，恪守诚信，也让公共文明和契约精神得以不断提升。

（资料来源：http://credit.shandong.gov.cn/28/69896.html）

根据分析案例3所提供的资料，试分析以下问题。

（1）电子支付所需要的外部环境有哪些？

（2）你认为诚信问题如何影响着电子支付？

（3）除诚信问题外，电子支付还存在哪些主要问题？

第 2 章　网络支付基础

教学目标

通过本章学习，掌握网络支付工具的基本概念，熟悉常见的网络支付工具和网络支付系统的各种分类及其特点，熟悉电子货币的产生及其发展特点，了解几种常见的支付系统。

导入案例

区块链提速跨境支付　支付机构竞相布局

"太酷了！"这是在香港工作22年的菲律宾人Grace通过港版支付宝AlipayHK，仅耗时3秒就完成一笔跨境汇款后的感受。此前，她一直用传统方式给自己在菲律宾的家人汇款，每次都要等很久才能知晓是否到账，心里很不踏实，现在情况终于改变了。说起Grace使用的跨境汇款新方式，是由全球首个基于区块链技术的跨境汇款电子钱包完成，并由渣打银行负责日终的资金清算及外汇兑换，这也意味着区块链等金融科技加持下的跨境支付迎来新的"定义"。

传统跨境汇款痛点多。支付宝相关负责人向《上海金融报》记者介绍，常见的跨境汇款方式是通过银行或汇款公司转账，而后生成提款码，收款人凭此取现。此外，还有通过线上汇款到线下提现。但这些方式都受时间或地点限制，一则需到银行或汇款公司柜台办理，二则这些机构有当日汇款截止时间，如晚上七点后，要第二天才能完成汇款。传统跨境支付方式涉及较多中间环节，费用较高但到账时效性不高。区块链改变汇款模式，包括银行等金融机构以及支付宝、财付通、宝付等第三方支付机构，纷纷开始利用金融科技跨境支付。

支付宝人士相关负责人进一步表示："区块链具有不可篡改、智能合约等技术特点，使跨境汇款的各参与方有实时、可信的信息验证渠道，汇款有迹可循，同时，因采用联盟链及哈希算法，用户的隐私信息能得到更全面的保障。"

据悉，此前有银行实现内部区块链跨境汇款，但并未跨机构，且用户与银行间转账还是传统模式。此外，虽也有基于加密货币的跨境汇款，但因币的供需和币值都可能短时剧烈波动，以致难以大规模商用。不过，业内人士指出，目前区块链跨境汇款是通过联盟链的形式进行，具体在此业务场景中，联盟链如何设计、各参与方如何配合、权责

怎样确定，还需不断摸索。

"现阶段中国支付企业'走出去'做跨境支付业务时，不仅要符合中国政府的监管要求，更要兼顾目标市场当地政府的法律法规、金融监管与反洗钱政策，都要充分调研、理解，并融入跨境产品设计。"林勇指出，积极布局海外业务、迅速提升细分行业中的覆盖率、拓展解决方案的适用性范围，是目前第三方支付机构制胜的关键。

（资料来源：PayAsk，2018-07-27.）

问题：
1. 谈谈你对区块链的理解。
2. 传统跨境支付主要面临什么问题？

2.1 网络支付工具

2.1.1 网络支付工具概述

传统支付的实质是交易双方以现金为工具而进行的面对面的债权转移，电子支付工具突破了传统支付工具时间、空间上的障碍，具有安全性高、便捷性强、速度快、信息对称等优势，数秒内就可完成一笔跨地域的巨额支付，大大代替了现金的使用。一些国家甚至提出"无现金社会"的目标，例如挪威、瑞典、以色列等，商家可拒绝接收现金，全国90%以上的交易都是通过电子支付完成的。在我国，电子支付出现较晚，但发展迅猛，1985年出现第一张信用卡，1998年有了网上银行，2002年成立了银行卡清算组织，2005年随着支付宝等第三方支付的兴起，电子商务更是蓬勃发展，2014年我国已超越美国成为世界最大电子商务国家。毫无疑问，电子支付挤占了现金的使用空间，成为支付交易的重要工具，并从深层次影响了人们的思维方式和使用习惯，以致将取代现金在社会生活中的位置。就中国的经济发展来说，中国作为世界第二大经济体，电子商务和电子支付方面已经取得了巨大的进步。在日常的生活和工作中我们时刻接触到电子支付，电子支付工具的使用已经是我国国民必备的"技能"了。

随着现代信息和科学技术的快速发展，支付工具的创新发展更是日新月异，电子支付工具以其便捷性受广大消费者和商家青睐，目前主要的电子支付工具有电子钱包、电子支票、电子信用卡、支付宝、微信支付等。根据中国人民银行对2017年我国电子支付体系运行总体情况调查的数据显示，我国移动支付业务量保持较快增长。2017年，银行业金融机构共处理电子支付业务1525.8亿笔，金额2419.20万亿元。其中，网上支付业务485.78亿笔，金额2075.09万亿元，笔数同比增长5.2%，金额同比下降0.47%；移动支付业务375.52亿笔，金额202.93万亿元，同比分别增长46.06%和28.80%；电话支付业务1.6亿笔，金额8.78万亿元，同比分别下降42.58%和48.56%。其中第三方支付机构发挥的作用日益凸显，根据数据显示，2017年中国第三方支付服务业的营收规模为993亿元，其交易份额如图2-1所示。

电子支付

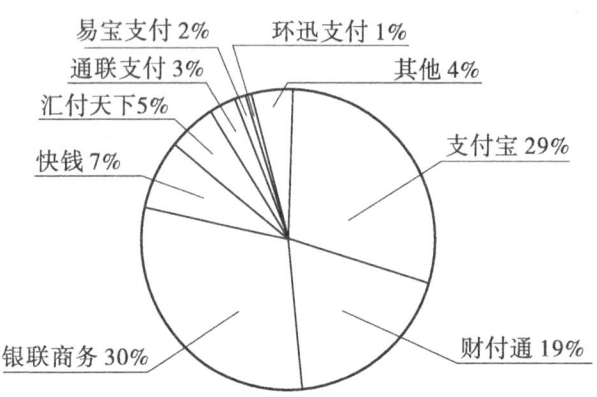

图 2-1　2017 年第三方支付交易份额

2.1.2　常见的网络支付工具

1. 电子钱包

电子钱包是电子商务活动购物顾客常用的一种电子支付工具,是在小额购物或购买小商品时常用的新式钱包。使用电子钱包购物通常需要在电子钱包服务系统中进行。电子商务活动中的电子钱包的软件通常都是免费提供的,可以直接使用与自己银行账号相连接的电子商务系统服务器上的电子钱包软件,也可以从互联网上调出来、采用各种保密方式利用电子钱包软件。目前世界上有 VISA Cash 和 Mondex 两大电子钱包服务系统,其他电子钱包服务系统还有 MasterCard Cash、EuroPay 的 Clip 和比利时的 Proton 等。

顾客通常在银行里都是有账户的。使用电子钱包时,通过有关的电子钱包应用软件将电子钱包安装到电子商务服务器上,利用电子钱包服务系统就可以把自己的各种电子货币或电户金融卡上的数据输入进去。在发生收付款时,如果顾客要用电子信用卡付款,例如用 VISA 或者 MasterCard 等收付款时,只要单击一下相应项目(或相应图标)即可完成,这种电子支付方式称为单击式支付方式或点击式支付方式。电子钱包是一种具有存储值的智能卡,它可装有银行的或来自家庭中电子钱夹的数字现金并在正确装配的销售点系统装置上消费。它用于取代现金和硬币。在电子钱包内只能完全装电子货币,即装入电子现金、电子零钱、安全零钱、电子信用卡、在线货币、数字货币等。这些电子支付工具都可以支持单击式支付方式(也称为点击式服务方式)。

在电子商务服务系统中设有电子货币和电子钱包的功能管理模块,即电子钱包管理器(wallet administration),顾客可以用它来改变保密口令或保密方式,用它来查看自己银行账号的收付往来的电子货币账目、清单和数据。电子商务服务系统中还有电子交易记录器,顾客通过查询记录器,可以了解自己都买了什么物品,购买了多少,也可以把查询结果打印出来。

IBM 公司提供的 Commerce POINT Wallet 是为发行信用卡的银行开发的电子钱包管理软件,它是可以用互联网浏览器启动的应用程序并且支持多种版本的浏览器。信用卡持卡人可以从发卡行的站点下载这个电子钱包管理软件,发卡行也可以将存储有电子钱包管理软件的软盘或光盘预先发给自己的各个信用卡用户或持卡人。一个电子钱包内可以装入多张信用卡。装入电子钱包的信用卡也叫作电子信用卡。在选定某一张电子信用卡时，持卡人可以对电子信用卡内的信息进行增加、编辑、删除和更改。一个电子钱包可以在多种、多台计算机上使用。一台计算机上也可以使用多个电子钱包。拥有口令的多个持卡人也可以共用一个电子钱包。使用电子钱包在网上购物十分方便。顾客在购物时，只需启动软件输入口令，立即进入电子钱包界面，即可利用电子钱包进行安全的网上交易。该软件具有电子签名功能和对交易数据进行加密的功能，它和电子商务服务器相互进行信息传输和数据交换，在网络银行、信用卡公司、商家和顾客之间进行信息传递、电子支付和清算，完成全部交易过程。

2. 电子支票

电子支票是网络银行常用的一种电子支付工具之一。支票一直是银行大量采用的支付工具之一。将支票改变为带有数字签名的报文或者利用数字电文代替支票的全部信息，就是电子支票。利用电子支票，可以使支票支付的业务和全部处理过程实现电子化。网络银行和大多数银行金融机构通过建立电子支票支付系统，在各个银行之间可以发出和接收电子支票，就可以向广大顾客、向全社会提供以电子支票为主要支付工具的电子支付服务。建立电子支票支付系统的关键技术有两项：一是图像处理技术，二是条形码技术。支票的图像处理技术首先是将物理支票或其他纸质支票进行图像化处理和数字化处理，再将支票的图像信息及其存储的数据信息一起传送到电子支票系统中的电子支付机构；条形码技术可以保证电子支付系统中的电子支付机构安全可靠地自动阅读支票。实际上，条形码阅读器是一种软件，即一种条形码阅读程序。它能够对拒付的支票自动进行背书，并且可以立即识别背书，可以加快支付处理、退票处理和拒付处理。当前，银行金融业还在大量使用纸质支票和其他纸质票据的情况下通常利用自动票据清分机对各种纸质金融票据和银行票据进行自动阅读、自动识别和自动清分。电子支票支付系统仅是自动清算系统的一部分，各种纸质票据（包括纸质支票）进入自动清算系统，通过自动清分机进行自动阅读、自动识别、自动清分后，经过自动清算系统进行传输和各种处理，如果是支票，则进入电子支票支付系统，使支票处理过程全部实现自动化和电子化。

3. 电子信用卡

人们在开放性网络上进行购物的时候主要选择的是电子信用卡，交易过程中直接将卡号输入，可以实时地完成付款。因为信用卡交易的一些特殊性，比如它是先消费再付款，银行会承担一定的信用风险，所以对于有些小额的支付可能会被拒绝。在使用电子信用卡进行交易时，应该首先输入银行卡号码，再通过密码验证的方式进行支付，使双方的交易可以很快地完成。虽然电子信用卡是在开放性网络上进行交易，但是它们的活动空间又不仅仅是在开放性的网络空间中。交易双方的相关交易是在网络开放空间中进行的，但是银行之间关于信用卡的支付转移又是在封闭性的银行网络之间进行的。因为这种支付方式是记忆资金转移，具有很高的效率，是电子商务发展的一个十分重要的推动力。

4. 支付宝

支付宝是国内应用很广泛的一种电子支付工具，它涵盖了商业服务、数码通信等众多领域。支付宝能够保证用户安全地在线支付,使相关的用户之间建立信任,是一种新型的电子支付工具。

目前来说,支付宝已经成为应用最为普遍的网上支付工具。支付宝支持的付款方式主要有两种,利用支付宝余额直接付款或者用网上银行在线付款,只有开通了网上银行支付业务才能进行付款交易。买家需开通一个支付宝账户,可以先进行网银充值也可以直接绑定银行卡进行充值,在进行交易活动时,买家的货款先进入支付宝公司的账户,之后支付宝会通知卖家发货,买家在收到货物后在支付宝提供的平台上进行确认,然后支付宝公司会将相应的货款支付给卖家。

从支付模式上来看,支付宝是存量模式,不论用户是在淘宝上购买商品还是在银行之间进行转账,都是把钱先转入支付宝账号中,然后再由支付宝转给商家或银行,所以支付宝是一个居中的资金管理者,是用户的个人资金管理账号。其支付场景是基于电商平台的支付,如阿里巴巴和淘宝网。

5. 微信支付

微信现在已成为中国主流的社交软件,而作为主要的社交软件的微信与电子支付方式相结合使微信支付变成一种主流的支付方式。微信支付的前身即财付通,商家通过微信扫码能直接收取买家的资金,消费者直接在消费过程中提供消费二维码就能完成交易。微信支付和支付宝支付一样都是建立在信用和银行保证的基础上实现的,微信支付的使用也必须建立在实名认证与绑定银行卡的基础上。从支付模式上来看,微信支付是流量模式,舍弃了存量资金所带来的利息收入,而简化成一个从银行卡到商户的资金转账工具。微信在打造基于社交关系的闭环,而不同于支付宝的资金交易闭环。

2.2 网络支付系统的基本构成和功能

2.2.1 系统分类

网络支付系统根据不同的分类标准可以将其进行不同的分类,例如可以根据支付数据流传递的内容(传递的是指令还是电子货币)、开展电子商务的实体性质、支付金额的规模等不同的标准进行不同的分类。

(1) 支付数据流传递的内容可分为两大类:类似于支付指令的支付系统和类似于电子货币转拨的支付系统。

(2) 根据开展电子商务的实体性质可分为两类 B2C 型支付系统和 B2B 型支付系统。

(3) 根据支付金额的规模分为微支付系统、消费者级支付系统和商业级支付系统三类。

2.2.2 网络支付系统的特点

对于一个实用的网络支付系统而言,应具备以下基本功能和特点:

(1) 即时结算功能。这是网络支付系统最基本的功能,即让客户与商家感到快捷,这样才能体现电子商务的效率,发挥网络支付的优点。

(2) 安全保障功能。网络支付系统在提供服务时，能够使用加密技术，对相关支付信息进行加密，以防未被授权的第三者获取信息，即应能够使用数字签名和数字证书实现对参与各方的认证，以证实身份的合法性；防止支付欺诈应能够使用数字摘要即数字指纹算法确认支付信息的完整性，以保护数据不被未授权者建立、嵌入、删除、篡改、重放等，而是完整地到达接收者。

(3) 信用评估功能。网络支付系统应能够向客户和商家提供有关的信用评估信息，或以自己的信用提供相应担保，以便当出现支付纠纷时，保证对相关行为的不可否认性。可以用数字签名等技术来实现。

(4) 方便易用功能。整个网络支付结算过程对参与各方特别对客户来讲，应该是方便易用的，手续与过程不能太烦琐。

(5) 多边支付功能。网络支付牵涉客户、商家和银行等多方，其中传送的购物信息与支付信息必须连接在一起，因为商家只有确认了支付信息后才会继续交易，银行也只有确认了购物信息后才会提供支付。但同时商家不能读取客户的支付信息、银行不能读取商家的订单信息。这种多边支付的关系可以通过双重数字签名等技术来实现。

相对于传统商贸普遍使用"三票一卡一现"（支票、本票、汇票、信用卡、现金）而言，网络支付的主要特点是：

(1) 通过先进准确的数字流传递，来完成相关支付信息传输；
(2) 使用的是最先进的通信手段；
(3) 具有方便、快捷、高效、经济的优势；
(4) 具有较高的安全性和一致性网络支付，更容易保护买卖双方支付信息，保护买卖双方不被冒名顶替。

2.2.3 网络支付系统的基本构成

网络支付的过程涉及客户、商家、银行、认证部门之间的安全商务互动，其基本构成如图 2-2 所示。

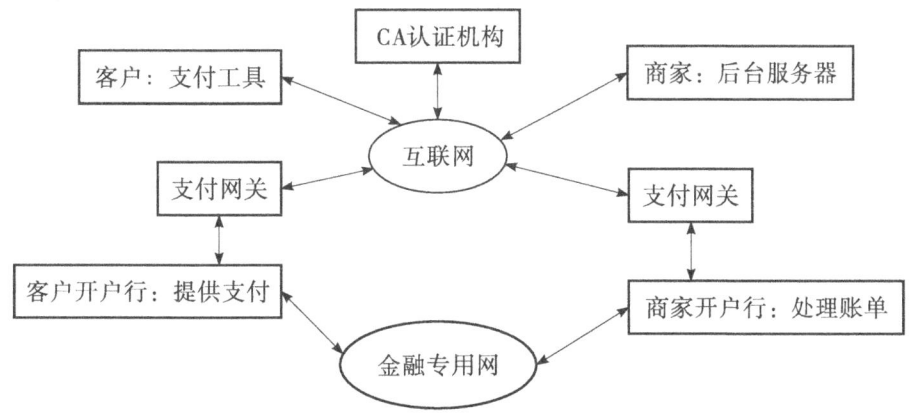

图 2-2 网络支付系统的基本构成

客户：是指与某商家有交易关系并存在未清偿的债权债务关系，一般是债务的一方。客户用自己拥有的支付工具来发起支付，是网络支付体系运作的原因和起点。

商家：是拥有债权的商品交易的另一方，可以根据客户发起的支付指令向金融体系请求获取货币给付。这个过程一般由商家的后台服务器来处理。

客户开户行：是指客户在其中拥有资金账户的银行，它在提供支付工具的同时也提供了一种银行信用。

商家开户行：是指商家在其中开设账户的银行，其账户是整个支付过程中资金流向的地方。商家把客户的支付指令提交给它的开户行后，就由开户行进行支付授权的请求以及商家开户行与客户开户行之间的清算等工作。

支付网关：是Internet网络与银行内部的金融专用网之间的安全接口，支付信息必须通过支付网关才能进入银行支付系统，进而完成支付的授权和获取。

金融专用网：是银行内部及行间进行通信的网络，具有较高的安全性。

认证机构（CA）：主要负责为参与的各方客户、商家、支付网关、银行发放数字证书，以确认各方的真实身份，保证网络支付的安全性。类似于传统商务中工商管理局的作用。

除以上参与各方外，网络支付系统的构成还包括支付中使用的支付工具以及遵循的支付协议。网络支付工具常用的有银行卡、电子现金、电子货币等。支付协议（如SSL与SET协议），规定了网上支付过程中信息的流动规则和安全保护模式。

2.3 电子货币

2.3.1 电子货币产生和发展

中国使用货币的历史源远流长，与中华文明密不可分，在其形成和发展的过程中，先后经历了六次重大的演变：一是由自然物货币向人造物货币的演变，二是由杂乱形状的货币向规范形状货币的演变，三是由地方铸币向中央铸币的演变，四是货币由文书重量向通宝、元宝的演变，五是由金属货币向纸币交子的演变，六是由手工铸币向机制纸币的演变。近年来，伴随着全球化、网络化、知识经济和金融自由化的浪潮，同时由于人类社会经济和科学技术的进步，作为商品交换和贸易发展的产物，货币也在不断地发展、不断地变化，电子支付方式层出不穷，涌现出了诸如预付卡、智能卡、非接触式卡等各种新兴的支付工具。可以说，电子支付技术由于创造了新的、虚拟的货币形式，它使经济结算活动在虚拟空间得以实现，便利了商品和服务交易，提高了货币流通效率，显著减少了在途资金占用成本，节约了社会金融资源，创造出一个全新的社会活动局面。从中我们发现各种类型货币的发展时间与历程，均有其时代背景的重要性，从早期以物易物、贝壳、稀有金属、铸币、纸币到当代的电子货币等，无不深刻地烙上时代的印迹，而货币最主要的目的就是要便利人们的生活。

随着生产力的日益发展，商品的种类和数量越来越庞大，交易日趋频繁和其时效要求更为迅捷，贵金属自然存量的稀缺性矛盾必然与经济社会发展对货币的无限需求产生尖锐的矛盾，其结果导致了银行券这种信用货币的产生；由于自由发行的银行券在流通中造成的种种混乱和危机，国家垄断发行的银行券——法定货币应运而生，但是伴随着消费浪潮的到来和网络时代的开启，人们不再满足于面对面、一手交钱一手交货以及比较单纯的零星购买行为，开始要求提供短期透支消费便利、通过互联网进行购物和一揽子采购等服务，传统的纸币、纸质银行簿记显然无法满足这种资金流通的迫切需要，能够适应新经济变化的电子货币便破茧而出。货币形态的更迭通常不太可能一步到位，而是在原有货币形态的基础上孕育产生了新的货币形态的萌芽，经过不断地成长、成熟到最后完全取代旧形态，这种货币并行、取代是个永无止境的过程。在早期由于电子通信技术和互联网还没有得到充分发展，信用卡等电子货币的适用范围受到很大的限制，还仅仅只能在一定程度上替代纸币，而在网络经济蓬勃发展和科学技术日新月异的当代，信用卡从只有读写功能的磁卡，向装有集成电路的、具有逻辑运算功能的、可脱机运行的智能卡转化，其适用范围也得到了迅速扩张，从作为纸币的可有可无的替代品俨然成为网络时代生活的必需品，新的能够取代纸币的"电子货币"就这样被创造出来了。

电子货币的产生，使货币形式的符号化更加彻底、更为纯粹，其存在完全依赖于信用制度的发展和高度社会化的金融体系，不再带有任何商品的遗留痕迹，因而其"价值"或者说是"购买力"完全是社会赋予的，成为与商品界直接对立的社会价值形式。与历史上出现的其他货币形式一样，电子货币的产生与发展是一定的社会经济条件和背景下的客观经济规律，是货币形式发展演变的历史的、逻辑的必然结果。

2.3.2 电子货币的功能

1. 电子货币的传统职能

（1）价值尺度职能。

货币在进行商品交易之前，首先要对要交易的商品的价值进行衡量，衡量双方价值，才能实现等价交换，这是商品之所以得以交易的前提，货币就可以作为一把尺子衡量商品的价值。尽管电子货币不是中国的法定货币，但是其可以兑换成法定货币，电子货币和兑换的法定货币是具有相等价值的，以此电子货币具有价值尺度来衡量交换商品的价值，并且以价格的形式表现商品的价值。只是电子货币的外在表现形式与传统货币有所差异，即电子货币不是用实物而是电子数据来表示商品的价格，因此，电子货币具备价值尺度职能。

（2）交易媒介和支付职能。

货币通过交易媒介职能，实现了商品的流通和交换，交换的目的是通过货币这一媒介购买到自己想要的商品满足自己日常生产、生活的需求。对于电子货币来说，只要其价值稳定（在较长时间内价值波动不大），就可以像纸币、银行券这些代用货币一样在市场上流通而实现流通手段的职能，电子货币的流通通过电子数据在网络系统的传递来实现。如果电子货币能够在网络系统上通过数据的传递实现流通手段，那么也可以实现支付职能，两个职能是相互联系、相辅相成的。

（3）储藏手段职能。

人们使用货币或者将货币储藏起来，实际上是储藏的货币的购买，有的货币能够保值增值，特别是通货紧缩的情况下，人们更倾向于存储货币，而不是用于消费。电子货币在交易实现前，可以起到储藏作用，但这个职能应用不是很广泛。

（4）充当世界货币职能。

电子货币通过网络系统使得电子数据在一定的载体实现传递，因而，电子货币具有广泛的适用性、国际性。对于电子货币而言，其将来是否能够在国际范围内完全取代传统货币形式，独立地充当唯一的一般等价物形式，充当起世界货币的职能，还需要时间来检验。

2. 电子货币的特殊职能

（1）循环消费信贷功能。

随着经济的发展以及人们观念的改变，信用卡分期付款业务逐渐兴起，而且银行信贷部门推出的循环消费信贷业务日趋繁多。电子货币具有循环信贷的职能主要是针对以银行卡为载体的电子货币而言的，在整个电子货币的支付体系中，发行机构能够对电子货币使用者的消费业务、消费记录进行跟踪，确保其在正常信用范畴内使用电子货币。此外，电子货币的发行机构还会对于信用卡恶意透支、信用卡逾期的行为给予警示，并且停止为其发放贷款的业务，这种职能保证了电子货币使用者及参与者的合法权益，促进电子货币持续、稳定地发展。

（2）综合理财服务功能。

电子货币系统能够为电子货币持有者提供更好的平台从事综合理财业务。电子货币的持有者可以将自己的证券投资、外汇、理财的账户同电子货币相应的账户进行绑定，通过网络平台就可以及时地了解到收益状况，及时地对资产进行管理。电子货币系统借助互联网这个平台可以跨时空地提供金融服务，实现综合理财服务。

（3）数字化生活服务功能。

电子货币发行机构可以联合社会服务管理部门和各种经营机构，通过利用先进的技术加载各种管理和客户服务信息。例如，通过联合团购网站进行网络订餐，网上轻松支付就可以在家等待美食；通过联合购物网站等平台，选购自己中意的衣服，网上下单支付，就能解决穿衣问题等。电子货币的应用越来越数字化，为人们提供贴心的生活服务，解决人们日常生活包括吃、穿、住、行等问题，既方便又快捷。

2.3.3 电子货币的运作形态

作为电子货币，它有不同运作形态，这种运作形态反映了它这个机制是否完善、是否完整。

电子货币大体的运作流程分为发行、流通和回收。与传统货币的运作流程相似，但是传统货币需经过发行、流通、再流通，直到货币损坏之后才能进行回收。传统货币的流通中间会具有多次循环。但是对于电子货币来说，它只有发行、流通、回收三个步骤，三个步骤各自具有不同的特点。电子货币具有两种不同的运作方式，目前大部分使用的为第一种运作模式。在第一种运作模式下，买家需要向电子货币发行者购买兑换相应的电子货币，买家向卖家支付订单时，使用兑换后的电子货币完成支付。商家得到大量电子货币后，可以将电子货币兑换成实体现金。实际上现在电子货币的发行者与商家往往是合二为一的，使用范围也具有一定的局限性。例如Q币、百度币，它们的发行公司分别是腾讯公司和百度公司，Q币只能用于腾讯公司相关的虚拟产品上，百度币往往用于百度文库下载文档。由于电子货币的发行者与商家通常是同一公司，对于消费者来说具有较大的投资风险，可能会遇到发行商跑路的情况。

电子货币的另一种运作模式含有中介机构的介入，即在发行和回收过程中都有中介机构参与。例如电子货币的发行者要发行电子货币时，需要向相关机构申请，并将银行作为中介机构，由银行代其发行。买家如果要得到电子货币，首先需要向银行申请兑换一定金额的电子货币，然后再去商家那里购买商品或者服务，商家得到相应的电子货币后再向银行申请兑付。这个过程中发行者和商家之间是有一个中介的，购买电子货币的人与发行者之间也有中介机构，即银行。在这种模式中银行实际上作为信用担保，相对来说风险较小，从运作流程来说是比较安全的。

2.3.4 电子货币对金融业的影响

电子货币的出现很大程度上改变了传统货币的使用环境，尤其在互联网金融这种形态下，它改变了现有货币的使用方法。电子货币虽然不是新型市场下的一种货币，但它的流通运行机制与传统货币是完全不一样的。在电子货币发行量和使用范围并不是特别广的情况下，目前电子货币对现有的商业银行业务或者对央行控制的货币供应量的职能来说并没有产生太大的影响，但随着电子货币的应用范围慢慢扩大，它将会对现有金融运行机制特别是货币的供给量带来较大影响。

电子货币对货币政策的影响主要是对整个应用总量的影响，就是我们通常讲的M1。由于现在电子货币的发行方不是唯一的，而且不容易受到监控，所以电子货币的出现势必会使货币的需求量减少，也会对货币的供给产生影响。

现在世界上很多国家已经在慢慢减少实体货币的使用，比如挪威、以色列、冰岛以及欧盟的一些国家，它们的实体货币的使用量占比已经到10%以下，而且很多交易都是可以用电子货币来完成的。在这种情况下，货币的发行总量就会对货币的M1产生比较大的影响，从而也就会带来一系列负面的影响。央行通常是通过调整货币的供给量大小来控制经济的发展，如果货币发行量比较大的话，就会出现通货膨胀。

电子货币的发行方不是唯一的，发行数量不可测、不可掌握，对金融监管会带来相当大的挑战。电子货币的运作形态有两种，第一种是由发行者去发行，然后购买者去购买电子货币，商家再进行回收，这种形态下发行数量是完全没办法把控的；而在有中介机构参与的电子货币运作形态中，就可以对整个电子货币进行监控，因为它可以对电子货币的发行进行严格的把关，这个时候金融监管是可以发挥作用的，例如对电子货币的发行者给予市场准入，然后对它的运作和退出市场等制定相关机制。因为货币发行一旦到了一定的量，而且它能更加体现出货币的一些通用的属性的话，发行就会使得货币流通大大地减少，也就减少了金融当局的货币发行量，而货币发行数量又会对经济的运行有着很大的影响，所以会对金融监管提出更高的要求。

2.4 中国国家金融通信网

2.4.1 中国国家金融通信网简介

中国国家金融信网是集金融管理、金融服务和宏观货币政策职能为一体,以计算机处理系统、通信网络为支撑环境,将人民银行与各商行和金融机构及其分支机构之间有机地结合在一起的综合性大型集成系统。该通信网络称为 CNFN,采用 X.25 和帧中继(FR)规程,在全国范围内提供金融信息通信服务。CNFN 在运行期间,始终保持与应用系统相互独立,通过文件和报文传输服务,使人民银行、各商业银行及金融机构的内部和彼此间可以进行电子访问。

2.4.2 CNFN 的网络结构

CNFN 网络是一个基于开放系统结构的、支持国家级金融应用系统的我国金融界公用数据通信网络。CNFN 的网络层以 X.25 分组交换技术为基础,并引入帧中继技术,使 CNFN 网络减少传输迟延时间,并通过动态带宽分配技术,充分利用物理网络资源,提高传输效率,降低租用物理线路的费用。

CNFN 网络的实施,将分为模拟试验、试点和实际运行三个阶段进行。CNFN 试点网络具有 2 个汇接节点、20 个节点和 80 个 CLB 接入端。

鉴于 CNFN 传送具有货币值的金融业务信息,CNFN 骨干网络的所有部件均采用冗余措施,使其可靠性达到 99.9% 以上。

1. CNFN 物理层网络

CNFN 网络汇接点(NPC)与普通节点(CCPC)之间的物理线路,目前采用以卫星网络为主干线路,以 ChinaDDN 地面网络为备份线路。主干线路的拓扑结构,是利用 2 个星状卫星网络,把 20 个 CCPC 分别连接到 2 个 NPC。卫星网络利用卫星 KU 波段的空间资源运行,大大地节约了网络的投资和运行费用,也为 CNFN 开展帧中继技术提供了基础。

试点阶段,CNFN 网络分为 2 层,即主干网络和区域子网。区域子网络通过 X.25 分组交换机,向国家主干网提交业务。该方法使 CNFN 在 NPC 失效期间,将支付业务安全地推进在区域子网,使失效影响尽可能小。区域子网是以 CCPC 为中心点的星状网络,它将 CCPC 与本区域的 CLB 处理中心和商业银行及金融分、支机构处理中心进行连接。区域子网的物理线路将利用 ChinaDDN、PSPDN 和 PSTN 等构成。

随着宽带地面数字线路利用,物理网络的拓扑将朝着准网格状网络发展。准网格状网络拓扑考虑把 400 个 CCPC 的一小部分定为特殊网络节点(简称 2a 级 CCPC),CNFN 将在 2a 级节点间形成网格状网络,其余的节点仍为原网络节点(改称为 2b 级 CCPC)。

网格状网络的优点:通过迂回技术使重大的节点与通信线路的失效限制在最小范围;网络动能灵敏,能避免集中式网络的瓶颈效应;应用系统可以安装在独立的网络节点,便于用户的访问。

2. CNFN 传输网络（网络层网络）

CNFN 传输网络是以 X.25 协议为基础的公共载体，它由美国 Global One 公司的 TP4900 系列产品组成。其中 NPC 节点采用 TP4977 分组交换机，CCPC 节点采用 TP4944 分组交换机。当 CCPC/CLB 与 NPC 之间的 X.25 虚拟线路建立时，支付应用系统采用开放系统标准的应用层协议 TPC/IP 的 FTP 交换信息。国际标准网络服务运行在国际标准载体上是建设 CNFN 网络的核心问题。

帧中继技术是在 X.25 分组交换技术的基础上发展的先进技术，CNFN 的物理网络为 NPC 与 CCPC 之间的主干传输线路，为开通帧中继业务提供了基础。根据应用系统的业务需要，CNFN 的骨干传输网络可以随时提供帧中继业务，为金融系统提供高速率、高效率、低成本的数据通信服务。

CNFN 传输网络为我国金融系统广大用户提供闭合用户主用户搜索群（Hunt Group）等功能，用户可以利用 CNFN 建立虚拟专用子网络，独立运行和管理子网络。CNFN 提供多个端口，同时与某端口建立多条 VC 的工作方式为用户服务。CNFN 传输网络具备完善的计费系统，能够与 ATM 通信设备集成，成为提供多媒体传输的大型综合网络。

3. CNFN 的网络接口

（1）CNFN 1 级网络接口。

1 级网络接口分为 1-a 级和 1-b 级两类。

1-a 级接口提供 NPC 与所有 CCPC 和与 1-b 级远程应用系统（RAS）的连接。该接口通过一组 10 Base-5 双 LAN 把 NPC 支付应用系统于 CNFN 集成。

1-b 级远程应用系统接口（RAS）用于将非核心的金融应用系统集成到 CNFN，该接口还用于与各商业银行总行和金融机构处理总中心的连接。根据需要，CNFN 的 1-b 级接口可作为入网网关，采用 X.75 协议与国际金融网络 SWIFT 连接。

（2）CNFN 2 级网络接口。

2 级网络接口依靠共用的 CCPC 网络节点（TP4944），将区域子网的业务交换到国家主干网上，该交换机既作为区域业务的集中器，又作为国家网和区域网之间的网桥。该接口通过一组 10 Base-T 双 LAN，把 CCPC 支付应用系统与 CNFN 集成。它与 1-a 级、3 级、4-a 级等网络接口互连。

（3）CNFN 3 级网络接口。

3 级网络接口依靠具有交换功能的广域网接入设备，执行与级和 4-b 级网络接口的分组数据交换，从而构成 CLB 与本地区的 CCPC 连接，商业银行县级处理中心，通过 4-b 级接口访问 CNFN 网络。

（4）CNFN 4 级网络接口。

4 级网络接口是 CCPC 和 CLB 为本地区的商业银行分、支行的处理中心提供电子访问的接口（其中 4-a 级对应城市级，4-b 级对应县级）。该接口采用 X.25QLLC 协议。如果用户已具备帧中继接入能力，它能够为该类用户提供帧中继业务服务。该接口支持采用 TCP/IP over X.25 和 SNA over X.25 协议的处理系统的电子访问。该接口支持混合类型的线路，根据当地邮电部门的通信环境优先考虑 ChinaDDN，其次是 PSPDN 和 PSTN。

（5）CNFN 5 级灾难恢复网络接口。

5 级灾难恢复网络接口是支持两个 NPC 进行灾难恢复信息传输的互联线路接口。该接口传输 2 个 NPC 的支付应用处理系统的影像（shadow）支付信息，并且传输 2 个 NPC 内网管系统的镜像（mirror），同步管理信息。

2.4.3　CNFN 的网络架构

CNFN 的网络结构包括总行、省级分行、地级市分行、支行、网点五级不同层次的网络。它的网络结构是独立、完善的网络管理系统，具有可靠性高、稳定性强的特点。

2.4.4　三级节点的处理功能

按照 CNFN 的目的及用途，在通信子网设计中，结合银行系统严格的层次体系结构，通信子网采用二级网络三级节点结构，即国家级网络（national network，NN）和地区级网络（regional network，RN）。在不同的网络中，按照所支持业务及数据量的不同，采用不同建网设备和建网方案，连接不同档次主处理机系统。

1. 国家处理中心

国家级网络也称骨干网，是由人民银行总中心和城市清算中心构成的国家级主干网络。它为一级处理节点（国家处理中心 NCP）和二级处理节点（城市处理中心 CPC）提供数据传输高速公路。在 NN 建设初期曾主要考虑采用分组交换网，后鉴于网络技术发展，也考虑采用 IP 技术，在 400 个城市设置路由器，建成类似互联网形式，但由于我国一些金融机构使用 BIM/SNA 系统，该系统实时性要求高，而 IP 网络无法满足要求，因此最后选择帧中继技术。在 NN 的具体实现时又分为两层，即核心层和转接层。

CNFN 的国家级网络建立统一的网络管理中心，其一级网管中心设在北京。网络管理中心主要承担对帧中继专用网的网络设备、电路运行状况、业务负荷等进行实时监控；负责指挥处理各类网络设备、电路及用户申告故障；负责全网的局间数据、用户数据的配置管理；负责全网软件升级；负责统计分析全网运行状况，提出网络调整意见和方案，并对网络运行中的异常情况采取紧急措施处理。具体职能包括全网的故障管理、配置管理、性能管理、计费管理和安全管理。

2. 区域网（regional network，RN）

区域网是一个区域内金融系统的公共通信载体，是金融系统各部为提供支付服务、支付资金清算和宏观货币政策信息传输服务。按照其覆盖范围，RN 又由城市网和市县网两部分组成。城市网（city network）上承国家级网（NN），下启市县网，是区域级网络中心城市所在地横向连接城市内人民银行分支机构与专业银行的广域网。市县网是区域内中心城市连接市属人民银行分行和专业银行的广域网络。

区域网的网络组成如下：

（1）区域骨干网。

通过地面 X.25 网与所辖市各家金融机构相连，各商业银行的电子联行"天地对接"系统通过人民银行卫星小站与人民银行总行清算中心相连。

（2）市人民银行 LAN。

市人民银行 LAN 上主要运行以下业务系统：市人民银行办公自动化系统，电子联行"天地对接"系统，商业银行账户管理和贷款证管理系统，会计核算、国库报解、发行等传统业务。

（3）区域网。

市人民银行 LAN 的延伸，包括城市网和市县网。除与 LAN 共同的设备外，还包括路由器设备、网管设备等。在该区域网上主要运行大额实时支付系统业务、小额批量支付系统业务、同城票价清算系统业务、金融管理信息系统业务。

（4）企业网。

企业网指与人民银行相连的各商业银行的网络应用系统，主要包括商业银行通存通兑系统、商业银行 ATM 通兑系统。

2.4.5 CNFN 的安全设置

CNFN 的安全防范在路由器、交换机、网络工作站、业务应用系统及行政管理 5 个层次上实现。

（1）路由器设置防火墙，防止来自广域网对系统内部非法入侵。

（2）交换机各企业内部不同业务部门形成不同 LAN 系统，各 LAN 设置为不同的网段，在交换机上采用网段划分技术，防止来自系统内部的非法入侵。

（3）工作站在重要工作站上关闭网络公共服务接口，如 TELNET、FTP、TFTP、RCMD 等，以防止来自工作组内部的入侵。

（4）应用系统加强口令管理和 SOCKET 端口管理。

（5）行政管理对重要工作站的网络访问做日志，以增强系统的安全性。

2.5 中国国家现代化支付系统（CNAPS）

所谓支付，是为清偿商品交换和劳务所引起的债权债务关系，由银行所提供的金融服务业务，它来源于银行客户之间的经济交往活动，但由于银行"信用"中介的结果，演化为银行与客户、银行客户与开户银行之间的资金收付关系。而支付系统就成为市场经济体系中不可分割的一部分，它是由管理货币所有权转移的法规、提供支付服务的金融中介机构和提供支付的技术手段所共同组成的复杂系统。

2.5.1 CNAPS 简介

CNAPS 是由一系列支付工具、程序、有关交易主体、法律规则组成的用于实现货币金额所有权转移的完整体系。支付体系是市场经济下货币体系不可分割的一部分，根据国际清算银行的定义：支付体系由特定的机构以及一整套用来保证货币流通的工具和过程组成。任何支付系统的目的都是为了尽可能高效地组织实际交易和金融交易的资源的传送。支付系统包括资金转移的规则、机构和技术手段。任何在经济中有关支付的工具、手段等均是广义上支付系统的组成部分，如现金、支票、中央银行的票据处理中心及有关票据的法律等。狭义上的支付系统是指以计算机网络系统为依托，由一系列交易主体参与的，由一系列相关支付工具、程序和有关法律组成的，用于实现电子资金转账的体系。支付系统并不是一套单纯的计算机系统，支付系统的建设与管理也并不完全是工程技术方面上的问题。主机、终端及通信线路构成现代化支付系统的物理概念，而支付系统的本质是一套服务于金融业的完整体系，计算机网络是这一体系得以运行的必要条件。

2.5.2　CNAPS 的参与者

现代经济生活中，市场经济中的所有交易都以货币的形式支付商品和劳务的购买。支付系统的效率和稳定性对经济活动有着很重要的影响。一个有效且高效的支付体系包括稳定的支付机构（如银行和清算机构）、有效且便利的支付工具和高效稳定的清分结算系统，同时还要有一套运作规章和法律法规作为保证。支付系统作为一个完整的体系，每一部分都是维护这一体系的正常运转所不可缺少的。如图 2-3 所示，银行是支付体系的重要组成部分。中央银行的职能之一就是保证支付体系的稳定，对支付体系进行监督和监管。对于支付工具，可以分为现金支付和非现金支付两大类，非现金支付工具主要有支票、转账支付、自动清算支付和金融卡支付等。支付工具伴随技术的发展而不断发生着变革，信息技术和通信技术的发展使得非现金交易的比重越来越大。特别是电子货币的出现，对现金产生了替代作用。

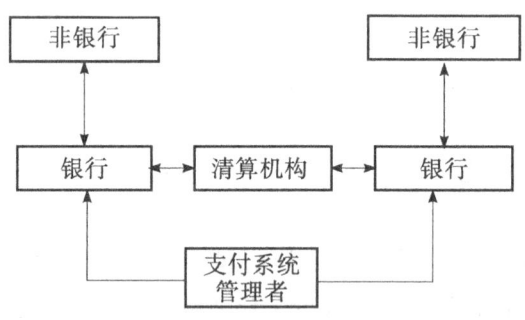

图 2-3　支付系统主要参与者

1. 银行

在当前的各种支付系统中，银行扮演着重要的角色，绝大部分交易的支付以银行转账的形式进行。支付系统的主要要素来源于银行提供的服务和银行体系的基础设施。在发达的市场经济中，支付必须通过由商业银行和中央银行构成的银行体系来进行。商业银行提供必要的清算账户和流动性来满足其客户对支付的需求。银行间的清算通过银行间账户的联系进行，通过商业银行在中央银行的往来账，使商业银行得以使用中央银行货币获得最终的清算。银行不仅要求具备高水平的支付业务设施，同时也是向广大客户提供支付服务的主体。

2. 清算机构（清算所）

清算机构负责金融机构间银行以及金融机构和非金融机构间资金的清分和结算。而清算机构的出现，使得银行之间的资金收付交易必须经过清算机构进行资金清算才能最终完成支付的全过程。支付系统的管理者负责制定支付系统的运作规章，维护支付系统的日常运作。一般来讲，中央银行往往是这样的管理者，但对于不同的国家和不同的系统，这个问题的答案并不同。在现存的支付系统中，也有民间组织做管理者的情况，如国际资金清算系统、美国的以及威士国际信用卡组织、万事达信用卡国际组织等。各国中央银行对本国支付系统的参与有两种情况：一是基本不参与，如加拿大、英国的情况，支付系统完全由私营机构经营与管理；另一种情况是中央银行积极参与支付系统的管理，从支付规则的制定到提供支付服务，典型代表是法兰西银行和美联储，中国人民银行对支付系统的参与也属于这一种。1913年美国根据联邦储备法建立起联邦储备银行作为美国的中央银行，并被授予管理美国银行业活动的广泛权力，这些权力包括货币发行、经营美国的支付系统、银行监管以及货币政策的制定与实施。欧洲中央银行和法国中央银行也将支付系统的稳定高效运作作为中央银行的三大任务之一。而根据《中华人民共和国中国人民银行法》第一章总则第四条，中国人民银行将履行依法制定和执行货币政策、发行人民币、管理人民币流通、维护支付、清算系统的正常运行等职责。

3. 国家法律与支付系统的运作规章

国家法律为支付系统的参与者明确了各自的权利和义务，并对一些基本问题如支付工具的使用、支付命令的有效性等进行了规定，明确的法律规定是支付系统正常运作的基础。支付系统需要一系列内部的规章、制度来保证其协调运行。支付系统运作规章规定了支付系统的各个方面，如参加者是谁、是否允许日间透支、如何提供日间透支、透支利率如何计算、支付指令能否撤销、是否收费、收费多少等。运作规章的制定是支付系统建设和管理中极其重要的组成部分，要根据本国的经济、法律方面的实际情况进行综合考虑。这些运作规章不是一成不变的，它们将根据新的情况、新的问题不断修改，以便适应发展的要求。

4. 支付工具

支付工具可被视作支付命令的载体，是支付体系内用于清算的中介，它必须是被交易双方同时认可的一种支付手段。这一载体可分为有形和无形两种。有形的支付工具有现金、支票、汇票、本票和卡基支付工具等，无形的支付工具主要指承载支付命令的电子信息，这些信息必须为有关支付系统所承认。支付系统的类型是决定支付工具形式的重要因素。

一般来说，小额批量支付系统以现金、票据和银行卡为支付工具，大额支付系统为了保证支付效率，支付工具往往以电子信息的形式存在。

2.5.3 CNAPS 的业务应用系统

CNAPS 利用现代计算机技术和通信网络，高效、安全处理各银行办理的异地、同城各种支付业务及其资金清算和货币市场交易的资金清算，它是各银行和货币市场的公共支付清算平台。CNAPS 由独立运行的以下几个应用系统组成。

1. 同城清算所

同城清算所（local clearing house，LCH）是采用批量处理、净额结算、约时进账的方式进行同城范围内以纸凭证（借记或贷记）为基础的支付业务的独立支付应用系统。以支票或其他纸凭证为基础的支付，是同城支付中最为重要的手段。LCH 能够实现支票或其他纸凭证的自动阅读和清分，借记、贷记支付的账务处理，提供对账、结算支持，多媒体输出，批量支付信息文件传输支持，背书支持，与客户会计财务、异地支付应用系统接口支持。

2. 大额支付系统

大额支付系统（high value payment system，HVPS）是以电子方式实时处理同城、异地每笔金额在规定起点以上的贷记支付和紧急的金额在规定起点以下的贷记支付的应用系统。大额支付系统以全额的方式清算资金。这里所说的"大额"是按全国贷记支付业务笔数的10%以内，支付金额占70%～75%的情况计算出的起点金额，它是可以变化的。大额支付系统采用定时全额清算办法，可以使资金尽快抵用，减少在途资金，降低风险，也有利于中央银行有效调控信贷规模，强化对专业银行（商业银行）的监督、管理和宏观货币政策职能，以确保货币和金融市场的稳定。

3. 小额批量支付系统

小额批量支付系统（bulk electronic payment system，BEPS）是以电子方式批量处理同城、异地电子和异地纸张截留的借记支付及小额贷记支付的应用系统，按批处理，日终轧差清算资金。在 CNAPS 建立初期，BEPS 接受小额贷记（如汇兑、委托收款划回等）、事先授权借记（如银行汇票、承兑汇票、银行本票和旅行支票等）和定期借记（如收取税款、水电费、房租等）支付。在 CNAPS 功能完善后则还可以支持现在所能预期的各种支付类型，包括各种银行卡、ATM 卡和 PLS 卡交易。

4. 银行卡授权系统

银行卡授权系统（bank card authorization system，BCAS）是信用卡、ATM 卡和 POS 卡授权信息的信息交换系统。它是在城市网、区域网基础上建立全国授权中心，实现设备共享、商户开放、统一收单、统一支付、统一授权、统一结算、统一回扣，使持卡人在商户交易时，商户能够直接从持卡人开户银行或其他金融机构获得有关持卡人支付能力担保信息的系统。每一个授权请求被送往银行卡的发卡者或指定代理者，确认授权后再返回信息发送者。BCAS 是电子化支付系统，是实现无票据无现金支付的重要基础。

5. 政府债券簿记系统

政府债券簿记系统（government stock book entry system，GSES），是无纸的政府债券

报价、交割、清算、托管的簿记系统。

6. 金融管理信息系统

金融管理信息系统（financial management information system，FMIS）采集、汇总、加工、提炼通过支付业务处理过程和广泛范围收集的各类金融、经济信息，建立 FMIS，实现信息资源的集中管理。为人民银行和国家综合经济管理部门提供准确、及时的各类金融基础数据，为宏观调控、货币政策及金融监管提供必需的决策支持信息，以实现管理信息化、决策科学化。

7. 金融信息传输服务

金融信息传输服务（financial information transmission services，IFTS）利用中国国家金融网络 CNFN 作为中国的"金融信息高速公路"，为金融系统各个部门提供完全透明的信息传输的服务系统。

2.5.4 CNAPS 的支付风险控制策略

1. 信用、流动性及系统风险及其控制

支付系统的分析之所以涉及信用风险，是因为大多数支付系统的运作都包括或明确或隐含的信贷发放。很多中央银行在提供支付服务的同时，直接向商业银行发放贷款。另外，银行还通过资金市场互相拆借支付、清算和结算所得或损失的中央银行储备金。商业银行同时还向其客户发放贷款作为正常商业活动的一部分，还有一部分是用于支付的处理。

信用风险是指交易双方不能在到期日或此日以后的任何时间结算其负债的全部金额。这里的参与者包括交易者自身、结算工具的发出者，有时还包括商品、劳务传送过程中涉及的中介机构等。通常，当其中的一方无能力付款时，就会产生信用风险。虽然在支付系统中重点是支付结算的拖欠风险（尤其是在行间结算过程中），但是在支付进程中的每一步都有信用风险。银行或银行客户在支付过程中借款后，可能由于与支付完全无关的原因无法偿还这些资金。而且，支付系统中的信用风险与银行和金融市场中的总体信用风险是密切相关的。

流动性风险是指交易一方（或结算系统参与者）不能在到期日结算负债的全部金额的风险。流动性风险并不意味着这一方或参与者破产而无力偿还，其有可能在到期日之后的某个不确定时候结算其借记债务。流动性风险对支付系统的一个重要影响就是，尽管支付系统的参与者可能没有足够的中央银行资金在某一时刻结算支付，但由于有了充足的时间将资产转化为中央银行货币，支付还是可以进行结算的。这里不仅包括中央银行货币，还包括结算工具。

流动性风险与信用风险不同，在信用风险中结算的违约意味着损失最终将由那些与不履行债务者进行交易的各方以某种方式分担，而且信用风险在引发出损失本金的可能性的同时，还意味着会产生连带的流动性风险，而流动性风险又会带来资金的匮乏。然而，事实上有时两者之间的差别并不容易分清。从实际上看，流动性的缺乏代价要大些，因为本来期望得到一笔支付的一方不得不以较高的价格借款或无任何收益地出售其资产。如果流动性风险过于严重，还会导致其他合同的违约甚至破产。由此可见，资金的匮乏是导致信用风险最重要的原因。

结算的拖延、非同时结算以及结算工具发出者的拖欠等都会引起信用和流动性风险。即使结算同步进行，当结算工具的发出者违约时，接收方仍可能面对信用风险和流动性风险。

系统风险是指在转账（支付）系统中，或在整个的金融市场中，如果一个参与者不能满足其支付要求，那么其将使其他参与者或金融机构在到期日也不能履行债务。这种失败会引起严重的流动性或信用问题，以致最后会威胁到金融市场的稳定。系统风险可能产生于支付过程或行间拆借市场中银行之间的信贷发放。实际上，金融市场中的系统风险不仅存在于银行，也可能存在于其他主要的金融机构。

系统风险通过以下的方式显示出来。假设某家机构不能结算其客户的支付指令，或在结算中面临一定的困难，一旦金融市场中的其他机构感觉到这种困难，就会很快行动，保护自己的头寸。由于确认这家有问题机构的信用度存在一定的困难，使得其他机构会撤出在这家机构的存款并拒绝代表其向外支付资金。为了增加流动性，这家有问题的机构可能会被迫以低价出卖其资产，以致最终有可能破产。在一个现代化的市场经济中，支付系统连接着所有金融和实际经济活动。完成支付的能力，以及对其他机构的信心是支付系统良好运作的基础。因此，支付系统也就不可避免地成为机构和市场之间传播振荡的主要途径。正是与支付系统危机相连的实际代价使得公众渴望一个安全、良好的金融系统。中央银行作为金融机构的监督者、货币当局以及支付系统的操作者，对银行和支付系统中的信用、流动性和系统风险很关注。作为监督者，中央银行对其所监督的每个机构的信用和流动性风险很关注；作为货币当局，中央银行又关心进行重要的行间结算时或某一时刻对中央银行资金和信贷的需求；而身为支付系统的操作者，中央银行还要致力于提供有效的、风险低的支付服务。身兼三职，中央银行所关注的就是支付系统和金融系统的稳定性，以及各种金融机构与在金融市场中为结算提供基础设施的支付系统之间的重要联系。因此，官方支付系统风险控制政策都来源于中央银行这几大职能的结合。

2. 净额轧差系统中的风险及其控制

净额轧差系统中，在某一清算时间交换支付指令，然后在时间段结束时进行结算。在这一时段，对每个参与者来说，所有收到的和发出的资金转账金额都相抵。轧差可以是双边的，即一对交易者之间；也可以是多边的，包括三个甚至更多的参与者。在多边轧差中，结算可以集中进行，也可以分散进行。如果是分散进行，一家代理计算净额头寸，每一家参与者都向结算代理持有的集中结算账户中支出资金（净借记者）或接收资金（净贷记者）。如果是集中进行，一家清算组织成为中央伙伴，并承担起向净贷记者支付，及从净借记者处收回资金的责任。虽然净额轧差系统可以减少银行对结算金额的需求，并因此增加了支付系统的有效性，但是这种轧差的结果又会使风险集中在清算结束时。这时系统的风险主要是由结算时间的延迟造成的，即从支付指令交换到最后结算之间的延迟。

在一个日末最终结算的行间净额轧差系统中,实际上接收银行已发放了日间信贷,因为接收银行接受支付指令,并做出反应,而且也知道直到清算时段结束时才能收到最后的资金。参加双边轧差的银行可以直接估测其对方的信用风险。而多边轧差涉及三家或更多的方面,信用的流动性风险都会互相牵扯,所以需要更复杂的风险管理技巧,这种多边的支付要求是通过清算系统满足和完成的,所以必须通过这种系统完善风险控制。

参加多边净额结算系统的这些交易是否能够及时结算,要取决于轧差中产生出来的、有净借记头寸的参与者是否有能力满足其支付要求。关键问题是,如果一家银行在日末不能偿还它的净借记额会怎么样?此时有两种大的可能性:第一种,如果是中央银行为结算作担保的话,这对不能偿还借记额的银行是件好事。为了保证净额系统参与者的结算,并转移对其他参与者产生的流动性危机,中央银行会要求其他系统参与行在事后共同承担所面临的损失。不论损失随后如何承担,每日的结算都要进行,而且任何潜在的危机都可以被阻止。第二种,所有参与净额结算系统的银行都自己解决一家银行不能结算带来的危机。在这种情况下,中央银行并不准备承担损失或者担保结算,而是由多边轧差系统的参与行自己根据互相同意的紧急安排处理结算。此时,多边轧差系统的设计,尤其是对一家或多家参与者结算失败的情况如何设计,决定该系统的安全性。

3. 非金融性风险及其控制

支付系统中的非金融性风险,包括伪造、偷窃、欺诈和差错以及法律造成的风险。另外,由于支付运作的高度自动化,运行风险也要格外注意。自然灾害,包括洪水、火灾、地震等,会对支付系统的基础设施包括房屋、设备、道路以及电力产生破坏,影响支付的运作。非金融性风险大致可以分为以下几类。

(1) 人为干扰和错误造成的风险。

支付过程中,不适当的人为干扰,包括伪造、偷窃和欺诈等产生的风险可以用多种方法来对付。为防止这些风险,鉴别纸票据的签字人或电子支付的发出人和接收人身份和授权机制是首要的。简便的预防措施可以增加支付信息处理中心和通信渠道的安全性。房屋和机器的安全性很重要,数据的保护也同样重要,包括存储的数据和传输过程中的数据。另外,安全问题不能仅限于银行和处理中心,还应该扩展到支付服务用户的机房及计算机中。在纸张和电子支付系统中,增加安全特征就会降低支付处理的速度,甚至有可能减慢结算的运作。市场经济中,偷盗和欺诈带来的费用负担,以及防止这些行为所需的安全费用,都要由支付系统的用户来负担。从某种角度来讲,费用、效益以及隐私性这几方面的权衡,将决定何种安全级别是较经济的。尽管如此,为保证经济社会中对主要支付系统的信心,还是有必要在安全方面进行大的投资的。

(2) 运行错误及其故障。

设计和维护自动化系统的一个重要问题就是对运行错误和故障所引起的风险的管理。实际上,支付系统运作的完整性,包括在正常和不正常处理条件下,对现代化金融系统的运作都是很重要的,对错误和故障的容错级别是系统设计中的主要参数。一个支付工具或信息是由一系列通信、银行和清算组织中的多种通信和处理系统完成的,那么,这些组织中任何一家的故障都会拖延或错误地导向支付信息。因此,运作风险的总体原则应考虑各种组织类型及各种处理风险的混杂性。

(3) 法律风险。

法律和法规的不确定性也是支付系统的重要风险之一。法律、法规中所包含的、清晰的支付法律可以为支付过程带来确定性,因此,可以避免法律权益方面的问题导致活动中断。例如,对支付各方权利的清晰定义、发出支付工具或信息的明确要求以及在通信、清算和结算中权责的准确界定都是很重要的。不同的运行风险、金融风险及其他风险都是与权责的定义相关的。支付法律的制定过程中,一个重要的问题就是政府部门是否应对所有支付各方的权责加以明确的定义(包括那些代理行和中介行),或允许某笔支付的各方(包括有关的银行组织和清算所)商讨权责问题。一方面,市场准则及对金融业务和支付业务的灵活性需求有时需要单独的商讨。另一方面,一个统一的、全国性的支付系统,它的法律定义和标准会需要一个统一的法律或法规标准。每一个国家都要根据本国商业和支付法律的标准,在总体法律原则和不同法律策略的适用性下考虑这个问题,重视金融立法工作,构建完善健全、层次分明、相互配套的,包括法律、法规、规章和操作规程的金融法律体系。不管是支付系统的提供者还是用户,都会寻求一种法律规定,可以将风险和损失转嫁给他人,因此,这里还需要利益的均衡。在大额支付系统中,法律的不确定性会给金融系统带来严重的系统风险。支付系统中最重要的法律问题就是如何定义支付最终完成时间,这种最终性是指支付完成了,并且不可逆转。严格的最终性原则是需要成本的,比如说,如果电子资金转账在处理时就成为最终了,那么进行支付转账就等于使用不可逆转的、无条件的现金支付。实际上,之所以很多支付系统都不采取"支付进行即为不可撤销、无条件"这一原则,最重要的原因就是要保证支付的这种很高的安全性和完整性,需要增加额外的成本。

2.6　电子资金转账系统

电子资金转账(electronic funds transfer,EFT)系统是计算机网络技术的应用实例,其目标是实现金融业务的电子化。

2.6.1　EFT 的分类

EFT 系统可分为两大类:信息服务,即与金融活动相关的数据存取与传递,包括信用卡购物的信贷授权,账户核对以及文件查询等;资金调拨服务,即资金从一个存款账户拨出和划入。这种服务又可分为存、取、赊借、信贷四种。

在传统商务活动中,支付主要采用两种方式:一是票据支付,二是现金支付。在电子商务环境下,由于使用的传输网络、传输协议和支付程序的不同和相互组合,在实践中衍生出了各种各样的电子支付工具。对此可以根据不同的标准加以分类。根据支付系统处理划拨的类型,可以将它们分为两类:一类是借记划拨(credit transfer)系统,另一类是贷记划拨(debit transfer)系统。前者是债权人向银行发出支付指令,以向债务人收款的划拨;后者则是债务人向银行发出支付指令,以向债权人付款的划拨。电子资金划拨系统特别是大额电子资金划拨系统，基本上是贷记划拨系统。

此外，电子资金划拨系统根据服务对象的不同与支付金额大小分为小额电子资金划拨系统（又称零售电子资金划拨系统）与大额电子资金划拨系统（又称批发电子资金划拨系统）。前者服务对象主要是广大消费者个人、从事商品和劳务交换的工商企业；其特点是交易发生频繁、交易小、多样化；后者的服务对象包括货币、黄金、外汇、商品市场的经纪商与交易商、在金融市场从事交易活动的商业银行，以及从事国际贸易的工商业企业，其金额巨大，在支付时间性、准确性与安全性上有特殊要求。根据小额交易活动的多样化要求及实现交易的便利设计有多种系统，如 POS、ATM、居家银行服务（home banking）及自动清算所（ACH）等；常见的大额电子资金划拨系统有美国的联储电划系统（Fedwire），清算所银行间支付系统（CHIPS），英国的清算所自动支付系统（CHAPS），加拿大大额划拨系统（LVTS），日本的日本银行清算网络（Boj-net，瑞士银行同业清算系统（SICS）等。

2.6.2　EFT 的支付方式及特点

一般根据电子支付所使用工具的表现形式和特点，将其分为三种类型。

1. 电子支票（e-check）

电子支票是一种借鉴纸张支票转移支付的优点，利用数字化网络传递将钱款从一个账户转移到另一个账户的电子付款形式。用电子支票支付，事务处理费用较低，而且网络银行也能为参与电子商务的商户提供标准化的资金信息。电子支票支付现在发展的主要方向是逐步过渡到国际互联网络上进行传输，即采用电子资金划拨（electronic funder transfer）。

2. 信用卡系统（credit card based system）

这种电子支付方式的基本做法是通过专用网络或国际互联网以信用卡号码传送做交易，持卡人（card holder）就其所传送的信息（message），先进行数字签章加密，然后将讯息本身、数字签章经 CA 认证机构的认证后，连同电子证书（electronic certificate）等一并传送至商家。

3. 电子现金（electronic cash/digital money）

电子现金是一种以数据形式流通的货币，它把现金数值转换成为一系列的加密序列数，通过这些序列数来表示现实中各种金额的市值，用户在开展电子现金业务的银行开设账户并在账户内存钱后，就可以在接受电子现金的商家使用。电子现金具有多用途、灵活使用、匿名性、快速简便的特点，无须直接与银行连接便可使用，适用于小额交易。其主要好处是可以提高效率，方便用户使用。

2.6.3　EFT 对银行的影响

银行业务的工作效率和票据交换速度是社会经济发展速度的决定因素之一。若银行业务的容量不足和效率不高，将会给商品生产和流通、资金周转等带来巨大的障碍。这就需要银行想尽一切办法以尽可能快的手段去扩大货币流通的强度、速度以及范围，以满足社会不断发展的经济需求。EFT 系统的诞生不仅改变了传统银行的工作方式，还抛弃了旧的银行体系所存在的弊端，建立了一种全新的概念和工作制度，以光、电的速度在世界各国之间通过银行计算机网络传递着资金，办理着银行的各种业务，取得了不可估量的经济和社会效益。因此，EFT 系统在全世界范围内得到了广泛的应用。

EFT 系统作为现代银行为市场经济所提供的新型综合性服务手段之一，对银行业务所产生的主要影响如下：

（1）减少现金流量，加快资金的周转速度，加速资金的结算和划拨，提高银行的工作效率和经济效益。

（2）采取了先进的计算机加密技术，减少了人工干预的环节，增强了客户和商业机构的资金安全性。

（3）使得银行为社会提供了多种多样的综合金融服务，如代发工资、代收代扣、代理证券买卖、客户自我服务、电子付款、电话银行等新型的综合金融服务。

（4）促进了社会生产、交换和消费方式的转变。尤其是为人们日常生活、旅行、购物等带来了巨大的便利，提高了人们的生活水平和质量。

（5）可使各方往来的资金自动处理，并融储蓄、信贷和非现金结算多功能为一体。

2.6.4　EFT 系统在世界上应用及发展概况

自 20 世纪 70 年代初提出 EFT 概念以来，EFT 技术得到很大的发展，许多国家和组织正在建设实验性或实用性的 EFT 系统。

1. 加拿大的 EFT/POS 系统

这是一个实验性的 EFT 系统，主要用于银行销售点终端之间的资金转账处理，它的逻辑参考模型如图 2-4 所示。从结构上看，它分成四个层次：访问级主要用于用户对 EFT/POS 系统的访问，它包括 POS 系统和终端安全控制器（terminal security controller, TSC）。如果 POS 系统有较好安全功能，可以直接连接到安全级，否则要经 TSC 接入。安全级主要用于访问控制，其中 TSC 用于保护 POS 系统，伺服访问控制模块（service access control, SAC）用于保护 POS 系统对主机系统的访问，银行访问控制模块（interbank access control, IAC）用于保护银行主机间的访问。通信级用于完成信息的传送，它的结构是一个公共数据网。金融级主要是指银行等金融机构所进行的操作，它对 POS 系统的业务请求通过 SAC 向通信级传送报文给予响应。对两个银行之间的支付业务来说，相应的两个支付模块通过各自的 IAC，经通信级互相交互。

2. 英国的 CHAPS 系统

英国的 EFT 系统主要用于各银行间的支付结算，其拓扑结构如图 2-5 所示。CHAPS 系统连接着大约 300 家银行，它们的数据传输通过一个公共数据网（PDN）进行。每个银行自身的信息处理与 CHAPS 系统无关，较大银行的支付处理在银行主机内进行，较小银行的支付处理可放在信关中进行。信关是一台串联计算机，它包含 CHAPS 软件，作为银行主机与 PDN 连接的部件。当较小银行的支付处理在信关中进行时，银行软件模块也可放在信关中。

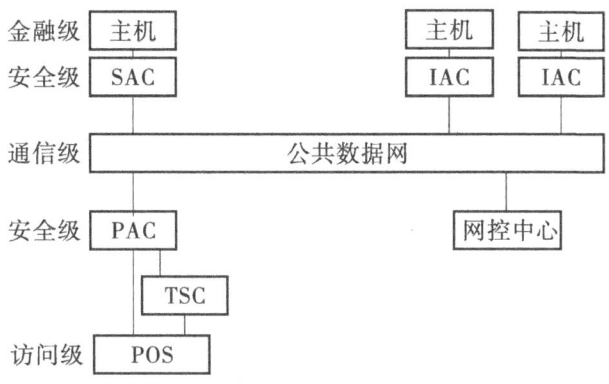

图 2-4 EFT/POS 的逻辑参数模型

CHAPS 系统将数据证实和数据保密作为最主要的安全功能。数据证实用防篡改的专用硬件实现，作为支付系统主机的一个部件。CHAPS 系统的数据加密采用"端—端"加密。数据证实和数据保密都使用 DES 加密算法。

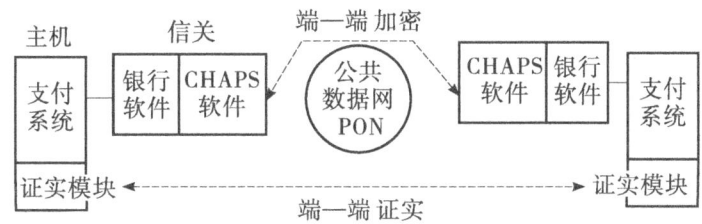

图 2-5 CHAPS 系统的拓扑结构

3. SWIFT 系统

SWIFT 系统是国际银行金融通信协会所拥有的 EFT 系统，它主要用于国际上各国大银行之间的金融业务处理，其拓扑结构如图 2-6 所示。SWIFT 系统连接大约 50 个国家的 1000 多家银行。它在柏林、荷兰和美国各设置一个"操作中心"，在每个成员国安装一个或多个"区域处理器"。区域处理器使用租用线路连到操作中心，并构成环形，以保证在某根线路中断时仍能正常工作。各银行的主机通过 SID（swift interface device）接入区域处理器，数据证实在两个 SID 之间进行，所有的国际信道都采用了数据加密。

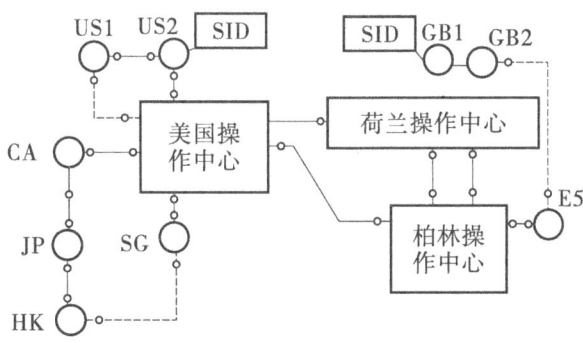

图 2-6 SWIFT 系统的拓扑结构

> **本章小结**
>
> 　　本章首先对网络支付工具及其相关概念进行介绍，包括电子钱包、电子支票、电子信用卡、支付宝、微信支付等。
> 　　其次，说明了网络支付系统的基本构成与功能，对其系统的分类及其特点进行详细说明。
> 　　此外，从电子货币展开，说明其产生以及发展特点。
> 　　最后，介绍了中国国家金融通信网及有关中国国家现代化支付系统与电子资金转账系统，对几种支付系统的结构、特点与影响等方面进行说明。

关键术语

　　网络支付工具　网络支付系统　电子货币　中国国家金融通信网　电子资金转账系统

综合练习

一、填空题

1. 网络支付系统包括＿＿＿＿、＿＿＿＿、＿＿＿＿、＿＿＿＿、＿＿＿＿等特点。
2. 广义的电子支付包括＿＿＿＿、＿＿＿＿和移动支付（手机支付）等。
3. 电子货币呈现多种发展形态，如＿＿＿＿、＿＿＿＿等。
4. ＿＿＿＿同时拥有现金和电子化两者的优点。
5. ＿＿＿＿是计算机技术、通信技术和金融工程相结合的综合系统。

二、判断题

1. 电子支票、电子现金、电子钱包等支付工具是基于网络银行的发展而发展起来的。（　　）
2. 电子货币取代传统货币后将消除货币供给层次。（　　）
3. 传统支付工具能够进行实时结算。（　　）
4. SET 协议比 SSL 更加安全。（　　）
5. 网络支付实际上是一种网络结算业务。（　　）

三、选择题

1. 中国的金融体制是以国有商业银行为主、多种金融机构并存的现代银行体制。目前，我国存在 8 种支付系统。下面不属于 8 种支付系统的是（　　）。

   A．同城清算所　　　　　　　　　　B．全国电子联行系统

C．SWIFT 系统　　　　　　　　D．网上银行系统
2．目前，电子支付存在的最关键问题是（　　）。
　　A．技术问题　　　　　　　　　B．安全问题
　　C．成本问题　　　　　　　　　D．观念问题
3．美国亚马逊网上书店是（　　）的全球代表。
　　A．B2B　　　　　　　　　　　B．B2C
　　C．B2G　　　　　　　　　　　D．C2C
4．网上支付系统的基础设施是（　　）。
　　A．电子货币　　　　　　　　　B．金融电子化网络
　　C．网络安全认证机构　　　　　D．电子化机具
5．电子支付是资金在互联网上的传输，其中涉及的安全套接层协议是（　　）。
　　A．PKI　　　　　　　　　　　B．SSL
　　C．SET　　　　　　　　　　　D．X.509

四、简答题

1．电子货币产生的主要原因有哪些？哪个是基本原因，哪个是根本原因？
2．电子支付系统的发展与电子银行业务的发展是密切相关的。从历史角度看，电子支付系统发展经历了几个阶段，分别是什么？
3．简要概括 CNFN 的主要网络结构。
4．简述网络支付系统的发展趋势。
5．电子货币与传统货币的主要区别有哪些？并对主要区别作简要论述。

 实际操作训练

熟悉微信钱包或者支付宝，通过该平台进行一次完整的电子商务操作，实时进行网络支付，体验实际支付过程，并谈谈你对该过程的体验感受。

 分析案例

备付金100%集中交存　支付机构告别"躺着赚钱"

2018年6月29日，央行在官网披露公告，宣布将支付机构客户备付金集中交存比例逐步提高至100%。支付机构靠备付金"躺着赚钱"的时代渐行渐远，对支付机构影响有多大？

央行宣布，自2018年7月9日起，按月逐步提高支付机构客户备付金集中交存比例，到2019年1月14日实现100%集中交存。交存时间为每月第二个星期一（遇节假日顺延），交存基数为上一个月客户备付金日均余额。跨境人民币备付金账户、基金销售结

算专用账户、外汇备付金账户余额暂不计入交存基数。

此外公告明确，支付机构"备付金集中存管账户"的资金划转应当通过中国银联股份有限公司或网联清算有限公司办理。

（资料来源：新京报. http://www.bjnews.com.cn/finance/2018/07/03/493537.html）

根据分析案例所提供的资料，试分析以下问题：

针对央行提出的风险专项整治方案——备付金100%集中交存，你怎么看？它的优势和劣势分别是什么？

第3章 离线支付系统

教学目标

通过本章学习，了解离线支付系统的特点，掌握各类离线支付的内容，分析使用扫码支付和近场支付的优势及存在的问题。

导入案例

刷手机坐公交　背后蕴含了什么技术

"叮叮，请上车！"在很多城市的公交车上，用支付宝刷公交卡之后的独特声音成为城市里一道亮丽的风景线。刷手机坐公交车，这背后蕴含了什么技术？

据蚂蚁金服有关负责人介绍，与在便利店"刷"支付宝不同，乘坐公交的支付信息并不是瞬间显示，而是在"叮叮"声响后的2至3秒。这就是支付宝公交码的"双离线"二维码支付技术：保证在0.3秒内，在闸机、手机双双离线的情况下市民可以顺利刷卡乘车。

公交出行一直是个传统行业，刷卡、投币等运营了二三十年，有着比较固定的"游戏玩家"、服务模式和利益格局。推进移动公交，不仅意味着技术方面的探索，还考验着互联网企业在产业协同方面的智慧。如果像在超市、便利店"扫码枪"一样就能坐公交车，那公交卡公司如何在这一轮技术变革中实现转型和升级呢？有效有益的技术变革应该可以让参与者都能实现健康稳定的转型升级。

支付宝在基于离线二维码的技术上，进一步设计了"电子公交卡"的方案。将传统的公交卡进行虚拟化，为公交、一卡通、终端等合作伙伴"赋能"，公交公司提升了收银效率，避免了假币问题；一卡通公司借此实现了信息化和移动互联网化，从以前的"认卡不认人"到"一卡一人"。后续，一卡通公司还能进一步挖掘这其中的数据价值。

(资料来源：新华网，2018-02-19.)

问题：

1. 目前能够使用哪些方式支付公交费用？
2. 公交卡接入支付宝需要解决哪些难题？
3. 根据导入案例，分析双离线支付技术具备哪些优势？

移动支付日渐普及，但公交似乎长期与网络无缘。2014年左右，带NFC功能的手机虽实现手机支付乘公交，但支持机型少、难普及。智能手机普遍支持的"扫码支付"，成为公交移动支付发展新方向。支付宝通过双离线技术，让用户可以在0.3秒之内完成刷码上车，速度和实体交通卡一样，等到有网络环境后，系统自动进行结算。继2017年12月27日，杭州地铁的所有站点都可通过支持刷支付宝二维码"先乘车后付款"后，2018年1月20日起，上海地铁全线也实行"先乘车再付款"了，为频繁乘坐公共交通人群提供巨大的便利。

常见的离线支付方式有ATM取款支付、智能卡支付、扫码支付以及近场支付。离线支付可以给我们的生活带来巨大便利，让我们能在手机因为停机或信号不好等原因无法联网时也能顺利完成支付。

3.1 ATM

3.1.1 ATM的概念及分类

ATM是英文automatic teller machine的缩写，即自动柜员机。因大部分用于取款，又称自动取款机。它是一种高度精密的机电一体化装置，利用磁性代码卡或智能卡实现金融交易的自助服务，代替银行柜面人员的工作。可提取现金、查询存款余额、进行账户之间资金划拨等工作；还可以进行现金存款（实时入账）、支票存款（国内无）、存折补登、中间业务等工作。持卡人可以使用信用卡或储蓄卡，根据密码办理自动取款、查询余额、转账、现金存款、存折补登、购买基金、更改密码、缴纳手机话费等业务。

ATM按设置位置分类，ATM可分为在行式（On-Premises）与离行式（Off-Premises）两类，以在行式居多。在行式ATM指设在银行网点内的ATM；离行式ATM指设在银行网点外的ATM，主要包括酒店、商场、饭店、超市、机场、车站、码头、学校、企业、写字楼、电影院、居民区、娱乐中心、24小时便利店等。其所处位置的不同，给管理的有效性和时效性提出了不同要求，因此往往对二者采取不同的管理模式。

从设备类型上看，ATM可分为取款机、存取款一体机、查询机、存款机等。其中，中国市场上查询机和存款机的份额较小，而取款机也由于安全性不高，现在正逐渐被存取款一体机所取代。

3.1.2 ATM的发展及应用

1967年6月27日，世界上第一台自动取款机在伦敦附近的巴克莱银行分行亮相。20世纪80年代中期，中国银行为了提升银行现代化形象，开始引进ATM。自20世纪90年代末以来，我国开始投入大量人力、物力，进行ATM的研制和生产。经过多年的培育，中国ATM市场得到了长足发展。自2000年以来，中国的ATM机总保有量便以24.62%的年均复合增长率高速增长。2010年底，中国联网ATM保有量已经达到27.1万台，同比增长26.11%，中国已经取代日本成为全球第二大ATM市场，排在美国之后。

目前我国ATM提供的服务大部分都是免费的，但并非所有国家和地区使用ATM服务均免费,如澳大利亚和新西兰会对客户每次利用 ATM 提存款项而收取少量费用。我国 ATM 均是 24 小时服务的,而在韩国,只有标明 24 小时服务的 ATM 才提供 24 小时服务,其他大多数 ATM 均会在晚上十点停止运作。在使用 ATM 时,还需要留意 ATM 种是否匹配,在美国和韩国有不少旧式 ATM 只能输入四位数字的密码,如果用户提款卡需要输入六位的密码,则无法使用该种旧式 ATM。

ATM 的功能主要包括现金存取款、余额查询、本行或异行转账、修改密码等基本功能,有些多功能 ATM 还提供诸如存折打印、对账单打印、支票存款、信封存款、缴费、充值等一系列便捷服务。随着科技的发展,ATM 目前也有了新的发展。

1. 刷脸取款

2015 年 6 月 1 日,我国自主研发的具有人脸识别功能的 ATM 正式发布,这也是全球第一台具有人脸识别功能的自动柜员机。2015 年 10 月 15 日,招商银行在深圳推出了 ATM "刷脸取款"业务,客户在 ATM 屏幕上点击选择"刷脸取款",系统就会自动抓拍现场操作者的人脸照片,然后与银行或者公安系统的可信照片进行比对。验证通过后,只要输入手机号码进一步确认身份,紧接着输入取款密码,就能顺利取款。2016 年末,招商银行在全国 106 个城市近千台 ATM 上实现"刷脸"取款的功能,至 2017 年 11 月,实现这一功能的银行已扩展至农业银行、建设银行等,这也意味着,有更多的银行用户能够通过"刷脸"体验免卡取款的便捷。

2. 延迟到账

根据《关于防范和打击电信网络诈骗犯罪的通告》,自 2016 年 12 月 1 日起,个人通过银行自助柜员机向非同名账户转账的,资金 24 小时后到账。在 24 小时内,存款人可以申请撤销转账,目的是给存款人在汇款之后,有一个"反悔期",保护客户的资金安全。

3. 可取零钞

一般中国自动柜员机只能存取整百的人民币,但在 2014 年广州多家银行就已经了铺设可取零钞的 ATM。按照中国人民银行的文件要求,银行要在 2014 年 10 月份前做到 50%的网点能够提供可取 10 元的 ATM,到 2014 年年底则要确保每家网点至少有一台设备可供提取 10 元面额的零钞。目前部分银行新增的自助设备上可取多面额钞票,可自选 10 元、50 元、100 元三种券别。

3.1.3 ATM 的结构

ATM 分为硬件和软件两部分,通常人们看到的只是操作台。ATM 内部分为两层,上层为电子柜,包含了一台普通的电脑主机,屏幕对外的显示器、读卡器、键盘等;下层为保险柜,保险柜是几个金属小箱子,包含了钞箱和废钞箱(图 3-1)。

1. 硬件系统

硬件系统由上半部分的电子柜和下半部分的保险柜构成主体框架,机器外壳为面板部分,面板部分都是按照人体工程学原理设计,考虑了读卡口位置、键盘位置、闸门位置、显示器位置及其用户使用的高度和角度等。电子柜中主要包含了电脑主机、读卡器、密码键盘流水打印机、凭条打印机、通信控制板或者输入输出(IO)控制板和验钞模块。保险柜包含现金处理模块——机芯,主要由钞箱组成。

(1) 电脑主机。

电脑一般配置较低,存取款操作的界面是 Windows 系统上运行的一个软件。

(2) 读卡器和密码键盘。

ATM(图 3-2)具有读卡器和键盘两个输入装置,以及扬声器、显示屏、凭条打印机和出钞口四个输出装置的数据终端。输入装置可以让用户对 ATM 发送命令。通过读卡器,ATM 获取银行卡背面磁条中的信息,通过 RS232、RS485 USB 协议与外界通信的接口传送给主处理机。主处理机根据此信息将交易路由到用户的银行。用户再通过键盘输入告诉银行需要进行何种交易以及交易金额,在此过程中,银行需要用户输入个人密码(PIN)以进行身份验证。

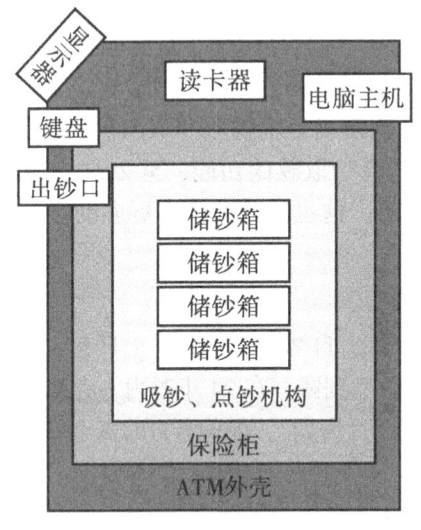

图 3-1　ATM 结构图

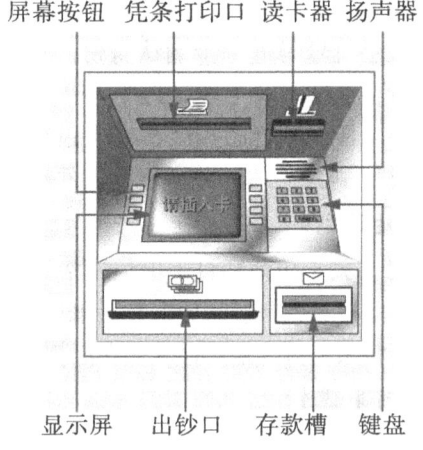

图 3-2　ATM 外观图

(3) 流水打印机和凭条打印机。

流水打印机会记录每一交易的情况,如果机器发生故障,其相关资料也会记录在流水打印机上。凭条打印机为消费者打印交易凭证,如果发生纠纷,可以此为据。

(4) 通信模块。

通信模块是自动柜员机中非常重要的组成部分。国内目前通常采用的通信方式有电话专线、X.25 公用数据网、以太网等。能支持多种通信协议是自动柜员机重要的衡量标准。

(5) 验钞模块。

这是 ATM 制造商最核心的技术,目前全球只有几家公司有做这个模块的实力,如日立、迪堡。验钞模块需要的技术含量很高,所以理论上 ATM 出假钱的概率极低。另外,取款机是没有验钞模块的,而存取款一体机存款和取款都会验钞,而且是取款验钞一次,存款验钞两次。

(6) 钞箱。

大多数小型 ATM 的整个底部为容纳现金的钞箱。ATM 有一个电子眼,在机器吐出钞票时点数每张钞票。关于每一特定交易的账单金额和所有信息记录在日记账中。机器所有者定期打印日记账信息,并在该交易发生的两年内维护交易信息的一份硬拷贝。无论何时如果持卡人对某一交易产生疑问,可以要求打印交易的日记账,然后联系主处理机。如果找不到可以提供日记账打印记录的所有者,持卡人需要通知银行或发卡机构,并填写相关表格传真给主处理机,由主处理机负责解决交易纠纷。除了电子眼点数每张钞票外,自动柜员机还有一个估计钞票厚度的传感器。如果两张钞票粘在一起,则被投入废钞箱,而不提供给取款人,对于非常破旧和折叠的钞票也是如此处理。同时,废钞箱中的钱数也要记录,这样机器所有者就能知道装入机器中的钞票的质量。较高的废钞率表明钞票或自动柜员机出了问题。

持卡人取款时,ATM 将输入装置的信息发送到主处理机,主处理机将交易请求发送到用户的银行或发卡机构。如果用户要提取现金,主处理机在客户银行账户和主处理机账户之间执行一个电子资金转账。资金转账到主处理机账户后,处理机向 ATM 发送一个批准代码,授权 ATM 来支付现金,这时候,ATM 的输出装置就协助用户完成取款任务。ATM 取款流程如图 3-3 所示。

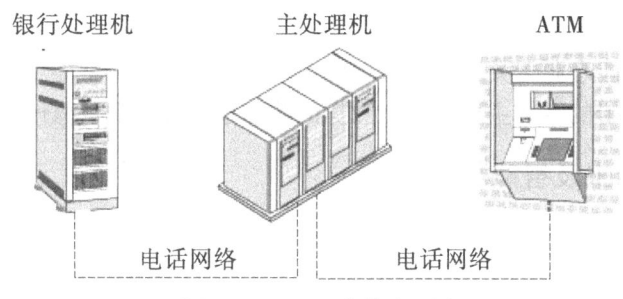

图 3-3 ATM 取款流程图

2. 软件系统

软件系统一般分三级:第一级为介质程序级,是各个模块的底层驱动;第二级为动态库级,负责封装介质程序并向上给 ATMC(ATM 控制软件)提供接口;第三级就是 ATMC,它向下负责调度各个模块,向上负责和银行系统通信,完成整个服务控制过程。

没有软件系统的支持,再好的硬件也发挥不了作用。软件控制着整个人机对话和交易流程,从欢迎用户的广告画面、用户插卡、选择交易到自动柜员机向主机提交和接收主机指令、吐钞模块出钞票等一系列动作;软件还提供管理员菜单保证金融机构职员管理自动柜员机。高级的系统软件还可以详细记录机器的故障,向维护人员提供预警信息,同时报告主机。自动柜员机与主机的对话是根据约定的通信格式来完成的,通常是双方规定好交易代码、加密方法以及故障报告等细节。近年来自动柜员机软件的发展趋势是采用 ISO 8583 的金融交易交换格式作为通信格式,这有助于各种自动柜员机联入网络。

国内的自动柜员机基本上采用了 dos、Window 95、OS/2、Windows NT 等操作系统。从效果来看,支持多任务的操作系统能更好地缩短运行时间,提高运行效率。编程语言主要使用 C、C++、Pascal 等。从整体来看，软件应以稳定、高效、安全为最高原则。

3.2 智能卡网络支付方式

3.2.1 智能卡的概念

集成电路卡（integrated circuit card，IC 卡），也称智能卡（smart card）、智慧卡（intelligent card）、微电路卡（microcircuit card）或微芯片卡等。它是将一个微电子芯片做成卡片形式嵌入符合 ISO 7816 标准的卡基中。智能卡具备以下特征：

（1）卡片。IC 智能卡是一张塑料卡片。按国际标准（ISO 7816-1）它的尺寸应为长 85.6 mm，宽 53.98 mm，厚 0.76 mm。也有特殊的 IC 智能卡不是采用这个标准，如手机行业中为追求小型化所采用的长 25 mm、宽 15 mm 的小卡片。

（2）IC，即"集成电路"，也称"集成电路芯片"。集成电路芯片的尺寸很小，通常只有几十平方毫米。它是 IC 智能卡的重要组成部分，IC 智能卡的信息和数据都是以电子信号的方式记录在芯片的存储器里。

（3）智能。智能来源于英文单词 smart，因而也有人将 IC 智能卡称为"smart card"。一般而言，IC 智能卡的智能主要体现在数据的防窃取以及防非法修改等安全性方面。

3.2.2 智能卡及智能卡的分类

IC 卡是结合信用卡的便利，集信息存储与计算机编程等多个功能为一体的综合体，在网络支付上表现出多种特征。智能卡外形上类似信用卡的大小、形状，但卡上不是磁条，而是计算机集成电路芯片，如微型 CPU 与存储器 RAM 等，用来存储用户的个人信息及电子货币信息。其本质上是硬式的电子钱包，它既可支持电子现金的应用，也可与信用卡一样应用；既可应用在专用网络平台上，也可用于基于互联网公共网络平台的电子商务网络支付中。智能卡由于 IC 卡是在 IC 芯片上将消费者信息和电子货币信息存储起来，因此不但存储信息量大，还可用来支付购买的产品、服务和存储信息等，具有多功能性。

1. 按交换界面划分

智能卡按其嵌入的芯片种类划分，可以分为接触式智能卡、非接触式智能卡和双界面智能卡三类。

（1）接触式智能卡。

接触式智能卡需要一种叫作读卡器的装置进行信息的读、写操作。与信用卡上的磁条不同，这种卡上镶嵌着一个小的金属片，当把卡插入读卡器时，金属片就会与一个电子接头相接触，通过这个电子接头对芯片读、写数据。

接触式智能卡按卡的结构来分，又可以分为只读存储智能卡和微处理器智能卡两大类。只读存储智能卡不包含复杂的处理器，它不能动态地管理文件，存储卡与读卡器的通信是同步通信，如 IC 电话机中的 IC 卡就是存储卡。微处理器智能卡具有动态处理数据的功能，如 SIM 卡、银行卡等都是微处理器智能卡。

（2）非接触式智能卡。

非接触式智能卡也称为无触点集成电路卡、射频卡或非接触式智能卡。该类卡与 IC 卡设备无电路接触，而是通过非接触式的读写技术进行读写（如光或无线技术），其内嵌芯片除了 CPU、逻辑单元、存储单元外，增加了射频收发电路。国际 ISO/IEC 10536、ISO/IEC 14443 等标准，系列阐述了对非接触式 IC 卡的规定。非接触式读卡器主要分为射频加密式（RFID，通常称为 ID 卡）、射频储存卡（RFIC，通常称为非接触 IC 卡）和射频 CPU 卡（RFCPU）。

非接触式智能卡中内嵌了一个天线和一个微电子芯片，当将它接近读卡器的天线时，它们之间就可以完成信息的交换。这使其不用与耦合感应器做任何接触，就可以与之交换信息，而且处理时间极短。这一特性使非接触式智能卡在一些像高速公路收费站这类要求大批量、超快速运转的场所成为理想的解决方案。

（3）双界面智能卡。

双界面卡又称组合卡、双端口卡，是同时兼备接触和非接触两种界面通信的多功能卡，它将非接触 IC 卡的使用方便性和接触 IC 卡的安全可靠性融为一体，使之成为一卡多用的极佳载体，代表着未来 IC 卡的主要发展方向。双界面卡不仅适用于城市公共交通、公路收费和电子钱包等要求方便的场合，又能满足对安全、可靠性更加关注的金融服务、电子商务等的需求。

2. 按集成电路的组成划分

智能卡按集成电路的组成分类，可以分为存储卡、逻辑加密卡、CPU 卡和超级智能卡。

（1）存储卡。

这种智能卡内封装的集成电路一般为可编程只读存储器 EEPROM。这种器件的特点是存储数据量大，容量为几 KB 到几十 KB；信息可以长期保存，也可以在读写器中擦除和改写；读写速度快，操作简单。卡上数据的保护主要依赖于读写器中的软件口令以及向卡上加密写入信息，软件读出时破译，因此这种 IC 卡安全性稍差。但这种 IC 卡结构简单、使用方便、成本低，与磁卡相比又有存储容量大、信息在卡上存储、不需读写器联网的特点，因此也得到广泛的应用。这种 IC 卡主要用于安全性要求不高的场合，如电话卡、水电费卡、医疗卡等。

（2）逻辑加密卡。

这种 IC 卡中除封装了上述 EEPROM 存储器外，还专设有逻辑加密电路，提供了硬件加密手段。因此不但存储量大，而且安全性强，不但可保证卡上存储数据读写安全，而且能进行用户身份的认证。由于密码不是在读写器软件中而是存储于 IC 卡上，所以几乎没有破译的可能性。如美国 ATM 上的 EL1604 逻辑加密卡，卡上设有 3 级保密功能。总密码用于身份的认证，非法用户 3 次密码核对错误即使卡报废。4 个数据存储区可分别存储不同信息，又各有独立的读写密码。可以做到一卡多用，在不同读写器件中核实相应密码进行某一业务操作，不会影响其他存储区。卡上信息不能随意改写，改写前需先擦除，而擦除需要核对擦除密码。这样即使是持卡人自己也不能随意更改卡上数据。因此这种逻辑加密卡保密性极强，能自动识别读写器，持卡人可控制操作类型，常用于安全性要求高的场合。

（3）CPU卡。

CPU卡是真正的卡上单片机系统，IC卡片内集成了中央处理器CPU、程序存储器ROM、数据存储器EEPROM和RAM，一般ROM中还配有卡上操作系统软件COS（chip operating system）。IC卡上的微处理器可以执行COS监控程序，接收从读写器送来的命令和数据，分析命令后控制对存储器的访问。由于这种卡功能智能，读写器对卡的操作要经过卡上COS，而且微处理器具有数据加工和处理的能力，可以对读写数据进行逻辑和算术运算，这种IC卡存储的数据对外相当于一个黑盒子，保密性极强。目前IC卡上用的微处理器一般为8位CPU，存储容量为几十KB。此种智能卡常用于重要场合，如制作证件和信用卡等。

（4）超级智能卡。

在CPU卡的基础上增加键盘、液晶显示器、电源，即成为超级智能卡，有的卡上还具有指纹识别装置。VISA国际信用卡组织试验的一种超级卡即带有20个健，可显示16个字符，除有计时、计算机汇率换算功能外，还存储有个人信息、医疗、旅行用数据和电话号码等。

①混合卡。混合卡也存在多种形式，将IC芯片和磁卡同做在一张卡片上，将接触式和非接触式融为一体，一般都称为"混合卡"。

②光卡。在1981年由美国一家公司提出光卡概念，从而丰富了卡片式数据存储方式。光卡（optical card）是由半导体激光材料组成的，能够储存记实并再生大量信息。光卡纪录格局形成了两种格局：Canon型和Delta型。这两种形式均已被国际标准化组织接收为国际标准。光卡具有体积小、便于随身携带、数据安全可靠、容量大、抗干扰性强、不易更改、保密性好和相对价格便宜等长处。

3. 按应用领域划分

（1）金融IC卡。

金融IC卡也称为银行卡，可以分为信用卡和现金卡两种。前者在消费支付时，可按预先设定额度透支资金；后者可作为电子钱包或者电子存折，但不能透支。

（2）非金融IC卡。

非金融IC卡也称为非银行卡，涉及范围十分广泛，实际包含金融IC卡之外的所有领域，诸如电信、旅游、教育和公交等。

3.2.3 智能卡的发展与应用

智能卡最早是在法国问世的。20世纪70年代中期，法国Roland Moreno公司采取在一张信用卡大小的塑料卡上安装嵌入式存储器芯片的方法，率先开发成功IC存储卡。经过20多年的发展，真正意义上的智能卡，即在塑料卡上安装嵌入式微型控制器芯片的IC卡，是由摩托罗拉和Bull HN公司共同于1997年研制成功的。

智能卡与ATM卡的区别在于两者分别是通过嵌入式芯片和磁条来储存信息。但由于智能卡存储信息量较大，存储信息的范围较广，安全性也较好，因而逐渐引起人们的重视。

1. 市场规模现状

智能卡被广泛应用于银行、电信、交通、公共安全等社会各领域，并且发展十分迅速。智能卡市场销量也在不断增加，其主要原因是移动通信卡市场的增长，以及城市一卡通、社保卡、居住证等领域市场的快速发展。

2. 在金融业的应用现状

接触式智能卡主要用于银行业和与电脑相关的领域。一般情况下，需要存储大量数据的地方或者对安全性要求比较高的地方就会用到接触式智能卡技术。智能卡在金融行业的最好运用就是信用卡，利用接触式借贷卡或者信用卡，能让消费者在不能通过现金支付的地方进行交易，不仅能提高交易的速度，还能增加用户使用的便利性。

3. 应用结构现状

我国智能卡应用的主要领域包括身份识别领域、通信领域、金融领域、一卡通领域以及社保领域等，其中银行 IC 卡、城市一卡通、二代身份证、居住证、移动通信卡、社保卡等是最主要的应用市场。

4. 在通信领域的应用现状

据了解，现在全球使用智能卡来支付电话费的国家已经超过 100 个，因为使用智能卡来支付电话费不仅能为用户提供方便，还对电信运营商有好处。手机用户已经能够直接用手机来对各种增值服务进行支付，手机或者其他移动设备也都能够在 POS 上进行支付。

3.2.4 智能卡标准

1. 智能卡国际标准

（1）ISO7816 标准。该标准是国际上最广为人知的智能卡技术与应用标准。中国已采用其第 1～3 部分作为中国标准，即主要定义构成智能卡塑料基片的物理和尺寸特性（7816/1 部分），触点的尺寸和位置（7816/2 部分），信息交换的底层协议描述（7816/3 部分）。7816/4 部分论述了跨行业的命令集。

（2）CEN 标准。智能卡作为硬式电子钱包应用的专门标准是 CEN 标准（TC224、WG10），它描述卡的数据和指令存储格式，以及相关的交易和应用方法。

（3）EMV 规范。该规范是由世界主要信用卡联合体 VISA、Mastercard 和 EuroPay 于 1996 年修订完毕的。此规范定义了银行用带 CPU 智能卡的协议、数据和指令，提供了除智能卡内部安全保护机制之外的附加安全措施。

（4）ETSI 标准。该标准用于统一欧洲的数字蜂窝通信标准，其中涉及蜂窝电话中 IC 卡的应用。这已得到欧洲所有移动通信网的支持，将在世界范围内进一步扩大影响。

（5）SET 标准。该标准是由 VISA 和 MasterCard 共同制定的用于电子商务的标准，用于智能卡的网络支付，目前在互联网上使用越来越广泛。

（6）C-SET 标准。该标准是和 SET 类似的标准，它由法国制定。C-SET 是"芯片安全交易"（chip-secure electronic transaction）的缩写，面向法国银行的 CPU 智能卡。该标准使用与计算机连接的小型读写器识别用户身份，用户需要另外输入密码来签署交易。C-SET 和 SET 具备互操作性。

2. 智能卡国内标准

为了规范中国智能卡发展，本着符合国际标准、与国际通用的 EMV 规范兼容的原则，近年来中国人民银行先后组织开发与制定了《中国金融 IC 卡系列规范》《中国金融 IC 卡卡片规范》《中国金融 IC 卡应用规范》和《POS 设备的规范》等。另外，国家金卡工程办也相继制定了《全国 IC 卡应用发展规划》《IC 卡管理条例》《集成电路卡注册管理办法》及《IC 卡通用技术规范》等。这些标准和规范的制定，为国内 IC 金融卡跨行、跨地区通用、设备共享及与国际接轨提供了强有力的支持，为智能卡在金融业的大规模使用提供了安全性、兼容性的保障。智能卡也为电子商务中网络在线支付提供了从支付手段到交易流程的解决方案，且为各种电子支付系统的规范化和兼容化提供契机，使得用中国标准金融智能卡作为电子商务中的支付前端成为最终、最安全和最直接的解决方案。

3.2.5 智能卡支付方式

智能卡的一个主要功能就是进行电子支付，包括基于互联网平台为电子商务服务的网络支付。在互联网上，智能卡基本具备两种支付方式，即智能卡的在线支付方式和离线支付方式，而且这两种支付方式均是相当安全的，都用到私有/公开密钥加密技术、数字签名、数字摘要以及数字证书技术等。

1. 智能卡的在线支付方式

智能卡的在线支付方式根据获取智能卡信息的手段不同而不同，可以分成带读卡器的智能卡网络支付方式和不带读卡器的智能卡网络支付方式。

（1）带读卡器的智能卡网络支付模式

使用这种方式进行网络支付时，客户需要购买一个专用的智能卡读卡器安装连接在联网的客户计算机上，这需要增加一定成本。其操作由于是智能卡硬件的自动化操作，所以不但更加安全和保密，而且减少了客户的一些重复劳动。Mondex 智能卡的支付就属于这种形式。带读卡器的智能卡网络支付方式基本流程如下：

①客户在联网的 PC 端上启动浏览器，进入商家网站进行购物，双方认证后，填写订单，并且选择智能卡支付。

②如果利用智能卡里的银行资金账号支付，可借助安装在 PC 端上的智能卡读卡器，登录到相应银行 Web 站点上，智能卡自动告知银行有关客户的真实身份、银行账号（如信用卡账号或存折账号）、密码和其他一切加密信息。

③银行根据客户的要求从客户资金账号转移资金到商家的收单银行账户上，通知商家确认客户的订单并发货，由此完成了网络支付。

④如果利用智能卡里的电子现金支付，则智能卡在对商家进行身份认证后，直接把相应数目的电子现金发送给商家，商家接收后借助银行审核，确认订单并发货。

（2）不带读卡器的智能卡网络支付方式

有的银行发行的智能卡均有一个智能卡卡号，即拥有智能卡的顾客在发卡行同时拥有一个与这个智能卡对应的资金账号。当此智能卡号用于网络支付结算时，该种智能卡的网络支付方式类似信用卡的网络支付方式。即当用智能卡进行网络支付时，其实是用这个资金账号进行支付,它类似于网络银行账号。在这种方式下,客户不用购买一个专用的智能卡读卡器连接在上网的计算机上,而是通过直接在网络页面上填写智能卡号与应用密码来支付,这样做的缺点是势必牺牲智能卡本身的安全保密度,因此目前智能卡很少采用这样的网络支付方式。不带读卡器的智能卡网络支付方式基本流程如下:

(1) 客户在联网的 PC 端上启动浏览器,进入商家网站进行购物,双方认证后,填写订单,选择智能卡支付。

(2) 类似前面的信用卡支付步骤,填写智能卡的号码和使用密码,然后加密登录到相应银行 Web 站点上,准备进行支付。

(3) 银行通过持卡客户的身份认证,确认智能卡号码与密码无误后,根据客户的要求从客户资金账号划拨资金到商家的收单银行账户上,通知商家确认客户的订单并发货,就完成了网络支付。

随着技术的进步,非接触式智能卡正逐渐投入应用。这种非接触式智能卡用于网络支付,并不一定属于不带读卡器的智能卡网络支付方式,因为其智能卡信号是无线传播的。

2. 智能卡的离线支付方式

由于智能卡的存储能力强大,卡中可以存入电子现金这样的电子货币,因而持卡人可以使用智能卡进行离线支付。

所谓离线支付,不是说智能卡与持卡客户或商家的计算机离线,而是指使用智能卡进行网络支付时,智能卡的读卡器不需要和发卡银行的网络实时连接,即无须银行的实时中介支付处理,而直接通过读卡器的读/写功能完成支付结算。

智能卡的离线支付使得持卡人的网络支付行为不再受到网络好坏与银行处理效率的影响,使支付更加方便快捷,扩大了智能卡的使用范围。不过离线支付必须使用读/写卡设备,而且基本上只适用于在卡内存放电子现金、电子零钱等电子货币的智能卡,因为只有这些电子货币的流转不需要银行的实时中介。

智能卡离线支付方式基本流程如图 3-4 所示。

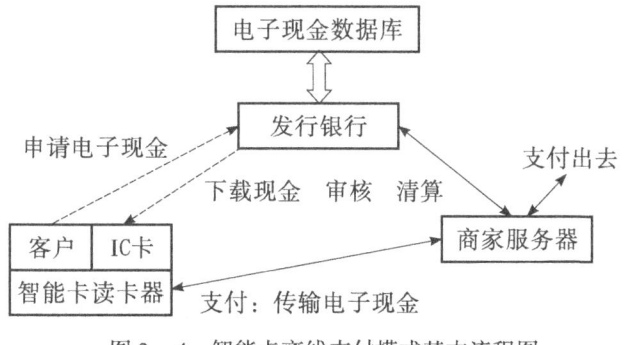

图 3-4 智能卡离线支付模式基本流程图

(1) 智能卡持卡客户到发行电子现金的银行申请电子现金,将电子现金下载存入智能卡。

(2) 持卡客户在网上商家网站选订购买的商品，填写订单，选择智能卡支付。

(3) 支付时将智能卡插入智能卡读卡器中。

(4) 客户输入智能卡 PIN，确认支付金额。

(5) 读卡器对客户输入的 PIN 与卡中的 PIN 自动比较，如果一致，打开智能卡，受理支付请求。

(6) 读卡器将客户智能卡中的电子现金发送至商家（商家也应用智能卡存放电子现金）。这个过程中读卡器需要进行查对黑名单、核实资金是否够用、对支付后的余额进行更新等处理，且将交易记录登记到自身的日志文件和客户的智能卡中。

(7) 商家收到电子现金后，确认客户的订单并且发货。可用收到的电子现金继续进行其他网络支付业务，也可以到发行电子现金的银行进行兑换。

3.2.6 智能卡网络支付的特点

由于采用当今最先进的半导体制造技术和信息安全技术，智能卡相对于其他种类的卡（如磁卡式信用卡）具有以下四大特点。

(1) 存储容量大。其内部有 RAM、ROM、EEPROM 等存储器，存储容量可从几个字节到几兆字节，而且卡上可以存储文字、声音、图形、图像等多媒体信息。

(2) 安全性高。智能卡从硬件和软件等几个方面实施其安全策略，可以控制卡内不同区域的存取特性，并都设有安全密码。如果试图非法对智能卡的存储数据进行读取，则可设置卡片自毁，不可进行再读/写。

(3) 对网络性能要求不高。智能卡的安全可靠性使其在应用中对计算机网络的实时性、敏感性要求降低，十分符合中国当前的国情，有利于在网络质量不高的环境中应用。

(4) 智能卡体积小，重量轻，抗电磁干扰能力强，便于携带，易于使用。

具体到网络支付过程中，更能说明智能卡的上述优点，也体现智能卡出网络支付的特点。

(1) 智能卡使得电子商务中的交易变得简便易行。它消除了某种应用系统可能对消费者造成不利影响的各种情况，它能为消费者"记忆"某些信息，且以消费者的名义提供这种信息。

(2) 智能卡在网络支付中不但减少了现金处理的支出以及欺诈问题出现的可能性，而且还提供优良的保密性能，可存放多种电子货币，网络支付灵活。因此，作为电子商务中的支付前端有可能成为最终、最安全和最直接的网络支付解决方案之一。

3.2.7 智能卡网络支付实例

相对于银行磁条卡，金融 IC 卡具有安全性高、方便快捷等优势，特别是在公交、快餐店等小额快速支付领域，非接触式金融 IC 卡电子现金功能（闪付）为持卡人带来了更加方便快捷的支付体验。"闪付"（quick pass）是金融 IC 卡的非接触式支付产品应用，具备小额快速支付的特征。闪付产品提供信用卡还款、便民缴费、在线购物等服务，可在非接触式支付的终端上"即挥即付"。

从收银员、持卡人等用户的角度看，POS 的银行卡消费流程如图 3-5 所示。以金融

IC 卡与 POS 有多个应用相匹配的情景为例进行分析，左边为磁条卡交易，包括刷卡、输入密码、打印交易凭证和持卡人签名四个步骤；中间为复合金融 IC 卡（使用磁条芯片复合金融 IC 卡）交易，其最简单的情况下包括插卡、应用选择、输入密码、打印交易凭证和持卡人签名五个步骤；右边为金融 IC 卡电子现金交易，其应用主要代表为"闪付"，挥卡即可完成交易。

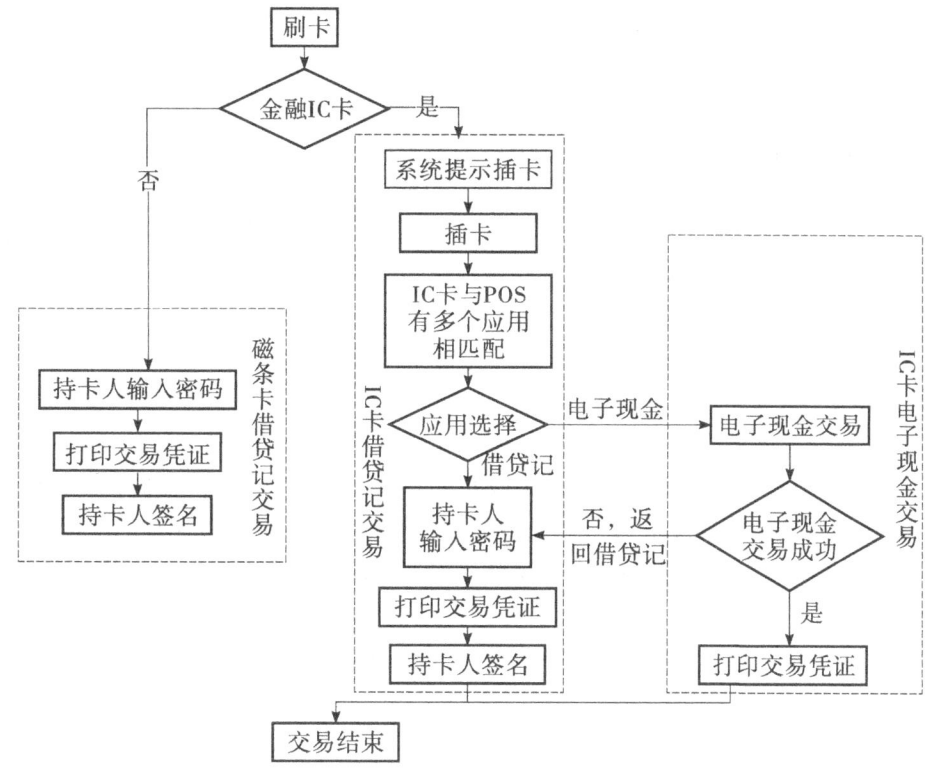

图 3-5 基于用户视角的 POS 交易流程

中国银联已推出小额免密免签业务，通过该业务，持卡人使用具有"闪付"功能的金融 IC 卡或支持"银联云闪付"的移动设备，在指定商户进行一定金额（境内为 300 元人民币）及以下的交易时，只需将卡片或移动设备靠近 POS 等受理终端的"闪付"感应区，即可完成支付。支付过程中，持卡人无须输入密码，也无须签名，十分便捷。同时，商户白名单机制、72 小时失卡保障服务、风控机制等有效保障了卡片使用安全。

3.3 扫码支付

3.3.1 扫码支付的概念及分类

扫码支付一般指条码支付，条码支付业务包括付款扫码和收款扫码。付款扫码是指付款人通过移动终端识读收款人展示的条码完成支付的行为。收款扫码是指收款人通过识读付款人移动终端展示的条码完成支付的行为。

条码支付是一种基于账户体系搭建起来的新一代无线支付方案。条码支付运营机构应用条码技术，向用户（包括商户与消费者）提供加密并带有账户、金额、付款方或收款方等信息的条码。用户通过手机等移动终端扫码实现支付指令传递；条码支付运营机构与受理商户实时或定期结算交易款项，从而实现收付款人之间的货币资金流转。

1. 按条码的类型分类

扫码支付按照条码的类型，可以分为条形码支付和二维码支付。

（1）条形码支付。

条形码（bar code）是将宽度不等的多个黑条和空白，按照一定的编码规则排列，用以表达一组信息的图形标识符。常见的条形码是由反射率相差很大的黑条（简称条）和白条（简称空）排成的平行线图案。条形码可以标出物品的生产国、制造厂家、商品名称、生产日期、图书分类号、邮件起止地点、类别、日期等许多信息，因而在商品流通、图书管理、邮政管理、银行系统等许多领域都得到广泛的应用。

（2）二维码支付。

二维码（2-dimensional bar code）又称二维条码，常见的二维码为 QR Code（quick response code），是近几年来移动设备上流行的一种编码方式，它比条形码能存储更多的信息，也能表示更多的数据类型。二维码是用某种特定的几何图形按一定规律在平面（二维方向上）分布的黑白相间的图形记录数据符号信息的；在代码编制上巧妙地利用构成计算机内部逻辑基础的0、1比特流的概念，使用若干个与二进制相对应的几何形体来表示文字数值信息，通过图像输入设备或光电扫描设备自动识读以实现信息自动处理。它具有条码技术的一些共性：每种码制有其特定的字符集、每个字符占有一定的宽度、具有一定的校验功能等。同时还具有对不同行的信息自动识别及处理图形旋转变化点的功能。

2. 按支付指令的发起方式分类

扫码支付按照支付指令的发起方式，可以分为主扫模式和被扫模式。

（1）主扫模式。

主扫模式即付款扫码，是指付款人通过移动终端读取收款人展示的条码来完成支付的行为。在主扫模式下，商家可把收款账号、商品编码、商品价格等交易信息汇编成一个二维码或条码，并印刷在各种报纸、图书、杂志、广告等载体上发布，用户通过手机客户端扫描商户端生成的二维码或条码，便可实现与商家支付指令的传输与交易资金的结算。在技术层面，二维码作为开放的编码方式，只提供信息的承载功能，易被复制和篡改，易被不法分子利用，使之包含木马病毒，用户扫描后移动设备会自动下载木马程序，引发信息泄露、短信被截、存款被盗等事件。

（2）被扫模式。

被扫模式即收款扫码，是指收款人通过读取付款人移动终端展示的条码来完成支付的行为。在被扫模式下，用户手机端基于银行账户或支付账户生成付款二维码或条码，商家使用扫码枪或其他扫码终端扫描用户手机端二维码或条码以实现支付指令的传输，用户就发起的支付指令在手机网络支付应用端输入支付密码或其他验证指令，以此完成支付指令的传输与交易资金的结算。此种模式下,虽然二维码是即时生成的,有相应的有效期,一定程度上避免被篡改的可能,但是如果手机遗失或者被盗取,他人解锁手机后即可使用条码支付,与条码支付绑定的资金账户存在被盗用的风险。

3. 按条码的有效性分类

扫码支付按照条码的有效性,可以分为静态条码支付和动态条码支付。

(1) 静态条码支付。

静态条码就是长期不变有效的条码。人们经常可以看到一些便利店、烟店,甚至是流动车、地摊、出租车上等都贴有这种静态条码,只要拿出手机扫码一下就可以完成支付交易。但是静态密码存在着很大风险性。比如容易被不法分子伪造覆盖,换成自己的收款条码,或者通过截屏、偷拍等手段盗取支付凭证等。

(2) 动态条码支付。

动态条码是指在使用条码收付款时,手机电子屏上的动态条码。动态条码是更新的,不容易被替换盗用。比如让商家扫描我们的条码的支付形式,就是使用动态条码。相较于静态条码支付,使用动态条码支付更安全。

3.3.2 扫码支付的政策环境与发展现状

1. 扫码支付的政策环境

2014年3月13日,中国人民银行有关部门发布《关于暂停支付宝、财付通线下条码(二维码)支付等业务意见的函》,暂停支付宝、财付通的条码(二维码)支付等面对面支付服务,并要求支付宝、财付通将有关产品详细介绍、管理制度、操作流程等情况上报。中国人民银行当时基于支付安全角度考虑,暂停主要基于主扫模式的条码支付。此后,随着市场主体及业务模式的改进,主要市场参与机构开展的被扫模式的条码支付仍在不断探索。

2015年12月28日,《非银行支付机构网络支付服务管理办法》(以下简称《管理办法》)发布。《管理办法》就网络支付业务范围的定义明确指出:"网络支付业务是指收款人或付款人通过计算机、移动终端等电子设备,依托公共网络信息系统远程发起支付指令,且付款人电子设备不与收款人特定专属设备交互,由支付机构为收付款人提供货币资金转移服务的活动。"同时,中国人民银行进一步明确付款人电子设备需要与新型受理设备进行交互的业务,目前仍处于研究和探索阶段,相关配套技术和安全标准有待根据业务实践持续检验和完善,《管理办法》不将此类支付方式纳入规范范畴。这为基于付款人与收款人电子设备或特定专属设备交互的条码支付的创新探索预留了一定的政策空间。

2016年下半年,中国支付清算协会《条码支付自律规范》(征求意见稿)、《条码支付技术安全指引》(征求意见稿)和《条码支付受理终端技术指引》(征求意见稿)等相继发布,为条码支付发展开启了新阶段。

2017年12月27日,中国人民银行发布了《中国人民银行关于印发〈条码支付业务规范(试行)〉的通知》(银发〔2017〕296号),围绕五个方面提出了要求:强调了条码支付的业务资质要求，重申了清算管理要求，要求维护市场公平竞争秩序，规范条码生成和受理，加强商户管理和风险管理。并配套印发《条码支付安全技术规范（试行）》和《条码支付受理终端技术规范（试行）》（银办发〔2017〕242号发布），自2018年4月1日起实施。

2. 扫码支付的发展现状

虽然在2014年中国人民银行基于安全性考虑，叫停了条码支付，但市场参与者并未真正停止线下扫码支付业务的布局，只不过改为以被扫模式为主。此后，支付市场发展出集成了微信支付、支付宝、京东钱包、百度钱包、QQ支付等多种支付方式，用于线下收单的聚合支付类条码支付产品，相应业务模式快速发展。以支付宝、财付通的条码支付为例，其业务已经覆盖了商业支付（用户向商户付款）和社交支付（用户之间转账）等多种支付场景，以轻量化、小额便捷为特点，在保障用户交易安全的基础上，为用户和商户提供了便捷的支付体验。

随着监管政策逐步明确，各家商业银行也开始积极布局条码支付。2016年7月15日，中国工商银行率先推出覆盖线上线下、支付全场景的条码支付产品。与支付宝、财付通条码支付类似的是，中国工商银行条码支付通过该行"融e联"APP扫码完成。交通银行、招商银行、民生银行、浦发银行等多家商业银行均已推出本行条码支付产品，银行系条码支付仍按照线下银行卡收单业务模式运行。

从市场参与者来看，现阶段条码支付处于支付机构、商业银行"各自为战"的局面。在支付机构层面，支付机构将个人与个人、个人与小微商户（个体户）之间的资金收付通过条码支付形成整体闭环交易，渗透个人与传统商户支付消费款项的场景，通过在商户端放二维码或配置扫码枪、在用户端推广其APP中的二维码主扫或被扫功能，实现线下消费线上支付的完整产业链。在商业银行层面，商业银行开展条码支付主要依托企业客户与个人客户资源，在商户端和用户端同步展开布局。由于商业银行在客户、账户、资金管理、清算效率等方面具有天然优势，其服务在客户体验等方面不亚于支付机构。但是，因条码支付网络构建中并没有卡组织的参与，条码受理商户拓展方要么自己、要么通过代理商来发展用户和商户，使用自有结算渠道形成交易闭环，导致条码支付市场仍处于"多方搏杀""各自跑马圈地"的状况。

3.3.3 扫码支付的技术原理

1. 扫码支付系统架构

扫码支付是当下非常受欢迎的移动支付方式之一，而且扫码支付在技术上也有其特定的优势。通过带有扫描功能的手持终端读取二维码，就可以进行远程访问向用户发起收银。扫码支付的系统架构如图3-6所示，其系统流程与一般的移动支付类似，主要有以下两点不同。

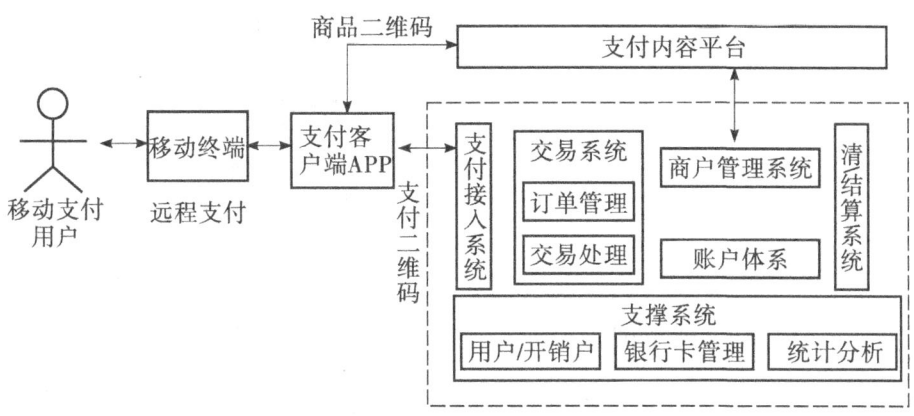

图 3-6 扫码支付系统架构

(1) 支付客户端 APP 接入。

不同于传统的移动支付，二维码支付对于硬件的依赖性不是很大，主要是通过手持终端的二维码扫描从而进行信息的访问，扫描完成后，终端硬件的使用也就随之结束。二维码支付依赖最多的反而是基于二维码支付开发的软件，终端扫描过二维码后，后台的支付程序都在 APP 中进行，通过 APP 访问支付后台，节省了硬件资源。

(2) 对支付系统的访问方式。

不同于其他的移动支付，二维码支付所有的支付信息都存在于二维码中，所以终端从二维码中获得的信息是所有支付信息的基础，终端解析了二维码信息中的 URL 后才能介入后台的支付系统，当信息进入后台支付系统以及清/结算系统后，意味着二维码作为信息的载体作用也就结束了，此时，二维码只是作为一个支付凭证而存在。

总而言之，二维码支付相比于传统支付，在接入后台支付系统以及清结算系统后是一样的，只是二维码支付在前期信息的载体以及对于终端读取信息的传输不同，这是二维码支付相较于其他网络支付最大的一个区别。

2. 扫码支付系统流程

以支付宝为例，如图 3-7 所示，手机应用先向支付宝服务器发送一个请求，之后服务器会根据算法产生一个许可，并返回给用户的手机。支付宝 APP 得到这个许可之后，再根据算法生成一个付款并带有用户特有信息的二维码。

生成二维码后，就等着商家扫码收款。扫码之后，属于用户唯一的识别信息被扫描设备识别，并和扣款数据一起上传到支付宝服务器。支付宝服务器收到请求后，与系统里之前保存的许可对比，验证成功后，再将商家发来的扣款请求返回给商家。最后，用户得到了商品，商家从用户的银行卡或者支付宝账户里得到了钱款，快捷安全。支付过程中，用户的手机没信号、没网络仍然可以依靠 APP 本身的算法生成二维码（需要提前注册支付宝账户）完成这个过程，但商家的扫码设备必须联网、在线。

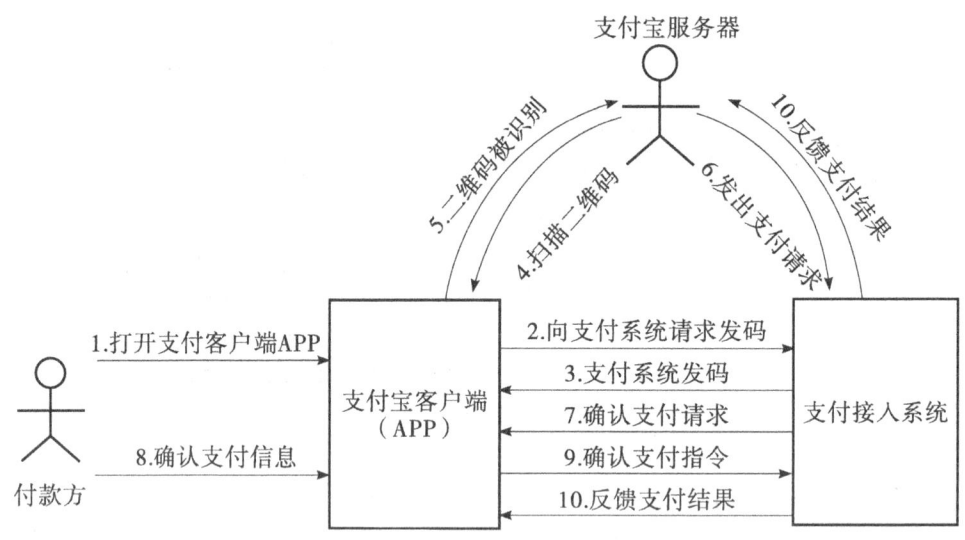

图3-7 扫码支付系统流程

3.3.4 扫码支付的主要架构模式

1. 传统手机网银支付的链接

用户使用软件对二维码进行扫描,并发送解码信息给远程服务器,等待远程服务器返回一个含有网银支付的链接,然后点击网页完成支付。

这种方式实际上仍然是分割了二维码应用的下单和支付的过程,两者没有紧密地联系起来。另外,随着二维码生成软件的快速发展,一些黑客也会通过制作一些含有特定内容的二维码,引导用户进入钓鱼网银页面,会让用户在大意中损失钱财或泄露信息。

2. 手机外设读卡器模式

美国的手机外设读卡器Square模式,通过信用卡刷卡支付,快速完成手机支付。国内类似的支付产品有乐刷、盒子支付等。如盒子支付采用的QRPOS,是一种通过手机识别带刷卡信息的二维码,直接利用插在手机盒子上的刷卡器完成的刷卡支付,或者说是用手机替代了传统的销售终端。

盒子支付通过自主研发的音频加密刷卡器与移动终端的耳机孔连接,用户在应用商城或者官方网站下载盒子支付应用软件,启动并注册后,选择相应的金融服务或应用,随时随地刷卡进行支付,让商户24小时在线不打烊,而且在完成授权后,还可以代他人完成支付交易。盒子支付的支付流程如图3-8所示。其优点是不需要用户开通网银或者其他的第三方支付账户,只需要用手机拍下消费二维码就可以完成刷卡购物。但它的缺点是需要携带银行卡,不能仅依靠手机,另外加密信息需要增强,比如刷卡时磁条信息的保护及通信的双向加密,目前只支持单向加密等。

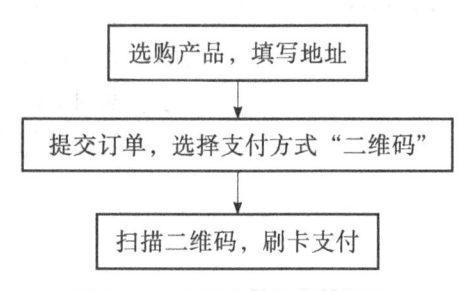

图3-8 盒子支付的支付流程

3. 基于第三方账户扫码支付模式

互联网在逐渐普及过程中，智能手机逐渐成为人们日常生活中的主要电子设备。互联网支付在逐渐普及过程中，移动支付也逐渐出现在人们日常生活工作中，互联网支付企业也逐渐参与到线下支付行列。基于第三方账户的线下支付主要分为主扫模式和被扫模式。

主扫模式下，二维码支付流程如图 3-9 所示：①扫码。②解析。每次使用"扫一扫"识别二维码后，都会提示"正在处理中"，意味着后台服务器正在解析这个二维码的内容，不同的支付机构在二维码中注入的信息规则不一致，需要对应的服务器根据其编码规则解析，比如核对二维码携带的链接地址是否合法（如微信解析出是支付宝的链接会屏蔽）、是属于支付链接还是属于外链网址等。③校验。服务器校验属于自己公司的支付链接后，会获取支付链接中包含的商户信息，进而判断该商户是否存在、商户状态是否正常等。④扣款。所有校验通过后，后台服务器会把商户名称返回到发起用户的手机 APP 上，同时告诉 APP：服务器校验通过了，APP 可以调起收银台了。输入支付密码，后台继续校验支付密码的正确性。

图 3-9　主扫模式下的二维码支付流程

被扫模式下，二维码支付流程如图 3-10 所示：①提交订单。商家通过收银系统向微信或支付宝提交订单，包括商家信息、收款金额等。②扫码。商家用扫码枪扫用户的付款码。③解析。把扫码枪识别出来的信息传递给微信或支付宝，用户的付款码中解析出包含的是识别该用户的专属 ID。④校验。校验用户余额等。⑤扣款。通过这个专属 ID 找到对应的用户，免密的通过代扣直接就扣款了，需要密码的通过调用手机客户端的收银台输入密码，确认扣款。

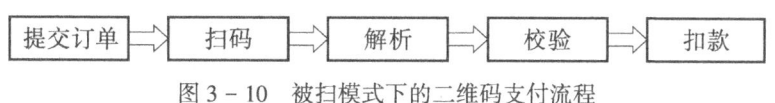

图 3-10　被扫模式下的二维码支付流程

4. 基于商业银行扫码支付模式

商业银行面对当前不断增长的二维码应用市场，也在积极探索相关软件的开发。民生银行推出了和支付宝功能类似的二维码收付款服务，但只需要付款人拥有该银行的账户即可，收款人则没有这个限制。付款人使用手机银行的二维码付款功能，选择或输入付款金额可以一键生成付款二维码；而收款人使用银行的二维码收款功能，扫描付款人提供的二维码，输入收款人的账号和姓名，可以瞬间完成收款。不过目前还没有与商户和网购支付平台直接对接的应用出现，还仅仅是个转账工具。

从当前银行业的产品布局看，主要包括扫码付和收银台两类产品，前者主要依托于手机银行 APP，与第三方支付扫码直接竞争；后者则是扫码付的聚合支付产品，本质上是一个收银台，与第三方支付扫码是合作关系。

部分商业银行扫码支付产品类型见表 3-1。

表 3-1 部分商业银行扫码支付产品类型

类型	银行	产品名称	产品特征
扫码付型	工商银行	扫码支付	①依托"融e联"APP，采用支付标记化技术，可隐藏真实卡号； ②仅支持工行卡
	建设银行	龙支付	①全卡付功能，可绑定建行及其他商业银行的Ⅰ类借贷记账户； ②APP中集合云闪付、随心取（ATM二维码取款、刷脸取款等）
收银台型	民生银行	二维码收银台	支持微信、支付宝扫码支付
	兴业银行	钱e付	①聚合移动支付产品，将支付宝、微信支付、QQ钱包、掌柜钱包等市场上主流移动支付方式集成的创新支付产品； ②支持PC客户端、手机APP、POS、微信公众号等多种商户接入方式； ③刷卡费率由POS支付

  阅读案例

扫码付迎巨头玩家　阿里腾讯双寡头或成历史

2016年12月16日，银联在微信朋友圈刷屏的广告引起了不少关注，简单的一条视频链接上标注着相当傲娇的一行字："这是一个不该存在的广告，你最好别点。"如果你忍不住好奇看到最后，会发现这支画风古典的H5，是在推广银联的云闪付。这已经是银联近期第二次针对移动支付领域的新动作。12月12日，伴随着一系列优惠活动，银联正式推出银联二维码支付标准，主要包括《中国银联二维码支付安全规范》和《中国银联二维码支付应用规范》两个规范，正式进军二维码支付市场。

此前央行曾经紧急叫停支付宝、财付通等支付平台的二维码支付业务，理由是终端的安全标准尚不明确、相关支付撮合验证方式的安全性尚存疑。虽然此后逐渐放开了这一领域，但是此次银联推出的二维码支付标准仍是业内首次针对二维码支付出台的相应规范，不仅对二维码受理设备、手机客户端、后台系统等提出了具体要求，也对二维码支付的应用场景提出了明确的定义。

银联二维码支付的不同点在于遵循了目前银行卡支付的"四方模式"即卡组织（银联）、发卡行、商户和收单行均参与其中。据银联相关负责人介绍，四方模式是基于银行卡账户，不存在因资金沉淀在虚拟账户而带来金融风险，安全更有保障。此外，商业银行可以获取与传统银行卡支付一致的、透明的、完整的支付信息，有利于风险识别管控和客户关系管理。

在发布相应标准的当天，银联表示，当前二维码支付已逐渐普及，银联的发卡、收单成员机构、银联卡的用户对于这一支付交互方式的推广与应用都有一定的需求，但跨行之间互联互通的市场需求并未得到很好的满足，因此正式发布《银联二维码支付标准》，支撑银联二维码支付业务有序发展。

(资料来源：电子商务研究中心，2016-12-29.)

问题：

1. 银联扫码支付有哪些优势？
2. 银联扫码支付分别对商业银行和第三方支付有哪些影响？

2016年12月，银联正式推出了银联版扫码支付及标准，这是零售支付服务市场的一件大事。其实当支付宝、微信在2014年强推二维码支付时，银联就已经做好了扫码支付的技术与市场准备。银联扫码支付具有以下优势：

首先，银联扫码支付遵循现有银行卡支付的四方模式，以支付安全为底线，确保持卡人账户、资金等关键要素的安全。银联二维码支付基于卡组织的四方模式，与实体银行卡支付的差异性仅在于支付信息交互方式的变化，其后台账户仍基于实体银行卡账户。正因为其仍旧基于实体银行卡账户，因此不会因资金沉淀在虚拟账户而带来金融风险，消费者资金安全更有保障。此外，商业银行还可以获取与传统银行卡支付一致的、透明的、完整的支付信息，有利于风险识别管控和客户关系管理。其次，银联扫码支付采用支付标记化（token）技术，确保支付安全。银联二维码支付以支付安全为底线，通过制定统一的技术安全机制，确保持卡人账户、资金等关键要素的安全性。采用支付标记化技术对账户敏感信息进行保护，可以确保账户信息在存储、处理和传输过程中的安全性，降低发生账户信息泄露的风险。再次，银联扫码支付在相同场景下技术模式统一，可以互联互通。在相同的二维码支付场景采用统一的技术方案和模式，可实现不同机构之间业务的互联互通，确保用户使用体验的一致性。最后，银联扫码支付兼容相关国际标准。银联扫码支付预留技术扩展性，未来可通过扩展实现对二维码支付相关国际标准的兼容，确保今后境内和境外二维码支付业务的跨境互联互通。

银联此次推出扫码支付，必定会给支付宝、微信两行业巨头带来震动。银联、商业银行和其他第三方支付机构（银联系扫码支付）都将进入线下扫码支付市场。以前，银行为了抢食线下扫码支付，不得不通过"反接"的方式获得扫码支付的接口，支付的信息流和资金流都要通过两巨头，且要按照两巨头的游戏规则将银行拓展的扫码支付商户、用户的数据信息拱手"送"给两巨头，某种程度上沦为两巨头的"收单行"。现在，银行的情况不再那么被动，银联版扫码支付无疑更有利于银行去构建自己的零售支付平台。通过"上接通道、下接渠道、线上线下融合"的最优方式形成自己的支付入口和流量入口，在银行自己的零售平台上实现网络信贷、智能理财、网络征信等以前只有两巨头才能完成的"互联网金融生态"。银联的加入，增加了扫码支付的供给，给了其他支付机构新的选择，这也将进一步激发支付服务市场的活力。

3.3.5 扫码支付的优劣势

1. 第三方支付软件扫码支付的优劣势

我国现在主要的第三方支付软件有微信和支付宝两种，其主要优势有：

（1）操作方便，流程简单。

人们只需绑定银行卡，并保证卡里有足够的资金，对于各种小商铺或不需要大量现金的交易，只需轻轻一扫便完成支付，不需要因为没带够现金或因现金过多所带来的不安全因素而烦愁。

（2）功能强大。

微信、支付宝不仅作为聊天社交软件，从经济学角度上看，直接地扫码转账也是一种 C2C 的经济活动，促进了电子商务的发展。从社会学角度上看，这又是一种社会活动的体现，是人类虚拟活动代替现实活动，是由于网络的发达、信息技术的飞速进步，改善人们的社会环境，体现了文明的进步和社会的发展。同时支付宝还可以作为一种理财工具和借贷工具，相对于银行的理财和借贷，更加小众化、安全化。因此生活中人们都倾向于用支付宝和微信这些常用软件。

第三方支付软件扫码支付的劣势主要有：

（1）安全性低。

第三方支付软件并不是银行官方的软件，因此安全性较低，容易被一些不法分子用于欺诈犯罪，影响社会安定。如果乱扫一些不正规的二维码，可能会导致银行卡密码被窃取，微信、支付宝账号密码被窃取，进而产生财务损失。

（2）实体银行的打压。

由于第三方支付对实体银行的冲击太大，并且使用人数太多，银行不得不采取了对于第三方支付机构提现收税的政策措施。虽然目前这种影响冲击性较小，但未来不保证会加大提现的税率，或者对转账也会收取一定的费用。

2. 商业银行扫码支付的优劣势

就目前情况看，商业银行大力发展二维码行业，尽管暂时很难撼动微信、支付宝建立的基本格局，对商银二维码的推广还没有达到一定的水平，人们还被包围在支付宝和微信的"双寡头垄断"中。但是自从银行发展二维码支付以来，已经受到越来越多的商户和消费者的青睐，其主要优势有：

（1）成熟的风险管理体系和丰富的资金结算经验。

二维码支付作为目前一种新型支付方式，与传统的网上支付并没有本质区别，只是支付系统转移到了移动终端，通过扫描二维码完成。对于商业银行来说，从政策的监管方面，银行具备完善的风控体系和评估体系，国家对商业银行的监管制度也很成熟，与支付宝、微信相比，这是银行开展二维码支付业务所具备的优势。此外，商业银行长期管理银行账户，积累了非常丰富的金融交易结算经验，同时具有强大的数据清算平台，能够实时、高效、安全地为用户提供资金的交易结算服务。

(2) 安全性高。

银行二维码的操作后台仍是基于实体银行账户的，而非虚拟账户，可减少资金沉淀在虚拟账户所带来的风险。商业银行在早期进行资金清算的过程中就着重解决安全问题，投入了大量资金来研发支付安全技术，发展到现在，大部分银行已经具备非常先进成熟的支付安全技术和设施。而且银行二维码支付采用了之前使用的"云闪付"的令牌技术，确保账户信息在储存、处理和传输过程中的安全性，大大降低了信息外漏的风险。

(3) 大量的商户及客户资源。

二维码支付运营主体的竞争优势主要还是体现在用户量的多少。形成用户黏性，让用户形成习惯，这样就能获得二维码支付的绝对话语权。商业银行拥有大量的银行卡以及网银客户，这些客户都是商业银行开展二维码支付业务的潜在用户。此外，商业银行还拥有大量的终端商户，而且目前大部分商户都在使用银行的刷卡终端，在推广二维码支付业务时，这些商户都是银行二维码支付业务的潜在用户。

(4) 国家政策对我国银行的支持。

在我国，在所有参与二维码支付业务的各主体中移动运营商、第三方机构以及商业银行都有能力但现阶段各方又都没有足够的资源来主导整个二维码支付市场，三者都在争夺二维码支付市场的主导权。但从近年来国家下发的金融政策来看，银行相比移动运营商以及第三方支付机构来说具有明显的优势。无论是2014年3月央行由于安全性问题叫停二维码支付、2016年8月中国支付清算协会下发的《条码支付业务规范》，还是2016年12月12日银联宣布的二维码支付标准都足够表明国家在金融政策对我国银行开展二维码支付业务的支持。

(5) 客户对商业银行的信任。

目前信用已经成为商业银行开展金融业务不可或缺的一种资源。我国银行在发展传统金融业务时，已经积累了大量的运营管理经验以及客户资源，同时赢得了大部分客户对银行的信任，这是非常宝贵的资源。从调查数据可以发现即使有部分用户认为二维码支付不是很安全，但仍然愿意使用银行的二维码支付产品，这说明对于用户来说，银行推出的二维码支付产品比其他运营机构的更值得信任。

商业银行扫码支付的劣势主要有：

(1) "双寡头垄断"格局难以撼动。

如今的二维码支付市场上，支付宝、财付通等第三方支付机构布局已久，扫码支付已深入大街小巷。据统计，在2016年第二季度第三方互联网支付交易规模市场份额中，支付宝占比42.8%，财付通占比20%，二者市场份额占比超过六成。银行二维码的发展前景不是很乐观。

(2) 银行二维码支付产品操作繁琐。

商业银行的二维码产品主要是在手机银行业务的基础上开展的，在支付过程中会有大量的资金清算，出于用户资金安全性的考虑，商业银行在二维码支付产品系统设计上会设置更多的安全性保障，即用户在支付时多了一些程序，反而使得用户操作起来非常不便，用户满意度下降。这是阻碍商业银行二维码支付业务大规模推广的重要因素。

(3) 银行间竞争激烈,造成资源浪费。

目前,虽然我国主要的商业银行纷纷意识到二维码支付的重要性并推出二维码支付业务,但是这些银行彼此之间互相竞争,每家银行只能支持绑定自身的银行卡进行支付,只为自身的客户提供服务,而每家银行的支付产品大同小异,此外大部分银行在发展二维码支付业务时都投入了大量资金和技术来研发和推广自身的二维码支付产品,造成了资源的浪费,这严重限制了我国银行二维码支付业务的发展。

3.3.6 扫码支付实例

从 2015 年底到 2016 年初,支付宝以二维码作为切入点,开始探索离线二维码技术方案的设计与测试。2016 年 8 月 17 日杭州公交扫码乘公交的开通,标志离线二维码技术从实验室正式推向商业化试点。支付宝双离线支付系统保证了在 0.3 秒内,闸机、手机双双离线的情况也可以保证市民顺利刷卡乘车。2017 年 5 月 23 日,杭州市民卡与支付宝合作上线了"杭州通支付宝电子公交卡",7 个月即开卡超过 330 万张,截至 2018 年 3 月底,杭州通支付宝公交卡累计开卡 472 万张。

支付宝双离线支付过程如图 3-11 所示。

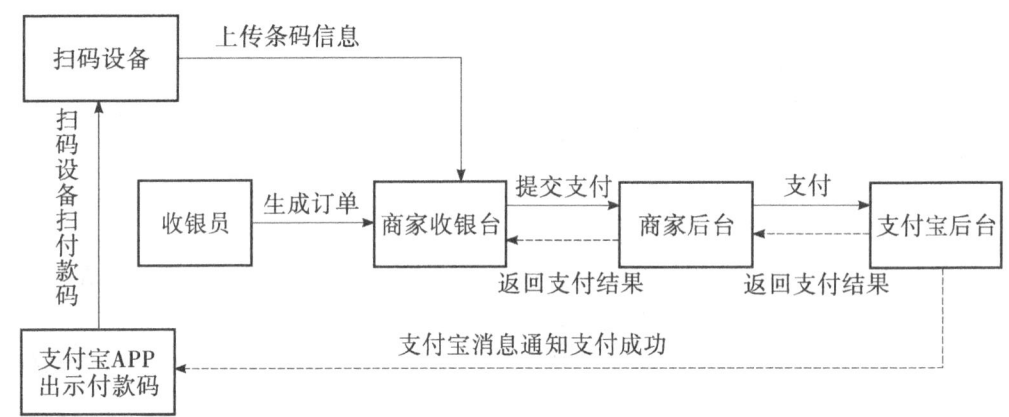

图 3-11 离线支付全过程

支付宝实现离线支付,有以下三个关键点:

(1) **付款码可以离线生成。** 当用户打开支付宝 APP 时,会向服务端申请令牌种子,支付宝服务器会根据算法生成一个令牌种子,返回给支付宝 APP,支付宝 APP 得到令牌种子后,根据算法生成付款码(可以离线生成)。

(2) **付款码是一次性的且实时更新。** 支付宝 APP 生成的付款码会包含用户标识、令牌值等信息。付款码是一次性的,且每分钟会更新一次,这样就不会出现别人把用户的付款码打印出来再去付款的情况。

(3) **付款码能离线,扫码枪需在线。** 线下支付时,用户打开支付宝 APP,出示付款码(可以离线),然后商家用扫码枪读取付款码,并上传至支付宝服务器。支付宝服务器收到商家传来的付款码后,与令牌系统里保存的信息进行对比,比对通过则创建支付订单,并返回给商户订单信息,如果余额足够便可完成支付。

离线支付过程中，付款方可以离线，但收款方必须在线。通过在线的收款方搭桥，将离线的付款信息传到支付宝服务器端进行校验。但如果在支付宝中开通了公交付款功能后，支付时页面会生成特定的付款码（与支付宝首页的付款码不同），也是一次性的且实时更新，然后通过花呗进行付款，实际上就是没网时先记账，有网后能进行安全验证时再扣款。

3.4 近场支付

3.4.1 近场支付的概念

近场支付是通过移动终端，利用近距离通信技术实现信息交互完成支付的非接触式支付方式。常见的近距离通信技术包括 NFC、蓝牙、红外线、声波等，目前 NFC 技术是近场支付领域的主流技术。

1. NFC 支付

NFC 技术是一种短距离的高频无线通信技术，允许电子设备之间进行非接触式的点对点数据传输。此项技术具有便捷、耗能低的特点，而且它采取了独特的信号衰减技术，使用距离小于 10 厘米，可有效避免设备间的相互干扰。如今 NFC 已经在移动支付领域被投入使用，手机在配置了 NFC 支付功能之后就可以拥有交通卡、社保卡、学生卡、门禁卡等诸多功能。

2. 蓝牙支付

蓝牙技术是由爱立信、诺基亚、东芝、IBM 和英特尔等五家世界著名大公司在 1998 年联合推出的一项短程无线网络技术，它工作于 2.4 GHz ISM 频段，最高传输速率为 721 Kbps。蓝牙支付有很多优点：

（1）蓝牙的可感知距离长，两个设备间距可以达到 50 米（以模块和实际地形为准）。

（2）蓝牙支付处理速度也更快，可达几分之一秒。

（3）蓝牙支付一般不会出现网络连接问题。

（4）蓝牙支付可实现"一对多"。现有的大部分移动支付方式多为一个移动设备对应一个支付读取器的"一对一"模式，而蓝牙支付可以实现一对多，从而实现一次性进行多个交易，加快结账过程。

（5）蓝牙能够让购物者获得真正的"解放双手"体验，购物者甚至不需要拿出手机去接触支付读取器，收银员把电子小票和付款界面推送到顾客手机上，进行现场确认、签名，就可实现支付。

蓝牙支付的缺点是价格过于昂贵、抗干扰能力不强和存在信息安全的问题。

2001 年，爱立信与 Eurocard AB 在 Sweden 开始测试基于蓝牙的移动支付系统，具有蓝牙支付功能的手机与 Eurocard 账号进行了绑定。2014 年 Square 推出了支持蓝牙支付功能的产品"Square 现金"，利用这一功能，在好友相聚时，用户可以利用支付客户端发现希望进行支付交易的伙伴，快速进行客户端内部的个人到个人的转账功能。需要指出的是，真正的支付过程，仍然是通过客户端和互联网后台来完成，只不过寻找支付对象以及表达支付愿望的过程是通过蓝牙通信来完成。2016 年韩国 SK 电讯推出了基于低功耗蓝牙技术（BLE）的移动支付业务 T Pay，当消费者使用 T Pay 进行支付时，商家的 POS 可以通过低功耗蓝牙从消费者的智能手机中读取用户和支付信息。收银员可通过显示在 POS 屏幕上的用户昵称或手机号码进行身份验证。由于 T Pay 不要求用户输入信用卡或银行账户信息，用户也无须担心自己的信息被泄露。

3. 红外支付

红外线是目前比较成熟的一种非接触式移动支付技术。红外数据组织（IrDA）成立于 1993 年，是非营利性组织，致力于建立红外线无线传播连接的国际标准，目前在全球拥有 160 个会员。IrDA 使用的是 980 nm 红外频段，接收角度为 120°，传输距离为定向 1 m，速率最高可达 16 Mbps。

IrDA 的缺点在于存在视距角度问题，也就是说两个具有 IrDA 端口的设备之间如果传输数据，中间就不能有阻挡物。这在两个设备之间是容易实现的，但在多个设备间就必须彼此调整位置和角度等。

表 3 - 2 NFC 与蓝牙、红外线支付技术比较

项目	技术比较		
技术性能	NFC	蓝牙	红外
网络类型	点对点	单点对多点	点对点
使用距离	≤0.1 m	≤10 m	≤1 m
速度	106 Kbps、212 Kbps、424 Kbps，规划速率可达 868 Kbps、727 Kbps、115 Kpbs	2.1Mbps	~ 1.0Mpbs
建立时间	<0.1 s	6 s	0.5 s
安全性	具备，硬件实现	具备，软件实现	不具备，使用 IRFM 时除外
通信模式	主动—主动/被动	主动—主动	主动—主动
成本	低	中	低

4. 声波支付

声波支付能够利用声波的传输，完成两个设备的近场识别。具体使用过程是，在付款手机的客户端里，内置声波支付功能的应用，用户打开应用之后，用手机喇叭对准收款方的麦克风，手机会生成并播放一段特有声波，收款方在收听到这段独有的声波之后，对其进行智能化交易处理，并确认收款完成。

从安全性方面来讲，声波支付传递的声波其实是一串随机生成的交易号，有效期只有几分钟。声波只向手机 30 ~ 50 cm 范围内的接收终端传递，而且声波内容不涉及金额、账户号等信息，即使有人现场录音也不必担心安全问题。

2013 年支付宝推出的支付宝钱包中的"声波支付"功能，其实是利用声波的传输，使得手机和自动贩卖机之间完成近场识别从而达到交易的目的。

3.4.2 NFC 的发展及应用

2006 年 6 月，我国首个手机 NFC 开始使用。在当时有四个公司在厦门开始试点，他们分别是诺基亚、飞利浦、易通卡、中国移动公司等。虽然 NFC 在 2006 就已经在国内有所应用，可是普及度却一直没能上升。

2014 年 3 月 14 日，央行暂停了虚拟信用卡和二维码支付业务。此后央行又下发了《中国人民银行关于手机支付业务发展的指导意见》，让二维码支付遭到了打击。这在另一面则为 NFC 支付留出了市场空间。

2015 年国务院印发《关于实施银行卡清算机构准入管理的决定》，为第三方支付平台成为清算组织提供了可能路径。近场支付作为移动互联网的具体应用和 O2O 的重要落地形式，拥有前所未见的优越政策和市场环境。

目前而言，近场支付的市场环境已经较为成熟。一些推动近场支付发展的因素如移动终端的支持、主机卡的兼容，都为近场支付提供了多种灵活的支付方式。同时，近场支付也被多个科技公司如 Apple、Google、PayPal 和三星等支持，这些因素共同推动了近场支付的快速发展。

NFC 技术的应用可分为五类：

（1）接触通过（touch and go），如门禁管理、车票和门票等，用户将储存着票证或门控密码的设备靠近读卡器即可，也可用于物流管理。

（2）接触支付（touch and pay），如非接触式移动支付，用户将设备靠近嵌有 NFC 模块的 POS 可进行支付，并确认交易。

（3）接触连接（touch and connect），如把两个 NFC 设备相连接（例如手机和笔记本电脑），进行点对点（peer-to-peer）数据传输，下载音乐、图片互传和交换通讯录等。

（4）接触浏览（touch and explore），用户可将 NFC 手机接靠近街头有 NFC 功能的智能公用电话或海报来浏览交通信息等。

（5）下载接触（load and touch），用户可通过 GPRS 网络接收或下载信息，用于支付或门禁等功能，如前述，用户可发送特定格式的短信至家政服务员的手机来控制家政服务员进出住宅的权限。

3.4.3 NFC 技术原理

支持 NFC 的设备可以在主动或被动模式下交换数据，其工作原理是有所区别的。

1. 主动模式

在主动模式下，每台设备要向另一台设备发送数据时，都必须产生自己的射频场。如图 3-12 所示，发起设备和目标设备都要产生自己的射频场，以便进行通信。这是对等网络通信的标准模式，可以获得非常快速的连接设置。

在主动模式下，通信双方收发器加电后，任何一方均可以采用"发送前侦听"协议来发起。

2. 被动模式

在被动模式下，启动 NFC 的设备，也称为 NFC 发起设备（主设备），在整个通信过

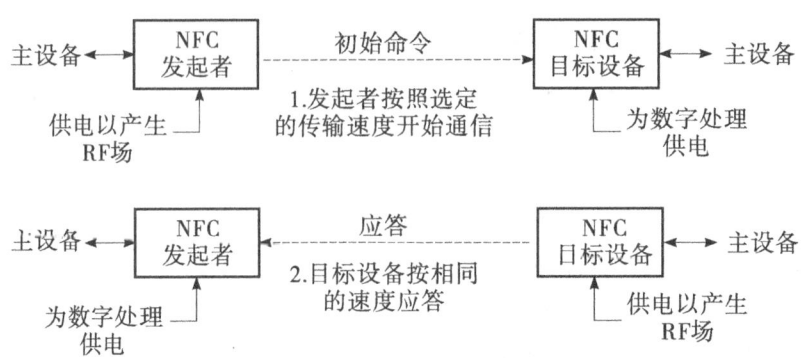

图 3－12　NFC 主动通信模式示意图

程中提供射频场（RF-field），如图 3－13 所示。它可以选择 106kb/s、212kb/s 和 424kb/s 任一种传输速度，将数据发送到另一台设备。另一台设备称为 NFC 目标设备（从设备），不必产生射频场，而使用负载调制（Load Modulation）技术，即可以相同的速度将数据传回发起设备。此通信机制与基于 ISO 14443A、MIFARE 和 FeliCa 的非接触式智能卡兼容，因此，NFC 发起设备在被动模式下，可以用相同的连接和初始化过程检测非接触式智能卡或 NFC 目标设备，并与之建立联系。

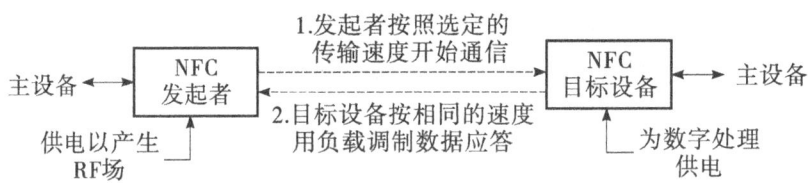

图 3－13　NFC 被动通信模式示意图

在被动模式下，目标是一个被动设备。被动设备从发起者传输的磁场获得工作能量，然后通过调制磁场将数据传送给发起者（后扫描调制，AM 的一种）。移动设备主要以被动模式操作，这样可以大幅降低功耗，延长电池寿命。在一个具体应用过程中，NFC 设备可以在发起设备和目标设备之间转换自己的角色，利用这项功能，电池电量较低的设备可以要求以被动模式充当目标设备，而不是发起设备。

3.4.4　NFC 工作模式

NFC 技术可以在电子设备之间交换数据，这种交换是指非接式的点对点的在 10cm 内的数据传输。这种传输技术是由免接触式射频识别（RFID）演化与转变而来的，而且还能向下兼容，主要在手机等手持设备中提供 M2M（machine to machine）的互相通信。NFC 支持读卡器模式、卡模拟模式和点对点模式，这三种工作模式适用于不同的应用场景。

1. 读卡器模式

读卡器模式下是主动模式，NFC 终端可作为一个读卡器，在发出射频场后，能识别和读/写其他的 NFC 设备信息。读卡器模式作为非接触读卡器使用，在该模式中，具备识读功能的 NFC 手机从 TAG 中采集数据,然后根据应用的要求进行处理。有些应用可以直接在本地完成,而有些应用则需要通过与网络交互才能完成,如图 3-14 所示。基于该模式的典型应用有门禁控制或车票、电影院门票售卖等,使用者只需携带储存有票证或门控代码的设备靠近读取设备即可。它还能够作为简单的数据获取应用,比如公交车站站点信息、公园地图信息等。

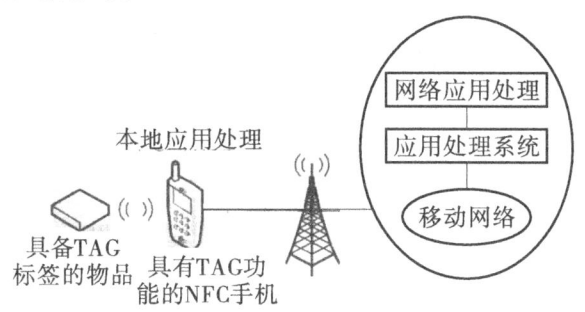

图 3-14　NFC 手机作为识读设备的工作示意图

2. 卡模拟模式

卡模拟模式下是被动模式,此时 NFC 终端则被模拟成一张卡,它被动响应其他设备发出的射频场,同时被读写信息。用户将手机靠近读卡器,输入交易密码或接收交易,即可完成支付和收款。卡片通过非接触读卡器的 RF 域来供电,即使 NFC 设备没电也可以正常工作。在该应用模式中,NFC 识读设备从具备 TAG 能力的 NFC 手机中采集数据,然后将数据传送到应用处理系统进行处理(图 3-15)。基于该模式的典型应用包括门禁、本地支付、电子票等应用。

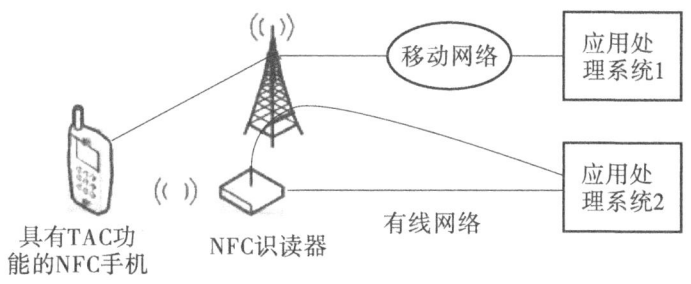

图 3-15　NFC 手机作为被读设备的工作示意图

3. 点对点模式

点对点模式下是双向模式,这个模式是指 NFC 终端双方全部主动发出射频场来建立一个点对点的通信。也就是说两个 NFC 设备都是处于主动模式的,一种设备只要是支持 NFC 的,都可以在主动或被动模式下来交换数据。如图 3-16 所示,在该模式下,多个具有 NFC 功能的电子设备之间,都可以同时进行无线连接。该模式的典型应用有协助快速建立蓝牙连接、交换手机名片和数据通信等。

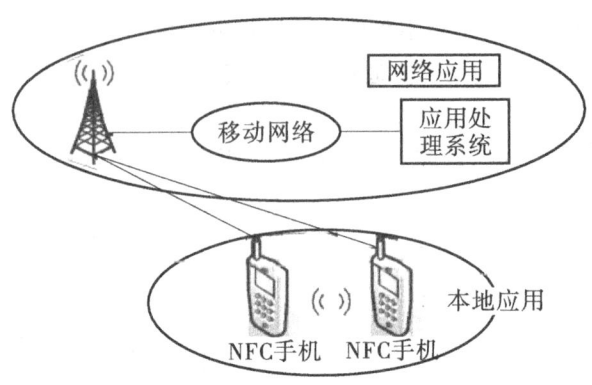

图 3-16 NFC 手机作为点对点通信设备的工作示意图

3.4.5 NFC 协议

1. NFC 技术标准

在国际上，NFC 技术标准主要的制定组织有 NFC Forum、ETSI、ECMA 和 ISO 四个组织。

NFC 技术标准类型大致如图 3-17 所示，其的关键技术标准主要分为以下五类。

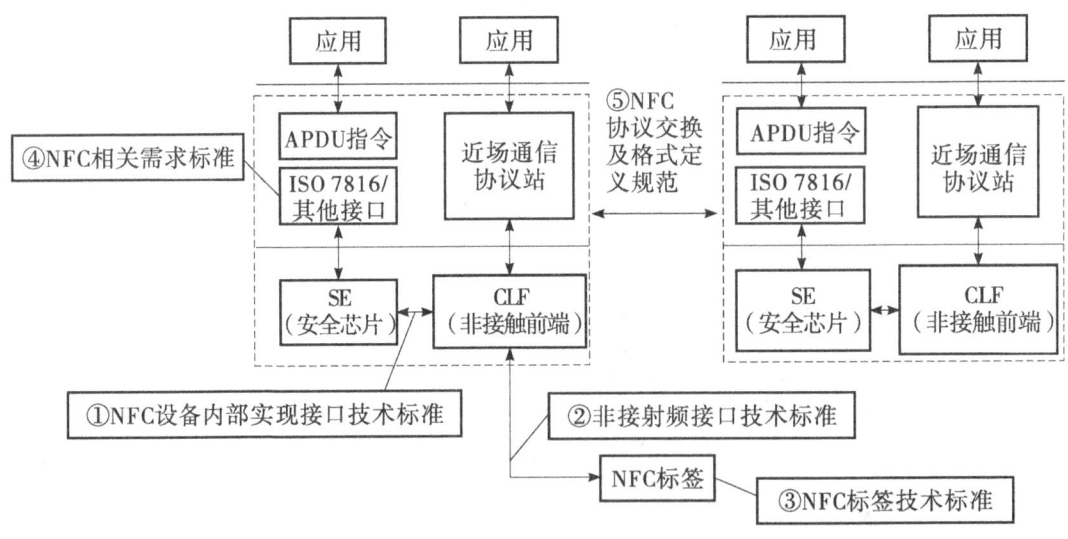

图 3-17 NFC 技术标准类型

（1）NFC 设备内部实现的不同规范，也就是安全模块（SE）与非接前端的接口标准。例如，ETSI 制定的 SWP、HCI 技术标准及 NFC 论坛制定的 NFC 控制器接口规范，还有 ISO 早期制定的近场通信有线接口（NFC-WI）。

（2）与非接射频通信相关的标准。例如 NFC Forum 定义的模拟规范、数字协议规范及以及 ECMA 定义的 ECMA 340/NFC IP-1 和 ECMA 352/NFC IP-2 规范。

(3) NFC Forum 专门定义的标签操作规范，用于统一各种 NFC 标签及相关操作。

(4) 需求标准，主要是 GSMA 定义的 NFCUICC 需求标准及 NFC 手机 API 需求规范等。

(5) 各种 NFC 设备间通信格式规范及一些链路协议等。

与 NFC 技术相关的主要标准见表 3-3。

表 3-3 与 NFC 技术相关的主要标准

分类	名称	规范范围	制定组织
NFC 设备内部实现类规范	ETSITS102613UICC——非接触前端（CLF）接口；第一部分：物理层和数据链路层特征（即 SWP 标准）	NFC 设备内部实现规范	ETSI
	ETSITS102622UICC——非接触前端（CLF）接口；主机控制器接口（HCI）	NFC 设备内部实现规范	
	NFC 控制器接口规范（NCI）	NFC 设备内部实现规范	NFC 论坛
射频标准类接口规范	ECMA 340 近场通信接口协议（NFC P-1）	射频通信规范	ECMA
	ECMA 352 近场通信接口协议（NFC P-2）	射频通信规范	ECMA
	ISO/IEC 18092	射频通信规范	ISO
	ISO/IEC 21481	射频通信规范	ISO
	NFC 论坛活动技术规范	NFC 设备射频通信规范	NFC 论坛
	NFC 论坛数字协议技术规范	NFC 设备射频通信规范	NFC 论坛
	NFC 论坛模拟技术规范	NFC 设备射频通信规范	NFC 论坛
NFC 标签标准	NFC 论坛类型 1 标签操作规范	NFC 标签规范	NFC 论坛
	NFC 论坛类型 2 标签操作规范	NFC 标签规范	NFC 论坛
	NFC 论坛类型 3 标签操作规范	NFC 标签规范	NFC 论坛
	NFC 论坛类型 4 标签操作规范	NFC 标签规范	NFC 论坛
NFC 需求标准	GSMA NFC 手机 API 需求规范	NFC 终端需求规范	GSMA
	GSMA UICC 需求规范	UICC 需求规范	GSMA
	GSMA NFC 移动钱包白皮书	业务需求规范	GSMA
	GSMA NFC 核心钱包需求	业务需求规范	GSMA
其他标准	逻辑链路控制协议技术规范（LLCP）	协议规范	NFC 论坛
	简单 NDEF 交换协议规范（SNEP）	协议规范	NFC 论坛
	NFC 记录类型定义技术规范（RTD）	记录类型定义技术规范	NFC 论坛
	NFC 文本 RTD 技术规范	记录类型定义技术规范	NFC 论坛
	NFC URI R TD 技术规范	记录类型定义技术规范	NFC 论坛
	NFC 智能海报 RTD 技术规范	记录类型定义技术规范	NFC 论坛
	NFC 通用控制 RTD 技术规范	记录类型定义技术规范	NFC 论坛
	NFC 签名 RTD 技术规范	记录类型定义技术规范	NFC 论坛

2. NFC Forum 协议架构

前面介绍了 NFC 的三种工作模式，分别是读卡器模式、卡模拟模式和点对点模式，下面介绍这三种模式对应的标准协议架构。

（1）读卡器模式。

NFC Forum 制定了一套规范来支持读卡器模式，如图 3-18 所示。

NDEF（NFC data exchange format）在 LLCP 链路被激活时使用。NDEF 定义了 NFC 设备之间或设备与标签之间通用的数据格式，上层应用产生由一个或多个文件生成的 NDEF 信息，该消息交由底层 LLC 层传送给对方，对方可以接受后直接处理或作为中间阶段写入标签中。当其他设备接近该标签时，会读到该标签中的内容，并把读到的 NDEF 消息传给上层应用分析和处理。NDEF 由 RTD（record type definition）组成，RTD 定义了不同数据类型的封装格式，如 URL、智能海报、文本等。

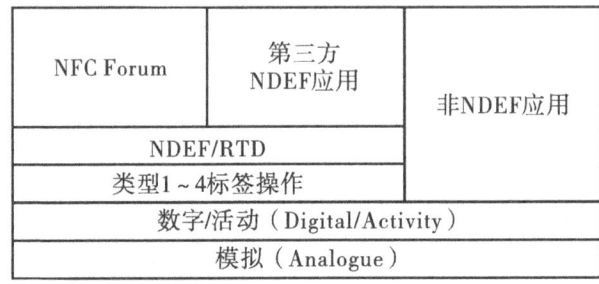

图 3-18 读卡器模式协议架构

NFC Forum 定义了四种类型的标签：

类型 1：该标签是基于 ISO 14443A 的私有标签。这里"私有"的意思是指该标签尽管基于 ISO 14443A，但是采用了私有的加密算法。该标签主要是与 Innovision Topaz 的产品兼容。

类型 2：该标签是基于 ISO 14443A 的私有标签，兼容的产品是恩智浦公司的 MIFARE Ultralight 和 MIFARE Ultralight C。

类型 3：该标签兼容 FeliCa 产品。

类型 4：该标签分为类型 4A 和类型 4B，分别兼容 ISO 14443A 和 ISO 14443B。

类型 1~4 标签操作定义了如何从类型 1~4 的标签中读取或写入 NDEF 消息。

Digital 相当于 NFC 的 MAC 层协议，它定义了三种 NFC 技术，即 NFC-A/B/F 分别对应着 ISO 14443 TYPEA、TYPEB 以及 FeliCa 的规范，其中包括了初始化、冲突检测等，同时它也定义了传输协议，如 NFC-DEP，ISO-DEP 等。这个数字协议实际上就是 ISO/IEC 14443 与 ISO 18092 的一个合体。Activity 中定义了一大堆的流程图及状态转移图，用来描述 Digital 规范中的内容是如何工作的，Activity 规范也可以看作是 Digital 中的一部分。Digital 中定义了帧格式、编码等通信的功能，但是如何使用 Digital 中定义的帧来完成通信，则是在 Activity 规范中定义的。

Analogue，即 NFC 物理层的协议，主要定义了 NFC 设备的射频特性，如射频场的波形、强度等。

以上三个协议是 NFC 通信的基础,在 NFC 的三种工作模式下,都要使用这三个底层的协议。在应用层,NFC Forum 制定了基于 NDEF 的参考应用,如 Connection Handover 中的静态切换。第三方应用程序可以基于 NDEF 消息进行读写器应用的开发,同时 NFC 协议栈也支持一些非 NDEF 的应用。

(2) 卡模拟模式。

在卡模拟模式下,NFC Forum 没有制定其他规范来支持该模式,如图 3-19 所示。ISO 14443 相关的内容都已经包含在 Digital、Activity 和 Analogue 协议中。

应用
数字/活动(Digital/Activity)
模拟(Analogue)

图 3-19 卡模拟模式协议架构

应用层一般由应用开发者完成,比如在智能手机上开发一个模拟卡的应用,其他手机靠近后可以读取其中的内容。NFC 协议栈为开发者提供了通信通道和读取命令,但是解析数据内容、设计用户界面不是 NFC 协议栈的任务。尽管 NFC Forum 制定了 NDEF 规范,但是在卡模拟模式的标准架构中没有给出其他协议的主要原因是目前市面上大部分 ISO 14443/15693 的基础设施还不支持 NDEF 格式。目前卡模拟模式的应用比点对点模式和读卡器模式更加广泛,因此为了兼容这些基础设施,NFC Forum 在卡模拟模式下没有给出其他规范,而完全由应用开发或服务提供商来决定其数据格式。

(3) 点对点模式。

NFC Forum 点对点通信的标准架构如图 3-20 所示。

NFC Forum 参考应用	应用	
SNEP	IP/OBEX	其他协议
NDEF/RTD	协议适配	
LLCP		
数字/活动(Digital/Activity)		
模拟(Analogue)		

图 3-20 点对点模式协议架构

NFC Forum 定义了 LLCP(logical link control protocol)作为点对点通信的逻辑链路管理协议。LLCP 主要负责链路的激活、去激活和维护,为上层应用提供面向连接服务和非连接服务,并提供协议复用和异步平衡模式等功能。

LLCP 协议层至上可以是基于 NDEF 的应用,也可以是在 NFC Forum 注册的协议,如 IP、OBEX。如果应用层基于这两种协议,那么 NFC Forum 针对这两个协议分别定义了一个适配协议，用于将 IP 和 OBEX 的协议数据映射进 LLCP 的帧格式。目前 NFC Forum 只提供 IP 和 OBEX 的映射，除了这两个协议之外，如果应用开发者希望使用 LLCP 的功能，需要自己完成映射关系。

SNEP（Simple NDEF exchange protocol）：在点对点模式下定义了如何进行 NDEF 消息的交互。SNEP 的通信模式就是请求/相应模式，即发起人向目标发送 SNEP 请求，Target 向 Initiator 回应 SNEP Response 消息。SNEP 的请求和响应消息中包含了 NDEF 格式的数据。NFC Forum 制定的相关的参考应用规范，没有强制力，上层应用可以基于 SNEP，也可以基于 IP 或 OBEX，或者直接基于 LLCP。

3.4.6　NFC 移动支付技术解决方案

1. NFC 移动支付系统架构

现行的移动支付方式主要包括了近场支付和远程支付，其中近场支付主要是采用 NFC 技术来进行非接触支付，远程支付主要是通过移动互联网进行支付，图 3-21 给出了基于 NFC 技术的移动支付系统架构。

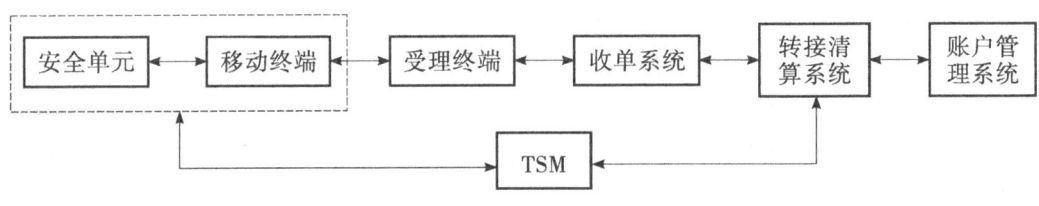

图 3-21　NFC 移动支付系统架构

（1）移动终端：指在移动支付业务使用过程中，用户在移动状态下使用的终端设备，如手机等。

（2）受理终端：指参与移动支付交易的交易专用终端设备，如 POS、ATM。

（3）收单系统：负责联机交易信息的产生和转接，以及结算数据的收集、整理和提交等。

（4）转接清算系统：指实现跨机构支付业务转接、清算和结算功能的系统。

（5）账户管理系统：指为银行卡账户或非银行卡结算账户提供资金管理、结算等业务的系统。

（6）TSM：负责移动支付安全单元管理及生命周期管理的实体。

（7）安全单元（SE）：用于安全敏感数据的存储，如对交易的关键数据进行安全存储和运算，确保敏感交易具有安全认证和不可抵赖性，安全单元以 SIM 卡、SD 卡或单芯片的形式存在。

根据安全单元及移动终端之间的连接关系，NFC 移动支付分为三种技术解决方案：嵌入式终端方案（SE 在手机中）、SMP SIM 卡方案（SE 在 SIM 中）和 SD 卡方案（SE 在 SD 中）。

2. 嵌入式全终端方案

嵌入式全终端方案指将安全单元集成在手机的主板上，或者与 CLF 芯片集成在一个

SOC（system on chip）芯片中，如图3-22所示。

安全单元芯片的厂商主要是意法半导体。对于嵌入式全终端方案，手机厂商掌握了对安全单元的控制权，给手机厂商更多参与移动支付的机会。手机厂商可以建立自己的TSM，或者与其他业务提供商合作建立TSM对安全单元进行管理，从而在移动支付产业链中获取更大的利益。例如三星公司发布的智能手机可以同时支持SWP SIM和嵌入式全终端方案，三星公司也建立了自己的TSM，并推出了"三星钱包"移动支付业务。

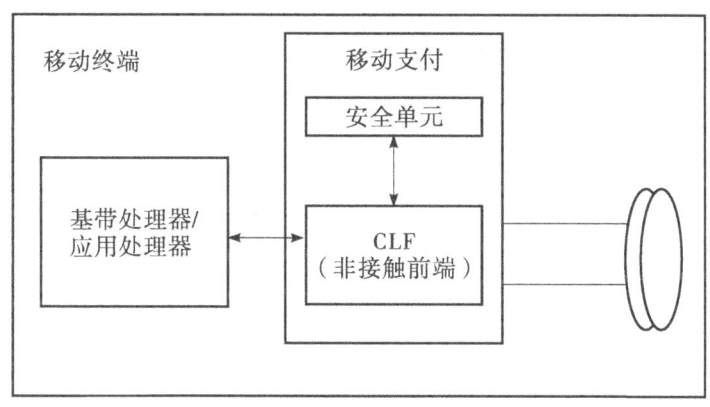

图3-22 嵌入式全终端方案

3. SWP SIM卡方案

SWP SIM卡方案是指将SIM卡作为安全单元，通过SWP（single wired protocol）协议与CLF芯片连接的方案，如图3-23所示。SWP连接方案基于ETSI（欧洲电信标准协会）的SWP标准，该标准规定了SIM卡和NFC芯片之间的通信接口。SWP协议是关于物理层和数据链路层的协议。物理层负责UICC和CLF之间物理链路的激活、保持、解除等工作。SWP协议是关于物理层和数据链路层的协议。物理层负责UICC和CLF之间物理链路的激活、保持、解除工作。

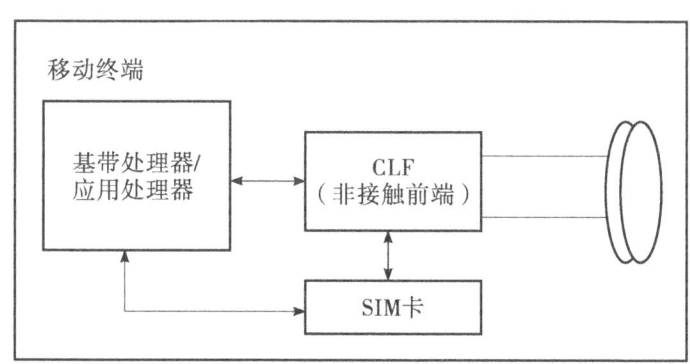

图3-23 SWP SIM卡方案

SWP SIM卡以一种新规格的SIM卡作为安全芯片，将卡号与密码存放在SIM卡内，透过卡上的C6接脚与NFC控制器连接。这种新规格的SIM卡可以协助运营商更加稳定地绑住客户,所以在美国和我国台湾地区都积极地在推动。国内其他地区的移动运营商也都开始逐步推动 SWP SIM 卡加入 NFC 移动支付的战局。

4. SD 卡方案

SD 卡方案是指将安全单元集成在 SD 卡中的方案,在传统的 SD 卡内嵌入安全单元芯片后形成用于金融交易的智能 SD 卡。SD 卡中的安全单元与 CLF(contactless front,非接触前端)相连。这里 CLF 特指实现 NFC 功能的 NFC 芯片,如图 3-24 所示。当进行移动支付时,运行在安全单元中的移动支付应用通过 CLF 与受理终端进行通信,从而完成金融交易。该方案需要修改手机硬件 SD 卡的相关电路,才能支持 CLF 与 SD 卡之间的通信。

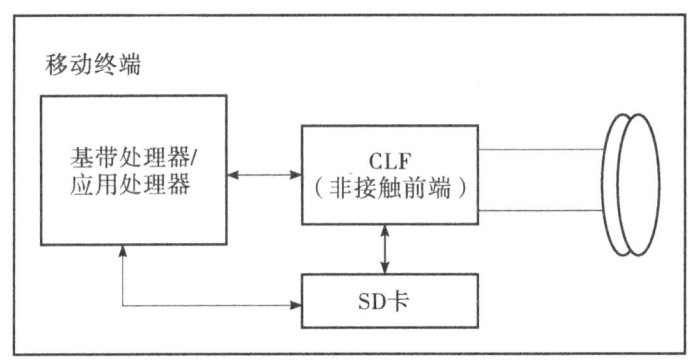

图 3-24 SD 卡方案

SD 卡方案的主要推动方是银联及各大银行。该方案需要对 SD 卡进行定制,并且需要改造手机硬件电路,目前还没有得到手机厂商的广泛支持及市场认可,只有少数厂商支持,如 HTC、天语等。

3.4.7 NFC 支付的优劣势

1. NFC 支付的优势

(1)安全性高。

相较于 NFC 技术,二维码容易被复制,存在安全性问题。而 NFC 安全技术有保障,第三方无法获取用户的私人信息。相比蓝牙或 Wi-Fi,NFC 是一种短距离通信技术,设备必须靠得很近,从而提供了固有的安全性。

(2)连接快、功耗低。

相比于蓝牙连接速度更快。NFC 设备之间采取自动连接,无须执行手动配置。只需晃动一下,就能迅速与可信设备建立连接。由于 NFC 采取了独特的信号衰减技术,其他通信技术的传输范围可以达到几米甚至百米,通信距离不超过 20 cm;由于其传输距离较近,能耗相对较低,支持无电读取,即使没电也可以工作。

(3)私密性。

在可信的身份验证框架内,NFC 技术为设备之间的信息交换、数据共享提供安全。

2. NFC 支付存在的问题

(1)使用环境有待进一步完善。

在4G时代，NFC应用将逐步扩大并引发新一轮支付变革。目前，近场支付的使用环境还不完善，客户体验有待提升。原因在于这个业务涉及的产业链较长、参与方较多，涉及电信运营商、银行、第三方支付、移动终端、软件、硬件设备制造商等，非常复杂而且还不成熟，各方诉求不同，在利益分配机制不完善的情况下，难以形成合力。

(2) 近场支付终端技术检测认证标准不统一。

虽然我国目前移动支付标准已经统一为13.56 MHz，但是近场支付终端的技术标准和测试标准却不统一。运营商更多倾向于NFC Forum标准，银行组织则是基于ISO标准。这就造成移动支付终端的RF测试标准较多，移动支付终端难以同时满足不同的测试标准、终端制造成本和测试设备购买费用开销大。此外，从当前市面上的一致性终端的比较测试来看，一致性、兼容性和可靠性是目前移动支付终端存在的重点问题，如刷卡成功率低、交易时间长等将严重影响用户的支付体验。

(3) 成本。

近场支付要求手机必须具备NFC功能、SIM卡要和银行卡绑定，线下POS系统要做相应升级，而且以前大多数手机本身不具备NFC支付功能，如要使用近场支付，这些手机用户首先要更换手机或者升级手机系统，而这会增加支付成本。同时，更换或升级POS系统也会增加成本，这就造成目前近场支付发展缓慢。

(4) RFID标准。

中国政府正在制定自己的RFID标准，而飞利浦的NFC技术是否能够完全兼容并得到中国政府的认可对消费者相当重要。中国国家标准化管理委员会成立了国家标准工作组，负责起草、制定中国有关RFID的国家标准，据称这样将使中国获得相关的自主知识产权，又能将RFID发展纳入标准化、规范化的轨道。整个认证过程很可能需要飞利浦等公司公开一些关键的技术，这可能成为NFC在中国推广应用的绊脚石。

(5) 安全保障能力尚需提高。

安全问题主要指在近场支付中数据传输的安全性和用户信息的安全性。目前市面上大部分移动终端是基于安卓平台的，安卓代码是开源的，容易导致移动支付终端被病毒和木马攻击，从而泄露消费者的个人信息，导致财产损失。例如，通过在一部手机上安装某种形式的间谍软件或恶意软件，可能窃取用户手机上的数据，结合读取到的银行卡信息，手机用户可能会面临资金损失。据腾讯移动安全实验室报告显示，2014年上半年，腾讯手机管家截获支付类病毒包数达到82 635个，感染手机支付类病毒用户数达到693.4万。同时，近场支付安全最让人忧虑的是"中间人攻击"，此外，作为一个产业链，客户端、服务端和传输链，三位于一体的安全防护体系仍有待完善，近场支付的安全问题绝不能仅仅依靠一两款安全软件来解决，而应该构建近场支付安全生态体系，打造安全支付闭环。

(6) 传输速率较低。

NFC标准规定了数据传输速率具备了三种传输速率，最高的仅为424 kb/s，传输速率相对较低，不适合诸如音视频流等需要较高带宽的应用。

3.4.8 近场支付实例

NFC 技术具有距离近、带宽高、能耗低、启动时间短等特点。NFC 技术的优势，使得在移动支付、门禁系统、电子票务等领域发展前景远大。用户可以在两个 NFC 装置接近时快速传输标签所含的数据信息，并在极短的时间内获取对应的服务。在国内外针对 NFC 支付业务上，一些科技手段比较先进的国家已经实现了以 Google 为代表的嵌入式全终端方案、以 Orange Cash 为代表的 SWP SIM 卡方案，而在我国 NFC 移动支付领域的模式开发，主要还是以 SD 卡方案进行。

1. Google 钱包

Google 公司利用其强大的手机操作系统技术和市场优势及其对手机制造商的影响力，制定了具有 Google 特性的 NFC 支付应用标准，独立建立并运营在移动近场支付领域非常重要的可信服务管理平台（TSM）。它整合各类商家和应用，成为该业务主导方。相关移动运营商、银行、卡支付组织、公交、市政等成为参与者，它们制定具体的行业应用标准，提供电子钱包应用及资金结算等服务。手机制造商负责提供带有 Google 操作系统并支持 NFC 功能的手机终端。

Google 钱包目前可以支持的卡账户有两种：一是金融账户，如花旗 Master Card 账户；二是 Google 预付卡虚拟账户。第三方电子钱包应用提供商可以将公交、地铁、小额支付等电子钱包通过远程方式下发到 NFC 手机中的 Google 钱包内。从其运营模式看出，Google 是封闭式管理，主要由自己制定软硬件的技术标准和规范，并且独立运营 TSM 平台。但对于电子钱包应用的态度是开放的，所有合适的第三方电子钱包应用、银行电子现金应用都可以接入 Google 钱包中。

Google 推出 NFC 业务主要是围绕其当前主营的搜索和广告业务，利用 Google 钱包提供 Google 优惠券、Google 团购差异化来带动其整体业务发展。Google 采用此策略的优势在于其拥有互联网领域众多应用产品的整合能力。但在这种模式下，各参与方拓展商户的积极性受到一定影响，因为业务的控制权完全掌握在 Google 手中，金融机构仅仅充当提供支付卡账户的角色，很难参与到 NFC 近场支付服务的全流程中。

2. Orange Cash

Orange Cash 的支付模式受到法国政府扶持，整合法国本土的运营商、卡支付机构、银行、电子钱包应用提供商（公交公司、零售行业）、手机制造商共同参与。Orange 作为移动运营商，提供网络安全服务和承载 NFC 应用 SIM 卡的发卡服务，成为该业务必不可少的主要负责方。银行、运营商、公交等统一技术标准和行业应用标准，各自建立 TSM 平台，分别提供自己的核心服务，通过标准化接口实现业务和 TSM 平台互联互通。

Orange 公司开展的移动支付业务使用的支付账户有两种，一种是采用 Visa 或 Mastercard 的合作银行账户，另一种是合作公交公司的票券账户。与 Google 钱包不同，Orange NFC 支付的 TSM 平台由不同的行业应用提供商自行建立、运营，在政府统一协调的背景下，各行业 TSM 平台需要实现互联互通，能够保证资金快速流通。

Orange NFC 的 TSM 平台运营收益由各行业获得，而在 Google 钱包模式下，服务费受

Google 控制并参与分配。对于银行，在 Orange 模式下，除了提供支付卡账户外，银行还能够发展自己的电子钱包行业应用，特别是零售业务的 NFC 应用可以由银行来主导。

Orange 公司定位于负责 NFC 基础平台的搭建及移动支付品牌推广，并不过多涉及具体业务，主要发挥移动运营商智能通道的作用。移动运营商在产业内主要获取 SIM 卡空间的租赁和移动支付品牌所带来的收益，行业服务收益由电子钱包提供商获取。在这种模式下，银行一方面提供了支付卡账户，另一方面具备很大的空间去发展更多的电子钱包业务，当然前提条件是银行建立自己的 TSM 平台。

3. 银联 SD-NFC 支付

银联基于 NFC 技术推出了三种近场支付方案：SD-NFC 模式、SIM-NFC 模式和全手机 NFC 模式。SD-NFC 模式是一种 SD 卡加 NFC 手机的模式，主要利用手机里的 Micro-SD 卡进行支付。SD 卡内植入的芯片相当于网上支付的 U 盾，可以进行远程支付，而其植入的银行卡安全信息可以通过专为银联移动支付设计的 NFC 手机通信，进行与 POS 近距离的现场支付。目前银联以推广 SD-NFC 模式为主，主要是另外两种模式涉及与运营商的合作，短期内难以迅速推开。参与到 SD-NFC 方案的各机构，除银联外，各家商业银行尤其重要，如何发挥各家银行的主动性，是关系到方案是否成功的重中之重。在目前的模式下，银行的积极性也受到一定程度的影响。

银行在 SD-NFC 方案中的主要角色是承担银行卡支付账户的管理机构，为 SD-NFC 支付输送支付用户。因此，SD 卡或银行称之为金融 IC 卡的发卡环节由银行完成。该模式存在几个不利因素：发卡流程较为复杂、客户必须更换自己原有的手机 SD 卡，并承担相应的成本或转嫁给银行；必须使用专门为该方案定制的 NFC 手机终端；最主要问题在于该商务模式下，由于目前银行未建立自己的 TSM 平台发展自身的电子钱包业务，缺乏控制权，银行对商户管理和分润管理失去了主导权，银行的积极性受影响；如何和银联各自承担业务发展前期的巨大投入，并承担相应风险，也是银行必须面对的问题。

从目前银联的 SD-NFC 发展策略看，该模式类似 Google 钱包，只是由于受制于硬件技术以及手机制造商的控制能力，暂时使用 SD 卡作为临时替代方案。

本章小结

介绍了四种离线支付方式，分别是 ATM、智能卡网络支付方式、扫码支付以及近场支付，其中扫码支付和近场支付是目前最热门的移动支付方式。

随着移动互联网的发展，大多数银行都推出手机终端应用，直接通过手机应用进行银行转账，ATM 逐渐退居二线。为了顺应发展，ATM 目前也有了新的发展，包括了刷脸取款、延迟到账、取零钞等新功能。

相对于银行磁条卡，金融 IC 卡具有安全性高、方便快捷等优势，非接触式金融 IC 卡电子现金功能（闪付）为持卡人带来了更加方便快捷的支付体验。"闪付"（Quick Pass）是金融 IC 卡的非接触式支付产品应用，具备小额快速支付的特征。闪付产品提供信用卡还款、便民缴费、在线购物等服务，可在非接触式支付的终端上"即挥即付"。

按扫码支付按照条码的类型，可以分为条形码支付和二维码支付；按支付指令的发起方式，可以分为主扫模式和被扫模式；按照条码的有效性，可以分为静态条码支付和动态条码支付。扫码支付的主要架构模式有四种，分别是传统手机网银支付的链接、手机外设读卡器模式、基于第三方账户扫码支付模式和基于商业银行扫码支付模式。

常见的近距离通信技术包括NFC、蓝牙、红外线、声波等。支持NFC的设备可以在主动或被动模式下交换数据，其工作原理是有所区别的。NFC支持读卡器模式、卡模拟模式和点对点模式，这三种工作模式适用于不同的应用场景。根据安全单元及移动终端之间的连接关系，NFC移动支付分为三种技术解决方案。

关键术语

离线支付　ATM　智能卡　扫码支付　近场支付

综合练习

一、填空题

1. ATM的新功能包括_____、_____和_____。

2. 智能卡外形上类似信用卡的大小、形状，但卡上不是磁条，而是_____，如微型CPU与存储器RAM等，用来存储用户的个人信息及电子货币信息。

3. 扫码支付按照条码的类型，可以分为_____和_____。

4. _____就是长期不变有效的条码。我们经常可以看到一些便利店、烟草专卖店，甚至是流动车、地摊、出租车上等都贴有这种条码，只要拿出手机扫一下条码就可以完成支付交易。

5. 近场支付是通过移动终端，利用近距离通信技术实现信息交互，完成支付的_____。常见的近距离通信技术包括_____、_____、_____、_____等。

6. 支持NFC的设备可以在主动或被动模式下交换数据，其工作原理是有所区别的。在_____下，每台设备要向另一台设备发送数据时，都必须产生自己的射频场。

7. 在国内外针对NFC支付业务上，一些科技手段比较发达的国家，已经实现了以Google为代表的_____，以Orange Cash为代表的_____，而我国NFC移动支付领域的模式开发，其主要还是以_____进行。

二、判断题

1. 近几年国内的银行都在不约而同地减少对ATM的投放力度，并将重点业务放在了二维码的电子支付业务。（　　）

2. 相对于IC卡，银行磁条卡具有安全性高、方便快捷等优势。（　　）

3. 我们平时用动态扫码支付的时候，一定要警惕防范风险，最好还是使用静态扫码交易，比较安全。（   ）

4. 目前银联以推广 SIM-NFC 模式为主，主要是另外两种模式涉及与运营商的合作，短期内难以迅速推开。（   ）

5. 通过对谷歌钱包、Orange Cash、银联 SD-NFC 三种支付模式的分析我们可以看出，TSM 平台的主导方为各个电子钱包应用所提供运行的基础。（   ）

三、选择题

1. 以下哪一个不属于智能卡的特征？（   ）
    A. 卡片   B. 集成电路
    C. 智能   D. 磁卡

2. 第三方扫码支付的优势不包括（   ）。
    A. 操作方便   B. 流程简单
    C. 功能强大   D. 安全性高

3. 支付宝实现离线支付的关键点不包括（   ）。
    A. 付款码可以离线生成   B. 付款码是永久性的
    C. 扫码枪需在线   D. 付款码实时更新

4. Orange 作为（   ），提供网络安全服务和承载 NFC 应用 SIM 卡的发卡服务，成为该业务必不可少的主要负责方。
    A. 移动运营商   B. 电子钱包应用提供商
    C. 手机制造商共同参与   D. 卡支付机构

四、简答题

1. 扫码支付系统流程与一般的移动支付主要有哪些不同？
2. 分析第三方支付软件扫码的优劣势。
3. 智能卡在专用网络平台（如金融专用网）与公共网络平台（如互联网）上均能支持很多种应用，其主要的应用范围是哪几个方面？
4. 列举几项近场支付存在的较突出的问题。
5. 简述银联基于 NFC 技术推出的近场支付解决方案。

 实际操作训练

课题：利用扫码支付乘坐公交

实训项目：扫码支付乘坐公交

实训目的：学习如何使用支付宝或微信乘坐公交

实训内容：乘坐一次公交，必须使用扫码支付

实训要求：画出扫码支付乘坐公交的流程图，越详细越好，并与其他移动支付方式比较分析其优缺点

 分析案例

闪电网络+NFC 新方法将比特币带入零售业

想象一下有一种方法可以将比特币支付速度扩展到每秒百万级,那么,再想象一下一个粗笨的命令行界面。

这便是比特币目前为止最佳的扩容解决方案——闪电网络——要实现的愿景与其设计目前所处的状态之间的差距。不过,尽管这令人望而生畏,但开发者仍在推进设计以使比特币支付系统更易于使用,其中一位开发者最近提交了一份提案,要求将闪电网络与另外一种支付技术连接起来,这可能会让人感觉像人们吹嘘的那样具有未来主义色彩。这种支付技术,即近场通信(NFC),可以让用户只需将智能手机放到与这种设备距离一英寸的地方就可以实现为一件物品付款。

在比特币或整个支付世界中,这并不是一种新想法。基于NFC的支付已经在整个亚洲和欧洲流行起来,不仅是在智能手机上,还包括通过内置在支付卡上的芯片。虽然美国在采用NFC方面可能落后,但比特币的早期采用者可能只是正确的目标受众。

取代二维码?

鉴于这一成功,开发人员的建议是标准化其所创建的东西,并将其添加到其他许多描述每个闪电软件实现应该如何操作的标准规则中。许多比特币支付实现都倾向于使用二维码来完成——这些像素化的黑白方格可以编码数据,然后可以被智能手机扫描和进行消费支付。虽然Presto也支持二维码,但开发人员认为NFC可以提供更好的体验。二维码不仅可能有点挑剔,而且还可能变得"笨重",特别是当更多的信息被添加到二维码中时,商家就无法在二维码中添加更多的信息,比如细列收据和优惠券。不过,NFC不存在这种障碍。

(资料来源:区块链应用实验室,2018-04-18。)

根据分析案例所提供的资料,试分析以下问题:
(1) NFC应用于闪电网络,它能带来哪些便利?
(2) "闪电网络+NFC"这种模式的发展会受哪些因素的影响?
(3) 你认为未来区块链技术会怎样影响支付方式?

第4章 网络银行及其支付

教学目标

通过本章学习,了解网络银行的概念、分类及其特点,熟悉个人网络银行和企业网络银行的功能,掌握网络银行的系统架构,并实践个人网络银行的支付方式。

 导入案例

商业银行加速互联网化

商业银行对网络金融的发展日益重视,大多在总行设立网络金融部或电子银行部负责全行网络金融业务,制定和实施网络金融发展战略,推进网络金融产品创新、市场推广、业务运营、品牌建设等相关工作。目前已基本形成"互联网渠道+互联网账户+互联网产品"的业务体系。

在移动支付、扫码支付成为趋势的前提下,银行大力布局移动支付,已有多家银行推出二维码支付产品。银行理财产品已实现在网上银行、手机银行、直销银行、电商平台等互联网渠道销售,部分银行理财产品互联网渠道销售占比在80%以上。银行网络融资产品以互联网消费金融和小微网络贷款为主,部分产品已实现全流程线上办理,但有些产品仅实现了贷款申请的线上化,贷款审批、签约等仍在线下完成。

2017年商业银行与互金企业加速融合,中国工商银行与京东金融、中国建设银行与蚂蚁金服、中国农业银行与百度、中国银行与腾讯均展开了战略性合作,商业银行与互金企业的融合趋势愈发明显,从细分业务领域的合作到全面的战略合作。金融科技领域的合作有助于商业银行提升业务效率、探索和培育新的业务、进行机制改革和流程改造。

(资料来源:《财资中国财富风尚》杂志2017年11月刊)

问题:
1. 商业银行为什么要加速与互金企业的融合?
2. 结合课外实际案例分析个人网银是否会被第三方支付替代?

从导入案例中的信息来看,面对互联网金融的发展,商业银行业也着力布局互联网体系,一方面与互金企业加速融合,另一方面将自身业务往互联网端、移动端推进,其中网络银行成为客户办理复杂交易的首选渠道之一。

4.1 网络银行概述

4.1.1 网络银行的概念

网络银行，也叫网上银行，是依托信息技术和互联网的发展，主要基于互联网平台开展和提供各种金融服务的新型银行机构与服务形式。

由于目前网络银行正在快速发展，其标准、发展模式尚处于演变之中，国际上并没有一个非常规范、准确的定义。巴塞尔银行监管委员会对于网络银行的定义是，网络银行是指那些通过电子通道提供零售与小额产品与服务的银行。这些产品服务包括存贷、账户管理、金融顾问、电子账务支付，以及其他一些诸如电子货币等电子支付的产品与服务。欧洲银行标准委员会将网络银行定义为，那些利用网络为通过使用计算机、网络电视、机顶盒及其他一些个人数字设备连接上网的消费者和中小企业提供银行服务的银行。

网络银行是指金融机构利用网络技术，在互联网上开设的银行。这是一种全新的银行客户服务渠道，使得客户可以不受时间、空间的限制，只要能够上网，无论在家里、在办公室，还是在旅途中，都能够安全便捷地管理自己的资产和享受银行的服务，是互联网上的虚拟银行柜台。

目前，网络银行的模式基本上有两类：一类是纯网络银行，另一类是电子分行。纯网络银行就是仅仅通过网络为客户提供储蓄、查询、转账等银行服务的金融机构，此类网络银行在美国和欧洲大量存在，而国内的纯网络银行发展刚刚起步，尚未形成一定的发展模式和发展经验。电子分行就是在传统银行的基础上同时设立网上支持服务，提供银行柜台同等的服务内容。目前我国大部分商业银行正在推行和发展此类网络银行。

4.1.2 网络银行的特点

网络银行通过互联网或其他公用电信网络与客户直接联系，开展各种资产、负债等业务。其实质也就是为各种通过互联网或其他公用电信网络进行商务活动的客户提供电子结算手段。它主要有以下几个不同于传统银行的特点。

1. 突破时空限制的银行

"三A"特征是网络银行的基本特点，即网络银行是全天候（anytime）运作的银行、开放（anywhere）的银行、服务方式多样化（anyhow）的银行，银行的服务突破了时间和空间的限制，突破了服务手段的限制。

（1）全天候运作的银行，即无时限银行，突破了时间的限制。由于互联网不分昼夜每天 24 小时运转，网络银行服务不受时间因素的制约，可以全天候地连续进行，摆脱了上下班的时间制约，摆脱了白天和黑夜的时间制约，也摆脱了全球时区划分的限制。

（2）开放的银行，即全球化银行，突破了空间限制。互联网把整个世界变成了"地球村"，地域距离变得无关紧要，导致网络银行不受空间因素的制约，大大加快了银行全球化的进程，金融市场的相互依存性也就空前加强了。

(3) 服务方式多样化的银行。客户将不需要非要到银行柜台才能办理业务,而是可以通过住宅、办公室、宾馆的计算机终端享受查询、转账、证券交易等银行服务,还可以通过电话、手机 APP 等方式享受银行服务。客户不仅可以通过网络银行获得银行服务,还可以通过网络银行享受证券、保险、信托等方面的服务。

随着移动智能领域的技术革新,手机银行得到了快速的发展。移动终端设备的灵活性以及无线网络的广泛覆盖,使得手机网络银行不仅满足"三 A"特征,而且更加开放。

2. 虚拟化银行

虚拟化银行,即可以在虚拟世界中进行活动的银行。互联网在把地球变小的同时又为经济活动构筑了一个虚拟世界,即网络空间,使网络经济得以在网上网下虚实结合、同时并存、相互促进。与其他行业相比,金融产品的交易以虚拟资本为交易对象,不是实物的交换,这就使得金融与构筑虚拟活动空间的信息网络具有天然的结合基础,使得银行服务无纸化程度大大增强,服务效率大大提高。虚拟化特征还使人们已形成的对银行的概念受到全面冲击。银行不一定再以高楼大厦的形态出现,客户面对的可以不是银行柜台,而是计算机屏幕上显示的虚拟银行柜台。银行无须再为扩张分支行网络而投入大量购置或租用办公场地的资金,也无须为刻意树立银行形象而建造或租用雄伟的办公大楼。

3. 速度型银行

速度型银行,即高效率银行。互联网以光速传输信息,信息流动空前加快,反映技术变化的"网络年"只相当于日历年的四分之一,实时信息变得日益重要。以计算机芯片为例,其发展速度遵循摩尔定律,即每 18 个月处理速度增加一位。当世界上第一批个人计算机在 1979 年问世时,其芯片处理速度为每秒钟 33 万个字符,三年后诞生的英特尔 286 芯片每秒钟能处理 120 万个字符。现在,芯片的处理速度要用"mips"(每秒百万个字符)表示。因此,互联网使银行服务活动的节奏大大加快。

4. 创新型银行

创新型银行,即技术创新与制度创新、产品创新紧密结合的银行。随着网络技术的不断更新,市场对银行提供的服务手段和提供产品的功能要求也会随之不断提高,这就要求银行要不断地进行创新,通过创新建立竞争优势,维持银行的持续发展。

5. 全方位服务的银行

网络银行具有很强的交互性。通过银行传统营业网点销售保险、证券、基金等金融产品很难成功,因为客户在购买这类产品时往往要进行详细的咨询和了解,而一般营业网点的业务人员不能为客户提供咨询,聘请金融专家提供咨询成本又过高。利用互联网的交互性,银行只需要少数专业职员就可以低成本的同时回答各类客户的疑问,从而顺利地实施分销。从西方发达国家国际银行提供的网络银行服务看,网络银行已经成为"一站式服务"的金融超市,客户不仅可以得到各种银行服务,而且可以在网络银行的平台上进行各类证券投资,购买不同的保险产品,甚至可以获得其他行业的交易信息。

6. 个性化银行

相对于传统银行,网络银行的客户散布于不同的终端之前,传统的大众营销方式已不适合新的客户结构。在网络银行的竞争环境中，如何根据客户的实际需要，为客户提供个性化的服务，是网络银行竞争成败的关键所在。借助网络银行完善的交易记录，银行可以对客户的交易行为进行分析和数据挖掘，从中发现重要的价值客户。通过对客户行为偏好的分析，细分服务市场，利用互联网交互性的特点，利用投其所好的营销策略和服务内容，对产品进行金融创新，从而为客户提供量身定制的服务。

4.1.3 网络银行的分类

网络银行的理论、应用体系、形式都在发展中，因此世界上出现一些网络银行的不同称呼，涉及网络银行的分类问题。目前，网络银行主要有两种分类方式。

1. 按网络银行的主要服务对象分类

网络银行按照服务对象分类，可以分成企业网络银行和个人网络银行两种。

（1）企业网络银行。适用于企业与政府部门等企事业组织客户。企事业单位可以通过企业网络银行实时了解财务运作情况，及时调度资金，轻松处理大批量的网络支付和工资发放业务，并可处理信用证相关业务。对电子商务的支付来讲，一般涉及的是金额较大的支付结算业务，因此对安全性的要求很高。

（2）个人网络银行。适用于个人与家庭的日常消费支付与转账。客户可以通过个人网络银行实时查询、转账、网络支付和汇款功能。

网络银行创造的电子货币以及独具优势的网上支付功能，为电子商务中电子支付的实现提供了强有力的支持。作为电子支付和结算的最终执行者，网络银行起着连接买卖双方的纽带作用，网络银行所提供的电子支付服务是电子商务中的最关键要素和最高层次。显而易见，企业网络银行主要服务于 B2B、B2G 的电子商务模式，而个人网络银行则主要在 B2C、C2C 的电子商务模式中应用。

2. 按网络银行的组成架构分类

网络银行按照组成架构分类，可以分成纯网络银行和以传统银行拓展网络业务为基础的网络银行两种形式。

（1）纯网络银行。

纯网络银行起源于 1995 年开业的美国安全第一网络银行（security first network bank，SFNB）。SFNB 本身就是一家银行，是为专门提供在线银行服务而成立的。纯网络银行也可称为"只有一个站点的银行"，这类银行一般只有一个办公地址，既无分支机构，也没有营业网点，几乎所有业务都通过网上进行。对于现金支付、贷款监督与调查、客户诉讼与纠纷处置等需要人工处理的业务，一般采取两种办法解决：一是委托代理机构，如邮政局、咨询公司、事务所等；二是通过 ATM、数据仓库与数据挖掘、合同风险明示等技术手段解决。

（2）广义网络银行。

主要指已拥有传统物理分支机构和营业点的银行又通过互联网来开展银行金融服务，两者相互协助，是原有的银行与网络信息技术相结合的结果。原有银行利用互联网作为新的服务手段，建立银行站点，提供在线服务，其网上站点相当于它的一个分支银行或营业部,既为其他非网上分支机构提供辅助服务,如账务查询、划转等,也单独开展业务,但其业务方式和侧重点不同,一些必须依赖于手工操作的业务需要依托于传统的分支机构。这种形式的网络银行占了网络银行总数的 90% 以上。目前我国开办的网络银行业务都采取此种模式。

4.2 网络银行的功能优势及挑战

4.2.1 网络银行的功能

一般而言,网络银行主要包括以下功能:

(1) 资产业务。主要包括一般抵押贷款、住宅抵押贷款、再融资、汽车贷款等,通过网络与银行来往的消费者能够了解以上贷款信息,并可申请上述贷款。

(2) 负债业务。主要有支票账户、存款账户、货币市场基金账户、大额可转让定期存单等一系列存款业务,且大部分网络银行提供优惠利率。如 WingSpan Bank 和 everbank.com 就向其使用 ATM 的客户提供折扣。

(3) 在线信用卡服务。主要提供各种利率(固定或可变)的信用卡。顾客的申请最短可在 30 秒内得到回复。一些网络银行还提供特别服务,如针对学生免年费的信用卡 College Student Visa(Capital One)、Blue for Students SM(American Express)和网上购物卡 Concierge(NextCard)、First USA eCard Platinum Visa。

(4) 其他服务。包括保险、金融信息、证券经纪、网络支付等。

1. 个人网络银行主要功能

(1) 账户信息查询和维护。

账户信息查询和维护是网银的一项基本功能。使用账务查询功能,可以即时查询账户的当前情况,查询存折及银行卡的交易明细。目前,多家银行的网银都能清晰列出用户项下的账户余额、账户明细情况,账户挂失也可以通过网银进行。据统计,这两种服务是用户使用最多的功能。

(2) 转账汇款。

转账汇款业务包括境内汇款以及跨境汇款。根据人民银行规定,"商业银行向存款人提供实时到账、普通到账、次日到账等多种转账方式选择,存款人在选择后才能办理业务"。国际借记卡、贷记卡外币账户作为收款账户可接收本人其他同币种外币账户转入的钞/汇,如作为付款账户,只可以外币钞户转出。通过网银汇款一般情况下享有比柜面更低的折扣。

(3) 代理业务。

使用自助缴费功能,客户可以向与开户银行签约的收费单位缴纳各类费用。缴纳的费用包括手机话费、市话费、水费、煤气费、有线电视费、电费等各种日常生活费用。缴费时,用户只要登录网络银行的在线缴费系统,输入水、电、煤气、电话费单的用户号,选择资金划出账号即可进行缴纳。

(4) 投资理财。

投资理财是指在网上通过银行进行银证转账、购买基金、购买债券、购买纸黄金等业务。目前大部分银行都开通了上述业务，客户在其柜台开设相应账户并进行网络银行签约注册后即可进行查询、买卖。

(5) 信用卡管理。

该业务指的是银行信用卡账户的开卡、信用卡消费账单查询、消费积分查询，客户通过此功能可轻松自助完成信用卡的消费还款。

(6) 个人贷款。

该业务主要包括"贷款查询"和"额度查询"两个功能。贷款类型有质押贷款、个人住房贷款、网络抵押贷款以及信用贷款。对于高级客户还提供了贷前试算，即对比商业贷款、公积金贷款及组合贷款的不同还款方式，还可进行贷款信息查询，随时了解贷款账户余额、交易。

(7) 特色服务。

我国各大商业银行纷纷推出特色业务，如建行个人网银"银医服务"功能为客户架设了一条连接银行与医院的快捷通道，客户可省去到医院现场排队之苦，实现线上轻松挂号，线下高效便捷就诊。个人网银"银医服务"包括银医服务管理、预约挂号、查询预约、查询医疗报告等功能。工行个人网银也推出了礼品平台、中石化加油卡充值、员工福利金管家、粤享财富等特色功能。

2. 企业网络银行主要功能

企业网络银行为企业开展日常经营活动，尤其是财务方面，提供了很大的帮助：①统筹集中管理，加大了财务资金管理力度；②及时的上下级资金汇划功能，提升了财务管理成效；③完整的账户查询功能，扩大了财务管理涵盖范围；④方便的省心操作，优化了财务处理流程。

企业网络银行具有以下功能：

(1) 账户管理。

账户管理是指客户通过网络银行进行账户信息查询、下载、维护等一系列账户服务。无论集团企业还是中小企业，都可以随时查看总（母）公司及分（子）公司的各类账户的余额及明细，实时掌握和监控企业内部资金情况；还可以通过"电子回单"功能在线自助查询或打印往来户的电子补充回单。账户管理为客户实现集约化、现代化管理提供了有力保障。

(2) 收款业务。

收款业务是收费企业客户通过网络银行以批量方式主动收取签约个人或者其他已授权企业用户各类应缴费用的一项精品业务。它的申办手续简便，收费方式灵活，可进行异地收款，为收费客户提供了一条及时、快捷、高效的收费"通道"，解决了一直困扰收费客户的"收费难"问题，缩短了资金周转周期，加快了资金回笼。

收款业务由批量扣企业和批量扣个人两部分组成，收费企业要对缴费企业（个人）进行扣款，必须先由银行、收费企业、缴费企业（个人）共同签订一个三方协议并建立扣款对应关系，建立对应关系的方法一般是由收费企业向银行提供，并且由银行通过内部管理系统手工建立。对于个人客户，还可以通过登录个人网络银行，由个人客户自助签订协议。

（3）付款业务。

付款业务包括网上汇款、证券登记公司资金清算、电子商务和外汇汇款、新股网下申购汇款、金融期货、企业财务室、在线缴费、网上保付、代发工资等业务，是传统商务模式与现代电子商务模式相结合的产物，是为满足各类企业客户的付款需求而精心设计的全套付款解决方案。

①网上汇款。集团企业总（母）公司可通过电子付款指令从其账户中把资金转出，实现与其他单位（在国内任何一家银行开户均可）之间的同城或异地资金结算，达到"足不出户"即可轻松完成企业日常结算业务的目的。

网上汇款为客户提供多种支付方式，客户可根据集团内部的管理需要，统一设计对外转出或定向汇款的支付方式，通过客户设计的安全授权和控制方案，实现财务管理上的各种要求。采用网上汇款方便的批量指令处理方式和中国领先的结算网络将使客户的业务"如虎添翼"。

②证券登记公司资金清算。此类客户可通过"证券登记公司资金清算"功能向证券登记公司指定的清算账户进行转账并进行相关信息的查询。包括提交指令、查询指令、证券登记公司清算账户信息查询、指令授权四项功能。

③电子商务。B2B 在线支付是专门为电子商务活动中的卖方和买方提供的安全、快捷、方便的在线支付中介服务，B2B 网络支付平台将电子商务活动的卖方和买方连接起来，为 B2B 特约商户和网上采购企业提供了先进、快捷的资金流通道，打破了时空限制，提高了交易效率，降低了交易成本。

采购企业在网络银行任何一家 B2B 特约商户进行订货或购物时，可采取两种支付方式，一种是直接在特约网站为已产生的订单完成支付，另一种是客户登录企业网银后通过电子商务功能将已取得的订单信息手工输入进行支付。支付结束后，B2B 特约商户和采购企业均可通过交易指令查询等功能获得详细的交易信息，从而掌握和监控整个交易进程。

④外汇汇款。外汇汇款是向企业客户提供的通过企业网络银行对外币账户进行同城、异地资金划拨和结算的一项业务。在国内，工商银行率先实现了网上的外汇汇款功能，并根据不同的客户进行了有针对性的功能划分，客户可根据需要通过特定功能实现外汇资金的划拨和结算。

（4）集团理财。

集团企业总（母）公司可直接从注册的所有分（子）公司账户主动将资金上收或下拨到集团企业任一注册账户中，而不必事先通知其分（子）公司。定向汇款功能可以使企业在不开通对外转账权限时实现对特定账户之间的转账功能。

集团理财指令提交包括"逐笔指令提交"和"批量指令提交"两种方式。"批量指令提交"是为满足客户成批提交电子付款指令的需要而设计的，既可以实现批量主动对外或对分（子）公司账户付款，也可以批量主动从分（子）公司账户收款，从而可大大减轻企业财务人员的工作量，并实现银行工作日内资金实时汇划。

(5)信用证业务。

信用证是指银行有条件的付款承诺,即开证银行依照开证申请人的要求和指示,承诺在符合信用证条款情况下,凭规定的单据,向第三者(受益人)或其指定人进行付款,或承兑;或授权另一银行进行该项付款,或承兑;或授权另一银行议付。

网络银行信用证业务为企业网络银行客户提供了快速办理信用证业务的渠道,实现了通过网络向银行提交进口信用证开证申请和修改申请、网上自助打印《不可撤销跟单信用证开证申请书》和《信用证修改申请》、网上查询进出口信用证的功能。网上信用证业务将大大节省客户往来银行的时间与费用,提高工作效率,也为集团总部查询分支机构的信用证业务情况带来便利,满足客户财务管理的需求。

(6)贷款业务。

贷款业务向企业网络银行注册客户提供贷款查询的功能,包括主账户、利随本清和借据账查询等子功能。通过该业务,客户足不出户就能准确、及时、全面地了解总的贷款情况,并提供贷款金额、贷款余额、起息日期、到期日期、利息等比较详细的贷款信息,为企业财务预决策提供数据。特别是方便集团企业总(母)公司对注册的所有总(母)公司和分(子)公司的贷款账户进行查询。

(7)投资理财。

投资理财是网络银行为满足企业追求资金效益最大化和进行科学的财务管理需求而设计和开发的。投资理财目前包括基金业务、国债买卖、理财产品、代理实物黄金、实物黄金递延、通知存款及定期协定存款、第三方存管及集中式银期转账等业务。

①基金。投资人只需使用电子银行客户证书普通卡开立基金交易账户和 TA 基金账户,并且在注册企业网络银行时同时注册电子银行客户证书普通卡,即可通过网络银行系统进行基金认购、申购等业务以及基金基本信息查询等功能。网络银行基金业务包括基金交易与基金查询两类业务。

②国债。投资人只需使用电子银行客户证书普通卡开立债券托管账户,并且在注册企业网络银行时同时注册该电子银行客户证书普通卡,即可通过网络银行系统进行债券申购、债券买卖以及查询债券基本信息、债券最新价格、债券历史价格、客户债券托管账户余额、当日成交明细、历史成交明细等信息。

③协定存款。单位协定存款是指企业与银行签订《协定存款合同》,约定期限、商定其结算账户需保留的基本存款额度,由银行对基本存款额度内的存款按结息日或支取日活期存款利率计息,超过基本存款额度部分的存款按结息日或支取日银行公布的高于活期存款,低于六个月定期存款利率的协定存款利率给付利息的一种存款。

协定存款除可保证客户正常的支付业务,同时也可为客户带来较高的利息收入。网络银行提供协定存款开立、账户信息查询、协定存款销户、须知信息查询和明细收益查询等功能,帮助企业高效快捷办理协定存款业务。

④通知存款。通知存款是指存款人在存入款项时不约定存期,支取时需提前通知银行,约定支取存款日期和金额方能支取的存款。通知存款按存款人提前通知的期限长短划分为1天通知和7天通知存款两个种类。根据通知期限的不同采用不同的计息方式。

网上通知存款为客户开辟了另一条快速办理通知存款业务的渠道,客户无须往返于公司和银行之间，就可轻松完成通知存款开立、通知存款、取消通知存款、账户信息查询、通知存款支取和开立、支取指令查询等功能。通知存款为客户大量的闲置资金提供增值的机会。

（8）贵宾服务。

贵宾服务是满足贵宾客户特殊财务需求的一系列功能组合，通过自动收款、预约服务、余额提醒、企业财务室等功能，给予贵宾企业优质、高效、省心的银行服务，从而减轻客户财务工作量，降低资金运营成本，提高资金的使用效益，优化业务操作流程，协助客户形成良好的资金运作模式。贵宾服务对象指在企业客户中有一定经营规模、经营效益良好、合作关系密切的所有在网上银行注册的企业客户。一般客户如没有申请贵宾服务，不能使用此功能。

（9）代理行业务。

企业网上银行代理行业务为客户提供两种代理结算合作方式，即代签汇票与代理汇兑。

①代签汇票。

代签汇票是指商业银行委托的其他商业银行（含城市信用合作社、农村信用合作社）使用该商业银行的凭证、汇票专用章和专用机具，为其开户单位或个人签发银行汇票并由该商业银行兑付的过程，包括移存录入与授权、移存查询、批量移存与授权，实现足不出户就可通过网上对移存成功的汇票指令在线索押并下载打印汇票。代签汇票功能可提供"现金"与"转账"两种汇票方式。

②代理汇兑。

代理汇兑是指代理行通过使用其他商业银行的网络平台为本行客户办理汇兑业务的功能。包括提交指令与授权、查询指令、批量指令与授权。

（10）企业年金。

企业年金是指企业及其职工在依法参加基本养老保险基础上，自愿建立的养老保险补充制度，是企业职工福利制度的重要组成部分。企业年金业务包括了计划信息查询、企业信息管理、员工信息管理、缴费信息管理、投资信息管理、支付信息管理、文件传输服务、受托业务管理、年金信息通道等服务。

（11）商务卡管理。

商务卡管理包括了商务卡业务和运通商务卡业务，大大提高企业客户对其下属商务卡的管理效率。

①商务卡业务。

企业网银客户对其下属 VISA、MasterCard 的国际商务卡，贷记商务卡与准贷记商务卡进行查询账户、下载对账单、收付款业务等。

②运通商务卡业务。

企业网银客户对其下属运通商务卡进行查询结算报表、向其转账、购汇还款等。

（12）客户服务。

①首页定制：定制企业客户进入网络银行后，最先显示出来的页面。

②相关下载：客户可以用此功能下载网络银行信息，包括批量工具软件下载和账户

信息下载。

③客户资料：客户可以用此功能修改电子邮件、联系电话、传真等资料。

④帮助：它可以显示所有功能项列表，并附有每项功能的详细使用说明。

⑤证书管理：客户证书到期前一个月内，系统自动提示证书快要到期，并可自动缴纳证书年服务费，缴费成功后提示已经缴费完毕，单击"确定"按钮更新证书。

4.2.2 网络银行的优势

网络银行不仅给个人用户带来便利，给企业用户带来竞争优势，而且开展网络银行对商业银行本身的创新、发展和客户关系管理等都具有重要意义。

微众银行——金融机构与互联网平台的连接者

深圳前海微众银行股份有限公司（简称"微众银行"）由金融监管总局核准，于 2014 年 12 月 16 日成立，现注册资本 42 亿元人民币。微众银行是我国首批民营互联网银行，由深圳市腾讯网域计算机网络有限公司、深圳市百业源投资有限公司和深圳市立业集团有限公司等国内知名民营企业联合发起成立。腾讯是微众银行最大单一股东，其持有微众银行 30% 的股份，在营销渠道、风险控制及 IT 技术建设方面为微众银行提供了重要支持。

微众银行以"个存小贷"作为业务定位。微众银行无营业网点及营业柜台，为客户提供纯线上银行服务。2015 年 8 月 15 日，微众银行推出首款独立 APP 形态的产品，正式以银行 APP 的形式为用户提供便捷高效的互联网银行服务。目前，微众银行的主要产品包括面向微信和 QQ 用户的消费金融产品、与其他互联网平台合作推出的平台金融产品及通过微众银行 APP 代销合作金融机构的理财产品。

自成立以来，微众银行业务迅速发展。2016 年以来，消费金融业务主打产品"微粒贷"累计发放贷款量迅速攀升。截至 2016 年 10 月，微粒贷累计发放贷款金额达 1 200 亿元。从 2016 年 5 月到 2016 年 10 月，微粒贷的发放贷款金额增加了 800 亿元，是 2016 年 5 月微粒贷累计发放贷款总金额的 2 倍。微粒贷的主动授信人数也在不断攀升。主动授信人数从 2015 年 12 月的超过 1 000 万人增长到 2016 年 10 月的超过 5 000 万人。截至 2016 年 10 月初，微粒贷贷款总笔数已超过 1 500 万，平均每笔借款金额约为 8 000 元；微粒贷客户覆盖全国 31 个省份，549 座城市；蓝领服务业、制造业占比 45.54%，大专及以下学历占比为 67.48%。

（资料来源：http://www.weiyangx.com/261098.html.）

问题：

试分析微众银行这类纯网络银行的经营优势。

网络银行打破了一百多年来银行业传统的经营模式，让消费者第一次发现银行服务的费用原来可以如此优惠,所提供服务的效率可以如此之高,服务方式可以如此便利。网络银行的出现是金融业的一场革命,它消除了时间和地域的差异,就像把银行搬到了自己的家里或办公室,客户无须亲自前往银行网点,而只需一台与互联网相连的计算机,就可以在任何时间、任何地点享受银行为其提供的金融服务。网络银行的出现不但精简了传统银行的分支机构,而且使银行的运营效益和收益不断提高,并能为客户提供更有效、更具个性化的服务。网络银行能提供低成本、高收益、方便、高效的全方位的银行服务,其提供的服务可以包括全球或地域性的金融信息查询、资金转账、外汇交易、股票交易、贷款、咨询、金融分析等。

网络银行的优势具体表现在以下几个方面:

(1) 降低经营成本。

传统银行拓展业务依靠简单地增设营业网点,需要大量的土地、设备、资金、人力等资源的投入。相比较而言,网络银行投入少量的资金、设备、人力,就可以将银行业务拓展到更大的地域范围。

(2) 降低交易成本。

据国外资料统计,通过不同途径进行每笔交易的成本:营业点为1.07美元、电话银行为0.54美元、ATM为0.27美元、PC为0.15美元、互联网为0.1美元。可见,网络银行交易成本是最低的。

(3) 更好的客户服务模式。

网络银行可以为用户提供全年365天、每天24小时的全天候服务。随着WAP应用的普及,可以为用户提供WAP网络银行业务,进一步拓展客户服务模式。

(4) 更好的客户服务内容。

网络银行除可以为用户提供基本的对私账户查询、转账结算、代缴费及对公账户查询、转账、代发工资等网络支付业务外,还可以充分利用互联网提供理财助理、财务分析、个性化服务、目标营销、客户关系管理等特色服务。

(5) 更好的商家服务内容。

网络银行可以提供网络支付功能,解决电子商务的资金结算环节,促进更多的商家利用互联网展开电子商务活动。

4.2.3 网络银行对传统银行的挑战

传统的商业银行目前不仅面临着传统的保险公司、基金公司、信用卡公司等非银行金融机构的资本性"脱媒",业务市场竞争日益激烈,而且还面临着网络技术的发展带来的技术性"脱媒",一些IT企业开始介入社会支付服务领域,挑战传统银行在社会支付体系中的地位。同时,网络银行的发展降低了银行获取、传递、处理信息的成本,银行的中介作用逐渐减弱,银行的传统特权面临着极大的危机。因此,金融服务创新也由单一的提高服务质量阶段,发展成为调整市场营销与客户服务方式,向客户提供多元化、全方位的金融服务阶段,这对传统的商业银行经营管理是一个严峻的挑战。

1. 改变传统银行经营理念

网络银行的出现,对传统银行产生巨大的冲击,从根本上转变传统银行的经营理念。

网络银行改变了以资产规模大小、机构网点数量、地理位置论英雄的传统银行经营思想，转为以获取信息能力、拥有信息数量及分析处理为客户提供及时、便利、优质、金融服务作为衡量银行优劣的标准。网络银行也改变了传统银行单打独斗的银行老大的经营观念，转为与计算机网络通信服务商、咨询科技服务商等其他非银行服务机构合作经营，共同发展。整个银行业经营理念的大转变，即从"以资金为中心，以金融产品的供给为导向"转变为"以人为中心，以客户的需求为导向"。

2. 改变传统银行的赢利模式

一般商业银行的收入主要由存贷差、投资收益、中间业务三大部分组成，而目前我国传统银行业主要依靠存贷利差来赚取利润，从严格意义上讲，我国传统商业银行只是一个储蓄银行，主要赢利模式是通过相对固定的利差获取收益。网络银行的业务包括即时资讯、传统银行的一般业务、为在线交易的买卖双方办理交割手续等业务。此外，网络银行能借助信息技术，从金融交易中提取有用信息，向客户提供具有高附加价值的金融信息增值服务。美国有关数据统计表明，金融联机信息销售额在整个信息销售市场中居首位，占到3/4的份额，因此，网络银行的金融信息增值服务将为银行业创造新的利润空间，形成新的赢利模式。

3. 改变传统银行的组织结构

银行的传统的组织结构模式，基本上是以亚当·斯密的分工论和泰罗的职能化原则为基础建立起来的金字塔式组织结构，有着严格的制度等级，由于机构设置重叠、部门分割，无法快速响应市场需求；庞大的中间管理层阻碍了信息在组织的快速传递，增加了信息传递过程中的失真；缺乏有效的激励机制，阻碍了员工能动性的发展，整个组织缺乏凝聚力。网络银行的业务开展要求组织结构层次少，效率高，突出人的主观创造性，能快速地反映市场。网络银行要求传统银行建立一种全新的组织结构。

4. 改变传统银行内部管理制度及运行机制

我国传统银行采用在传统业务经营的基础上建立网络银行、开展网络银行业务服务的发展模式，这种发展模式要求内部管理制度及运行机制也要做出相应的调整。传统银行基本按照"总行—省分行—市分行—县支行"的模式运作，权力集中，以职能来划分工作部门，各部门按规章负责自己的职能但缺乏全局观念。网络银行在内部管理中引入信息技术，大量减少了中间环节和中间管理人员，强调部门间的组织整合，使企业利用网络进行信息的传递和管理，实现优势互补，形成规模效益。网络银行的经营和创新对传统银行来说是一个全新的事物，对内部管理制度和运行机制都提出了全新的要求。

5. 加大了对复合型人才的需求

网络银行对传统银行的人才提出了新的挑战，对专业管理人员的素质和技能有了新的要求。网络银行要求依托互联网完成各项业务的处理，要求基层管理员工具备相应的业务处理能力，要求领导者有较高的综合素质，懂得银行的各种业务品种、信息技术处理，加大了对复合型人才的需求。

4.3 网络银行系统结构概述

4.3.1 网络银行系统的总体建设目标与建设原则

1. 网络银行系统的总体建设目标

一个高水平的综合型网络银行应该是将各类金融业务处理、智能化经营管理和客户服务集成为一体的金融信息系统,以全面改善银行的经营环境,增强银行在数字经济与网络经济环境下的竞争力。具体来说,网络银行的总体建设目标主要包括以下四个方面。

(1) 实现金融业务的网络化、综合化与低成本运作。如实现方便、安全、快捷的网络支付与结算业务。

(2) 体系结构的适应性要强,富于拓展性,保证银行能不断拓展新业务。

(3) 在银行电子化的基础上,实现银行信息化,对银行的运营进行科学分析,为银行的发展提供及时、准确、科学的决策支持,降低金融风险。

(4) 将网络银行建成全面的金融服务中心,提高客户的满意度与忠诚度。

2. 网络银行系统的建设原则

网络银行系统是一个业务信息系统,或者说是一个综合的 MIS(管理信息系统),但具有更强的数据统计分析、多维分析甚至数据挖掘功能。因此,MIS 的开发策略、原则与步骤,比如生命周期法、原型法等也是指导网络银行系统建设的总体原则。结合银行业务的特点,下述四方面需要特别强调。

(1) 系统的可扩展性。随着业务的发展,系统应具有调整和扩充系统的功能,保持应用和数据的一致性,适应不同应用环境和不同应用水平的需要。

(2) 系统的可管理性。金融服务体系的建设,要能对结构复杂、分布广泛、计算机应用水平各异的所有用户和所有系统进行统一、安全的管理,确保业务的正常运行和系统的安全稳定。

(3) 系统的安全性。支付结算处理的安全控制、数据传输的加密解密和数据完整性控制,交易过程中的安全认证等。

(4) 集成性与兼容性原则。确保网络银行系统与现有电子银行业务信息系统实现有机的集成,以便为客户提供全天候、全方位个性化的银行综合服务。集成性原则还应体现在业务服务、经营管理和客户服务三者的集成。

4.3.2 网络银行的系统结构

网络银行的系统结构主要由网络银行技术架构、管理架构、业务平台架构三部分组成,与电子银行的架构相似,只是增加了 Web 技术与相应工具的应用。随着未来网络银行业务的进一步拓展,相应的系统结构可能调整与拓展,但核心框架在可预见的将来不会有太大的变化。比如,无线网络技术的应用将支持无线或移动金融业务(如移动支付、移动办公)的开展,相应的网络银行系统框架中将加入无线应用支持模块。

1. 网络银行的技术架构与业务处理流程

网络银行的技术架构是根据银行的业务需求及其现有 IT 系统，基于 CA 证书安全体系的网络银行建设架构。它采取客户、网络银行中心、后台业务系统三层体系结构，提供信息服务、客户服务、账务查询和网络支付转账功能，其中信息服务和客户服务由银行指定管理部门在全行范围内规划、运作和管理，网络银行中心具体实现账务查询和实时交易功能，并实现银行后台业务主机系统与网络银行中心的实时连接，为网络银行中心开展网络金融业务提供支持。

网络银行中心是网络银行顺利运作的核心，其架构一般由 Web 服务器、应用服务器、数据库服务器（DB 服务器）、路由器、防火墙及内部管理和业务操作工作台组成。网络银行系统的具体业务功能，通常由银行端 Web 服务器和两台互为备份的应用服务器及数据库服务器完成，在银行系统建立一个统一的网络银行中心，不仅有利于提高网络银行的管理效率和网络银行系统的安全系数，也有利于网络银行向客户提供更高质量的金融服务。

一个典型的网络银行技术架构如图 4-1 所示。

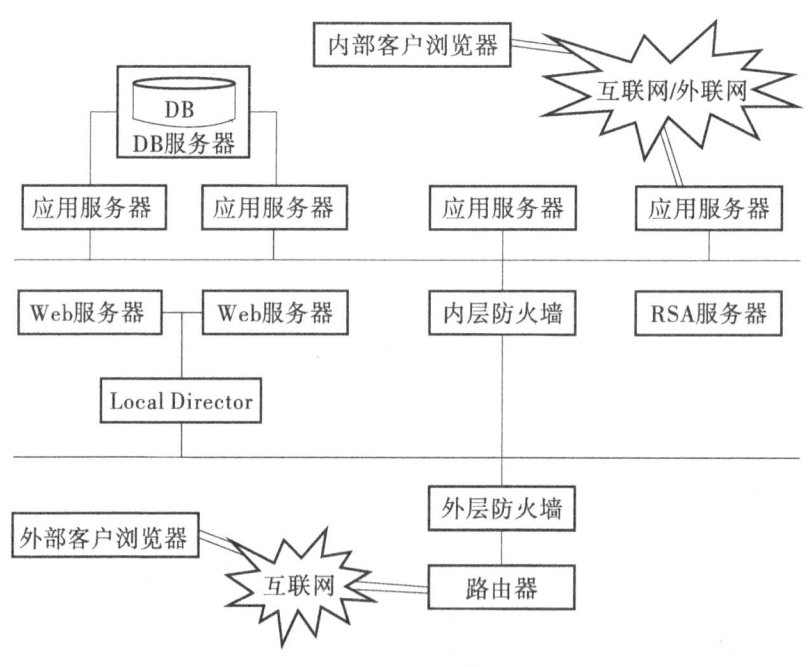

图 4-1 典型的网络银行技术架构

（1）客户。

网络银行系统的客户端包括外部和内部两种用户。外部客户是寻求银行提供存款、取款、支付转账、贷款等金融业务的用户，而内部客户主要是银行内部员工与管理人员等。网络银行的外部客户体现为互联网用户，通过计算机的浏览器访问网络银行的 Web 服务器（网站），需要通过外层防火墙的认证才可登录到网络银行系统，内部客户体现为互联网用户或外联网用户，访问系统也要通过内层防火墙认证。防火墙将互联网用户与系统外界隔离开，以保护其安全性。

网络银行系统可有多种接入方式，客户端可从 DDN 接入、Modem 拨号接入、局域 LAN 接入或 ADSL 等接入，应用方式采用专用客户端软件的 C/S 模式或基于 Web 应用的 B/S 模式。为了防止监听、中断截取等非安全情况发生，银行与国内外权威安全认证中心达成安全数据传送以及数字签名等协议。只有认证过的用户才可进入网络银行系统，传送数据时必须以密文传送。

（2）路由器与防火墙。

路由器与防火墙对流入网络银行系统的数据流进行过滤，并且隔离银行内部网络与非安全的互联网。

一般来说，目前的网络银行系统通常采用两层防火墙。外层防火墙将 Web 服务器同外部网段隔离，以阻止非法的访问和数据的进入。内层防火墙用于隔离网络银行的 Web 服务器与应用服务器，在软件上可以增加管理手段，如内部数据库可设定只对从特定接口来的请求做出反应，对其他的 IP 地址则不理会，以保证数据和文件的保密性。通过内外两层防火墙隔离互联网和网络银行的核心业务系统，内层和外层防火墙配合形成"非军事化"区，形成对互联网访问的双重隔离，使网络体系结构受到更好的保护。Web 服务器放在"非军事化"区内，其他应用和数据库服务器等均位于内部应用区，该区主机不允许外部用户直接访问。

（3）Web 服务器。

Web 服务器存放和管理 Web 网页内容，向前台提供客户交易界面，同时对外提供基本的静态信息传递服务，管理包括网络支付与结算等业务信息系统在内的相应网页文件以及其他银行信息的发布。应该说，Web 服务器是网络银行内外的接口，是银行外部客户的主要应用界面。虽然其安全性没有后台的业务信息系统的要求高，但有更大的访问量需求，因此设置在外层防火墙的后面。Web 服务器借助 WWW 应用与客户的桌面浏览器（如 IE）进行标准的通信连接。

（4）应用服务器。

网络银行的所有具体业务应用程序均安装在此服务器上，它支持 ASP（active sever page）、JSP（java server page）等业界标准的服务器端应用，与 Web 服务器一起构成网络银行金融业务（如网络支付与结算、网络转账、网络理财、网络企业财务等）应用系统的运行环境，实现网上交易业务的逻辑控制和流程处理，完成与 Web 服务器之间和与数据库服务器之间的信息交换。可以说，网络银行的业务处理核心就是这个应用服务器。

为了保证整个系统的高可用性与良好的灾难恢复、系统备份，可以根据业务量的大小决定采用多台 Web 服务器和应用服务器，像 IBM 公司的 Net Bank 系统软件就充分利用其 Web sphere 集群技术，可以根据业务量的大小动态配置多台应用服务器，当一台应用服务器不能负载过大时，可以动态地请求将数据传送到不同的应用服务器，这就是所谓的均衡负载，对于客户来说完全感觉不到其中的差别。

（5）数据库服务器。

银行的业务数据库用于存放各种应用数据，包括各种应用系统参数、客户信息、账户信息、交易信息等，是宝贵的信息资源，是系统安全与商务安全的焦点。为便于发展综合业务服务，可将数据库进行集中的存放与管理。对于大的商业银行，由于数据量大，应当设立独立的数据库服务器。若是中小商业银行，也可以将数据库服务器与应用服务器软件结合在一起，通过双机互为备份方式保证数据安全。一旦其中一台机器意外停止工作，另一台立即接管全部工作，从而实现系统的高可用性与维护性。

数据库服务器的主要作用是保存、共享各种即时业务数据（如客户中支付金额）和静态数据（如利率表），支持业务信息系统的顺利运作；客户登录时进行客户的合法性检查，并对数据库中的关键数据进行加密，以保证客户数据的安全。

（6）RSA 服务器。

当用户试图访问受保护的系统时，可以通过设置安全认证服务器，如 RSA 认证服务器，应用相关 RSA 等代理软件启动一个认证会话，设置并且实施安全策略，保护对专用网络系统、文件及应用的访问。其中包括可以根据每天的时间、周期或根据小组或用户定义的权限，确定内部资源的访问权限，定义和报告报警情况（如某个网络端口访问失败重试次数），创建用户访问日志等。借助如 RSA 认证服务器所提供的功能，可用 RSA 代理软件保护网络银行的各种访问端口、数据文件、应用及其他资源。针对外部攻击和员工的恶意破坏，安全认证服务器提供了重要保护能力。

2. 网络银行的管理架构

网络银行管理结构主要体现为人员与部门的组成架构，一般按照系统结构、应用结构、数据结构和网络结构为原则设置管理部门，使软件运行与硬件维护获得良好的支持。一个典型的网络银行管理架构如图 4-2 所示。

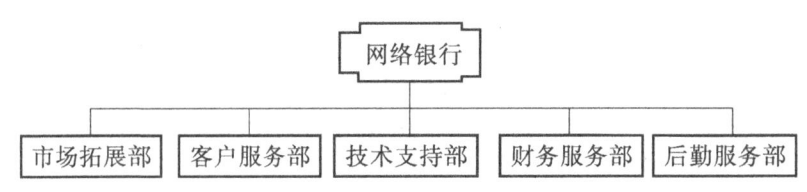

图 4-2 典型的网络银行管理架构

（1）市场拓展部，也称为市场部，专注于从事网络金融品种及网上金融服务市场的开拓和发展，不断对网络金融品种及服务进行创新，形成适合于网络经济的各种金融服务营销方式和理念。

（2）客户服务部，也称为客户部、信用卡部、银行卡部，负责对网络银行的网络客户提供技术支持和服务咨询，密切银行与客户的联系，把握客户对网上金融服务需求的变化趋势。

（3）网络银行的技术支持部不仅需要负责对网络银行的软、硬件系统设备进行维护，而且需要对银行内部和外部非网络银行领域的信息技术管理提供服务和技术支持。

（4）财务服务部负责对网络银行的硬件、系统和软件的投资、服务资金、成本和收益等财务指标进行控制。

（5）后勤服务部负责对网络银行服务活动过程中的各种后勤需求提供支持。如文件打印、购买消耗品和邮寄账单等业务。

3. 网络银行的业务架构

网络银行根据主要客户的需求变化，设置网上的金融服务品种和业务流程；根据服务品种和业务流程，构筑网络银行的具体业务内容。

网络银行基本业务架构可包含以下三部分。

(1) 基本技术支持业务。如网络技术、数据库技术、系统软件和应用软件技术的支持，特别是网络交易安全技术的支持，是基本要求。

(2) 网上客户服务业务。如客户身份认证，客户交易安全管理，客户信用卡、银行卡等电子货币管理以及客户咨询业务，还有结算中心、业务代理、业务调度、客户服务、统计查询、决策支持等。

(3) 网上金融品种及服务业务。这是网络银行的核心业务。网上金融品种及服务业务如电子货币、网络支付与结算业务、网上股票交易、信用卡、网上财经信息查询、网上理财以及综合网上金融服务等。

4.4 网络银行的支付模式

4.4.1 个人网络银行的网络支付模式

1. 按支付账户分类

(1) 基于信用卡账户的网络支付模式。

个人网络银行的资金账号与客户的信用卡（银行卡）资金账号在技术与应用上本质是一样的，都代表一个用户 ID。目前，支持信用卡应用支付结算的银行后台信息网络系统建设已经完成，而且相当成熟。为了节省运作成本，方便银行管理与客户应用，充分利用银行已有资源，目前国际上个人网络银行的网络支付常常结合信用卡账号进行。换句话说，常把个人网络银行的账号与客户信用卡的账号绑定集成在一起。我国目前的个人网络银行用于网络支付结算时基本就是这样，因此，在我国基于个人网络银行的网络支付的实质就是信用卡网络支付。也就是说，这种方式的个人网络银行的网络支付其实就是应用客户的信用卡账号进行支付。

(2) 基于网络银行独立账号的网络支付模式。

这种模式只要把网络银行独立账号当作资金账号，当在网络支付时出现要求输入资金账号的窗口时，输入此独立账号与密码即可，就像输入信用卡号码、密码一样。

2. 按安全验证方式分类

(1) 基于密码的网络支付模式。

基于密码的网络支付是网络银行支付的主要模式，也是日常生活中人们最常用的安全验证方式。在线上线下消费、转账汇款、缴费和扫码取现的过程中，可以直接输入静态支付密码完成支付，或者通过输入动态手机短信验证码即可完成支付。

(2) 基于指纹的网络支付模式。

指纹支付是利用第二代指纹识别的生物识别技术，将客户银行卡和指纹进行关联，在具备指纹识别的商家或银行终端上按下自己预留的指纹进行消费、支付，具有方便、安全的优点。

目前我国部分网络银行开通了指纹支付功能，但并没有得到大量普及。大多数的网络银行仍然以密码认证为主，而部分支持指纹支付的网络银行，也只有部分手机型号能够使用该功能。以中国工商银行为例，在进行支付时一般可以选择短信认证、支付密码认证和密码器认证，只有少部分手机型号支持指纹认证进行支付。中国邮政储蓄银行对大部分机型的手机均开通了指纹支付功能，但单笔支付限额和日累计支付限额均只有99.99元。中国招商银行对大部分手机型号也实现了指纹支付功能，具体限额视具体商户而定。

（3）基于人脸识别的网络支付模式。

人脸识别支付系统是一款基于脸部识别系统的支付平台，它于2013年7月由芬兰创业公司Uniqul全球首次推出。该系统不需要钱包、信用卡或手机，支付时只需要面对POS屏幕上的摄像头，系统会自动将消费者面部信息与个人账户相关联，整个交易过程十分便捷。

2017年汇丰银行（中国）有限公司成功推出手机银行人脸识别功能。客户向新收款人进行小额移动转账时，通过不易复制的人脸识别技术与动态验证码等手段的结合使用，有效保护了资金安全。与此同时，新的技术手段取代了传统的安全密码器，解决了要随身携带安全密码器不便的问题。在汇丰银行之前，已经有不少国内银行采用了人脸识别技术。2016年招商银行就在全国106个城市近千台ATM上实现了"刷脸"取款的功能。

（4）基于网络安全支付工具的网络支付模式。

网络安全支付工具相当于给账户或者资金上了一道道锁。如果能合理使用网络安全支付工具，能够大大降低网络支付风险，使支付更加安全，更有保障。

目前，各大银行均推出了各自的网络安全支付工具，如中国工商银行推出了U盾和电子密码器，U盾只能连接到电脑上，在电脑上使用，而电子密码器既可以在电脑上使用（在电脑上使用前要先将安全验证方式由U盾更换成电子密码器），也可以在手机上用手机银行进行交易时使用，使用者无须连接到电脑或手机上。中国建设银行也有两款网络安全支付工具，建设银行网银盾和密码器功能与中国工商银行类似。

3. 按支付方式分类

（1）基于网页跳转的网络支付模式。

基于网页跳转的网络支付模式主要被应用于电商平台等线上购物，在对购物车的商品进行付款时，可以选择基于网银的付款方式进行支付，即可完成付款。

（2）基于扫码的网络支付模式。

基于扫码的网络支付模式主要被应用于线下购物及转账。由于手机银行的发展，开通手机银行的账户可以通过扫码完成支付和转账。与第三方支付类似，手机银行可以主动扫商家二维码进行付款，也可以通过出示付款码完成支付。

4.4.2 企业网络银行的网络支付模式

企业网络银行的网络支付模式与直接用个人网络银行（专业版）账号进行支付结算的过程基本相似，不过企业的网络支付通常涉及中大额的资金转移等，采用的安全防护手段更多,更加安全,而且涉及与银行后台的基于金融专用网的电子汇兑系统、行间结算系统等的配合使用。

例如,企业网络银行网络支付中一般用到数字证书的验证,以及加密和解密、支付密码等。有些网络银行为了保证数字证书及包含内容(如密钥)的安全,便把这些客户账户有关的资料信息写入 IC 卡,借用 IC 卡的安全来保证客户使用的安全。招商银行企业网络银行就是以提供安全的数字证书 IC 卡进行登录的,当然也可使用非数字证书 IC 卡的登录方式。

由于企业网络银行在进行支付结算时,实质上在后台传递的也是支付的指令,体现为 Web 支付表单以及相关的付款通知表单,这与电子支票传递本质上是一样的。只是电子支票是在买方企业与卖方企业间进行直接传递,而网络银行支付表单则直接提交给买方开户银行,买方开户银行确认真实有效后,直接在后台利用电子汇兑系统或电子联行系统等进行相关资金转账处理。

企业网络银行的网络支付模式在客户前台是基于互联网平台的,采用数字签名、数字证书等相关安全技术,以保证支付表单的真实性与有效性;该模式在银行后台则是基于金融专用网络的,类似电子汇兑系统的后台处理方式,即类似"SWIFT+CHIPS"的应用方式。

企业网络银行的网络支付模式流程描述如图 4-3 所示。其中,买方企业开户银行与卖方企业开户银行不是同一个银行,即该图为异行的企业网络银行支付流程示意图。如果买方企业开户银行与卖方企业开户银行是同一个银行(如招商银行),那就更为简单方便、速度更快,这时只需利用银行后台的同行资金转账系统就可以了,即把图 4-3 中的买方开户银行与卖方开户银行合为一个。

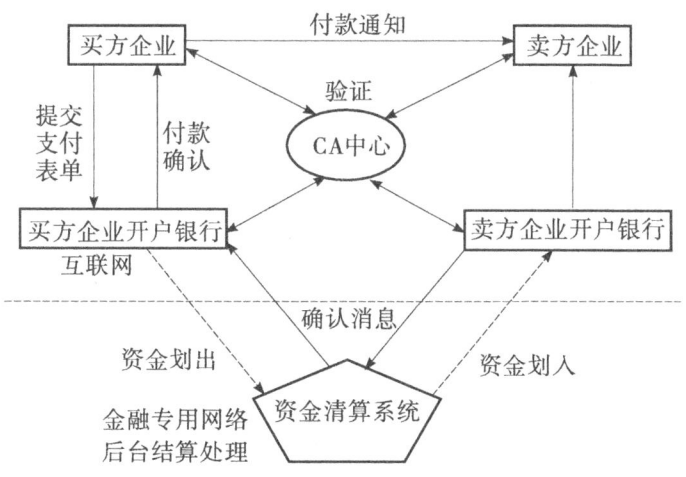

图 4-3 企业网络银行网络支付模式流程示意图

进入企业网络银行的网络支付模式流程前,买方首先需要申办网络银行服务的客户手续,配置企业网络银行客户端软件,安装数字证书,可能还需做企业内部财务软件数据接口配置等预备工作。进行网络支付时一般分成三个不同阶段,即买方的购买阶段、买方的支付阶段、银行后台清算兑付阶段。其每个阶段又由若干步骤构成。

1. 买方的购买阶段

（1）买方借助网络访问卖方的服务器，浏览卖方服务器中推荐的货物，达成购买意向，签订电子合同，选择使用企业网络银行方式进行网络支付，产生支付页面。

（2）系统自动启动企业网络银行的应用页面。

2. 买方的支付阶段

（1）出现企业网络银行系统登录页面，选择相应的登录工具（如招商银行的数字证书 IC 卡）进行。则会出现相应的银行企业网络银行的登录页面。

（2）在登录窗口中输入企业的用户号和密码，进入企业网络银行支付表单页面。这时表单中已有买方支付账号及买方企业的相关信息，在表单中再填入卖方以及支付的相关信息，如票据号、收款方账号与名称、收款方开户行、支付金额、支付期限等信息，就可确认支付。确认支付的过程就是把相应的支付表单借助相关安全手段安全提交给买方开户银行，同时给卖方发送一个付款通知。

3. 银行后台清算兑付阶段

（1）买方开户银行（即企业网络银行）收到买方提交的支付表单后，通过 CA 中心对买方身份、支付表单内容的真实性与有效性进行认证，如果验证不能通过，则回送买方拒绝处理消息。

（2）上述验证通过后，则买方开户银行向买方企业发出支付表单确认通知，利用后台的资金清算系统，向卖方开户银行的卖方资金账号划出相应资金金额。

（3）卖方开户银行确认卖方资金账号按相应金额收到款后，向买方开户银行回送收款确认消息，同时向卖方企业发出到款通知。

（4）买方开户银行收到卖方开户银行发来的收款确认消息后，向买方企业发出付款确认通知。整个网络支付流程结束。

实际业务处理中，包括企业网络银行支付在内的金融服务，特别是在互联网平台上的应用还需要在业务流程、技术应用、法律保护等方面进一步规范，也需要银行后台基于金融专用网络的业务系统的良好接口与支持。当然，属于 B2B 网络支付的企业网络银行支付方式在支付结算时间、一次支付金额与 B2C 型网络支付方式（如信用卡、电子现金等）方面均有所区别。例如，企业网络银行的支付可与签订合同等交易环节分离进行，也就是说，买方企业也可以在商家网站签订订货合同后，单独登录网络银行进行支付，也可以分几次支付完毕，这与 B2B 的商务特点是吻合的。

企业网络银行的出现给信息网络时代的商务贸易特别是 B2B 电子商务提供了一个方便快捷、低成本的支付手段。目前，国际上均已在企业网络银行中开发了支付结算功能，而中国的招商银行、工商银行等也都提供企业网络银行的支付服务。

4.5　网络银行与电子商务

网络银行的开展为电子商务活动提供了支付工具，促进了电子商务的发展。网络银行具备了在线交易、支付结算、融资贷款等功能,为电子商务的发展提供了有效的平台。另一方面,网络银行是银行的电子商务模式,是网络经济不可或缺的部分。

4.5.1 网络银行和电子商务应具备的条件

1. 营造适合服务的环境

首要因素是发展的运营、管理环境。这种环境建设主要如下:①互联网的畅通和普及应用;②网络银行和电子商务的法律环境建设;③制定全国乃至全球的电子商务标准;④跨部门、跨地区的强有力的协调和组织;⑤改变传统的消费习惯和金融习惯。

2. 实现安全支付

电子商务最重要的部分就是如何完成电子支付的全部流程。电子支付的关键问题是,在互联网上如何进行安全的电子支付。安全电子交易协议(SET)是在互联网上进行信用卡交易而提出的国际协议,主要是为了保证支付信息的机密、支付过程的完整、商户及持卡人的合法身份以及互操作性等。SET 中的核心技术主要有公开密钥加密、电子数字签名、电子信封、电子证书等。SET 协议体系的不断完善为互联网电子商务提供了安全保障。SET 与其他电子交易标准比较,已获得 IETF 的认可,是电子商务和整个现代化电子支付系统的发展方向。

除了支付过程的安全性问题,安全登入网络银行也是一个突出问题。部分网络银行通过客户"预留信息"提醒客户登入的网址是否正确。

3. 企业的数字化和商业智能化

要保证网络银行的安全,用户需要提高防范意识,而银行和网络系统其他相关环节同样需要通力配合。一个安全而完整的交易应该满足四个因素:①交易双方的身份真实性;②信息的保密性;③信息的完整性;④交易的不可否认性。

4.5.2 网络银行与电子商务发展的关系

1. 电子商务为网络银行提供商业基础

电子商务应用于银行业,将信息技术与金融分析方法相结合,创造出的新型现代银行经营模式是银行发展的重要动力,给银行业带来了新的发展机遇,推动了网络银行的诞生。电子商务是网络银行产生的商业基础,可以说没有电子商务的发展,就不会有网络银行的兴起,电子商务是一种伴随互联网的普及而产生的新型贸易方式,它是当代信息技术和网络技术在商务领域广泛应用的结果。

2. 网络银行为电子商务提供支付平台

电子商务的最终目的是要实现网上商流、信息流、资金流三者的统一,而要实现这一目的,就得首先解决资金流的畅通这一难点。银行作为支付结算的最终执行者,在电子商务中起着联系买卖双方的重要作用,但电子商务活动需要的是新型网络支付手段,这一点,传统银行无能为力,必须依靠网络银行来完成。

通常说,电子商务对银行的要求有两方面:一是要求银行为之提供相互配套的网络支付系统;二是要求银行提供与之相适应的虚拟金融服务。电子商务是一种网上交易方式，所有的网上交易都由两个环节组成：一是交易环节；二是支付环节。前者是在客户与销售之间完成，后者需要通过银行网络完成。

3. 电子商务给银行带来机遇

由于电子商务是通过互联网进行的商务活动，市场全球化、国际化特征异常明显，凡是能够上网的人，无论身处何地，都有可能成为网上交易的客户。所以，传统银行联网后，不仅仅局限于为客户提供国内的支付与清算，还可通过互联网为客户提供跨国的支付与清算，且方便快捷，成本低廉。另外，电子商务的业务范围非常广泛，既包括有形的商品交易，又包括无形货物与服务，如计算机软件、娱乐内容等的订购、付款交货或全球范围内的信息业务，这也为银行开拓了更广阔的业务范围。网络银行兴起后，不仅可以为客户办理存款、付账、转账及买卖贷款、购买保险等业务，还可以为客户提供各种各样有价值的服务，如为客户进行投资咨询、股票分析。银行除从事本业外，还可提供艺术品的线上购买等业务。

4.5.3 网络银行与安全支付

在网络化社会里，网络银行电子支付与电子商务是互联网的商业应用的表现。网络银行与电子商务关系密切，网络银行发展需要电子商务，同时电子商务需要网络银行支持，两者在互联网上互相结合、互相促进、共同提高、共同发展。网络银行安全与电子商务发展关系主要体现在网上安全支付系统的实现。具体体现在三个方面：电子支付安全性问题、电子支付协议问题、电子支付的法律法规问题。

1. 电子支付安全性问题

电子商务安全问题的核心和关键是电子支付的安全性。由于互联网本身的开放性以及目前网络技术发展的局限性，使电子商务面临着种种安全性威胁，因而也就提出了相应的安全控制要求。主要有以下几点。

（1）身份可认证性。电子支付的首要安全需求就是要保证身份的可认证性。在双方进行交易之前，首先要能确定对方的身份，要求交易双方的身份不能被假冒或伪装。

（2）信息的保密性。电子支付另一个重要的安全就是支付信息的保密性。必须对敏感信息进行加密，即使别人截获或窃取了数据，也无法识别信息的真实内容，这样就保证了商业机密不会被泄露。

（3）信息的完整性。保证信息的完整性也是电子支付中的一个重要安全需求，交易各方能够验证收到的信息是否完整，即信息是否被人篡改过，或者在数据传输过程中是否存在信息丢失、信息重复等差错。

（4）不可抵赖性。在电子支付通信过程的各个环节中都必须是不可否认的，即交易一旦达成，发送方不能否认其发送的信息，接收方则不能否认其所收到的信息。

（5）信息的有效性。电子商务作为贸易的一种形式，其信息的有效性将直接关系到个人、企业或国家的经济和声誉。因此要对网络故障、操作错误、应用程序错误、硬件故障、交易软件错误及计算机病毒所产生的潜在威胁加以控制和预防，以保证贸易数据在确定的时刻、确定的地点是有效的。数据加密技术可以帮助人们有效地实现这些安全要求。

2. 电子支付协议问题

当前电子商务支付系统中存在很多安全漏洞，严重阻碍了在线交易的发展。为保障电子商务活动的顺利开展，必须保证交易信息和支付信息等敏感数据的安全性。为此，需要在现有不安全的互联网上，通过在 TCP/IP 协议族之上使用安全电子支付协议，构造安全可靠的网络通信环境，来保证所有敏感数据安全到达接收方。

任何一种网络应用的使用程度都取决于所使用网络的信息安全有无保障，网络安全已成为现代计算机网络应用的最大障碍，也是亟待解决的难题之一。能否在网上实现安全的电子支付是电子商务交易的一个重要环节。

本章小结

网络银行是指金融机构利用互联网技术在互联网上开设的银行。这是一种全新的银行客户服务渠道，使得客户可以不受时间、空间的限制，只要能够上网，无论在家里、在办公室，还是在旅途中，都能够安全便捷地管理自己的资产和享受银行的服务，是互联网上的虚拟银行柜台。

本章首先介绍了网络银行特点，并结合其功能，总结出相比于传统银行的优势，提出了传统银行经营管理的方向。

其次，详细介绍了网络银行的技术架构、管理架构和业务架构。重点讲述了技术架构的组成，管理架构的扁平化。

最后，通过具体的流程阐述了网络银行的支付模式，尤其是企业网络银行。并站在电子商务的角度，谈了网络银行和电子商务的关系，强调两者之间的互相支持作用。

关键术语

个人网络银行　企业网络银行　网络银行　网络支付模式

综合练习

一、填空题

1. 网络银行是依托信息技术和互联网的发展，主要基于_____开展和提供各种_____服务的新型银行机构与服务形式。

2. 纯网络银行起源于 1995 年开业的_____。纯网络银行对于现金支付、贷款监督与调查、客户诉讼与纠纷处置等需要人工处理的业务，一般采取两种办法解决，一是

_____，如邮政局、咨询公司；二是通过_____等技术手段解决。

3. 网络银行中心是网络银行顺利运作的核心，其构架一般由_____、应用服务器、_____、路由器、_____及内部管理和业务操作工作台组成。

4. 电子支付的安全性体现在身份可认证性，信息的_____、_____和有效性，以及_____。

二、判断题

1. 网络银行就是在传统银行的基础上同时设立网上支持服务，提供银行柜台同等的服务内容。（　　）

2. 企业网络银行一般涉及的是金额较大的支付结算业务，因此对安全性的要求很高。（　　）

3. 网络银行的所有具体业务应用程序均安装在应用服务器上。（　　）

4. 网络银行的开展为电子商务活动提供了支付工具，促进了电子商务的发展。其主要通过银行卡支持 B2C 活动和企业 B2B 电子支付业务。（　　）

5. 网络银行中体现的主要是金字塔形的组织管理架构。（　　）

三、选择题

1. 创新型银行不包括（　　）。
   A. 技术创新　　　　　　　　B. 制度创新
   C. 品牌创新　　　　　　　　D. 产品创新

2. 下列不属于个人网络银行功能的是（　　）。
   A. 账户转账　　　　　　　　B. 投资理财
   C. 信用卡管理　　　　　　　D. 信用证业务

3. 在网络银行时代，一个银行的成败关键是（　　）。
   A. 信息的获取和处理能力　　B. 资产规模大小
   C. 机构网点数量　　　　　　D. 地理位置

4. 进入企业网络银行的网络支付流程前，不需要做以下哪项工作？（　　）
   A. 配置企业网络银行客户端软件　　B. 安装数字证书
   C. 进行数字签名　　　　　　　　　D. 企业内部软件接口配置

四、简答题

1. 简述网络银行的特点，并说说什么是"三 A 特征"？
2. 网络银行相比于传统银行的优势表现在哪些方面？
3. 简述网络银行系统的总体建设目标与建设原则。
4. 简述网络银行的业务架构。
5. 论述网络银行与电子商务发展的关系。

实际操作训练

上网了解招商银行和工商银行的网络银行，熟悉它们的业务。并利用网络银行完成一次转账。

 分析案例

银行业智能化转型

据经济之声《天下财经》报道,这几天,银行在金融科技动作频频。杭州银行联手腾讯打造智慧银行、北京银行联手京东用人工智能为客户"画像",工商银行更是两天三大动作:不仅发布与京东的合作成果,还牵手360、升级账户安全服务。业内人士分析,我国金融科技仍在1.0阶段,真正应用的较少,金融科技创新将成未来角力点。

2016年,全球银行卡因为欺诈造成的损失达到了163亿美元,工商银行牵手互联网安全公司360,意图在网络安全、金融科技等领域建立合作。目前,工商银行的账户安全服务"工银智能卫士"已经能精准识别盗刷、电信欺诈等行为,据工商银行个人金融部总经理宋建华介绍,这一服务将以风险数据为基础,建立风控模型,对全渠道、全客户、全产品、全流程实时检测,精准识别盗刷、电信欺诈、欺诈行为,实施自动预警、增强验证、事中熔断等不同等级的主动干预措施。

工商银行不是一个人在战斗——通过人工智能技术,运用大数据提升风险甄别监测能力,正成为金融行业的共识。人工智能服务公司第四范式副总裁黄勇表示,以欺诈为主的风控,已成为商业银行布局先进技术的重要场景。不止是在风控方面,2017年以来,各大小银行都在加强与互联网公司的合作,探索智能化转型。

互联网、云计算、大数据和人工智能正在不断重塑金融业,成为银行未来核心竞争力之一。不过现阶段,金融科技理论多,真正落地却很少,未来创新还需要加把劲。比如,大数据相关技术,虽然其重要性早已获得金融机构的高度认同,但如何高效利用数据仍有待突破。甚至还有一些机构打着人工智能等技术的旗号,提出很多高深的理论,其实只是宣传的噱头。这意味着不仅要提高金融科技创新能力,还需要提高甄别创新的技术,尤其对于监管部门来说,这有利于驱逐劣币,剔除行业中的伪创新。

(资料来源:央广网,2017-12-01.)

根据分析案例所提供的资料,试分析以下问题。
(1) 发展智能银行最大的挑战与困难是什么?
(2) 大数据、云计算以及人工智能如何推动银行业转型升级?
(3) 人工智能"入侵"银行业,你认为什么样的员工会继续留下?

第 5 章　第三方支付

> **教学目标**

通过本章的学习，了解第三方支付的概念、产生及发展，通过对国内外第三方支付平台的对比和案例的学习，掌握第三方支付平台的运作机制及系统架构。

 导入案例

2017 年中国第三方支付市场监测报告

1. 第三方支付对于互联网交易不可或缺

大众对于互联网购物的第一个问题自然是：交易是否可以受到保障？第三方支付就是在这样一个需求下衍生出来的。现金交易能够实现的前提是买卖双方处于同一个时空点上，双方完全可以信任对方。但是互联网的发展使得双方可以在任何地点和时间点完成交易，此时的交易就需要一个独立的第三方监督整个交易和资金流向，成为买卖双方信任的基础。互联网发展到现在，一切服务和交易行为均建立在信任的基础上，需要第三方的监督功能。因此，只要有互联网交易的行为发生，第三方支付就会产生流量。

另一方面，在线上交易过程中，银行卡支付的操作流程较为繁琐，而电商相比于传统购物的优势就在于效率的提升，因此这种降低用户体验感及效率的复杂的支付过程，必然被淘汰，为互联网服务提供便捷支付环节的第三方支付得以发展。在后续发展中，第三方支付的便捷性成为互联网服务所看重的重要因素之一。

综上所述，互联网交易的两个核心要点为信任和便捷，都需要第三方支付的加入才能完善。

第三方支付成为个人支付市场主流，便捷性与快速性制约了第一方及第二方支付的发展。

在第三方支付发展起来之前，并未产生第一方和第二方支付的概念。所谓的第一方支付就是现金支付；第二方支付是依托于银行的支付，如银行汇票、银行卡支付等。作为两种传统的支付方式，它们在国内有着悠久的发展历史。不过由于现金支付以及银行卡支付在实际使用过程中会面临地域、距离、网点、时间的限制，在有着更加便捷快速的选择之后，这两种支付方式的存在感逐渐减弱。现金支付逐渐成为第三方支付的辅助支付手段，依托于银行的支付则转向了巨额交易的场景。

2. 第三方支付推动货币的电子化进程

中国人民银行数据显示,自 2012 年起我国非现金支付笔数增长率超过 20%且增速呈上升趋势,大众越来越倾向于选择非现金方式。非现金支付笔数的上升离不开第三方支付的推动,随着第三方支付在消费、金融、个人应用等领域的渗透,对线上、线下场景的充分布局,实现了对银行、现金支付功能的全覆盖,在功能覆盖的基础上,第三方支付在用户体验上更优,极大地推动了货币的电子化进程。

3. 移动支付规模暴增,用户支付习惯改变

中国第三方支付市场的快速增长,一方面得益于用户支付习惯的养成,另一方面也受益于不同年代的不同热点。2013 年以前,中国第三方支付的增速主要由以淘宝为代表的电商引领。2013 年余额宝出现后,金融成为新的增长点。2016 年,以春节微信红包为契机,使转账成为交易规模的增长动力。未来随着用户线下移动支付习惯的养成,线下消费将成为新的交易规模增速支撑点。此外值得关注的是,近年来移动端支付规模增速高于 PC 端增速,用户支付习惯向移动端迁移,未来第三方支付将迈向移动支付时代。

4. 移动支付适用场景不断丰富,产品操作愈发快捷

随着移动设备的普及和移动互联网技术的提升,移动支付以其便利性、快捷性优势覆盖了用户生活的各个场景,涵盖网络购物、转账汇款、公共缴费、手机话费、公共交通、商场购物、个人理财等诸多领域。在移动支付场景不断丰富的同时,为满足消费者的需求,移动支付产品的种类也在不断增加。在付款方,包括手机二维码支付、NFC 刷卡、智能穿戴设备(如指环、手表)等;在收款方,最初的 POS 外接扫码枪逐渐被淘汰,新的产品不断涌现,如今市场上可以看到如智能 POS、二维码图、意锐扫码盒子等收款设备。

(资料来源:根据艾瑞咨询《2017 年中国第三方支付市场监测报告》整理。)

问题:

1. 分析第三方支付能够在多场景下快速取代第一方和第二方支付的原因。
2. 具体阐述第三方支付如何推动货币电子化。
3. 列举现有的第三方支付使用的场景,预测第三方支付未来将会覆盖到的支付场景。

5.1 第三方支付概述

5.1.1 第三方支付的概念及其产生

所谓第三方支付,就是一些和国内外各大银行签约、具备一定实力和信誉保障的第三方独立机构提供的交易支持平台。在通过第三方支付平台的交易中,买方选购商品后,使用第三方平台提供的账户进行货款支付,由第三方通知卖家货款到达、进行发货;买方检验物品后,就可以通知付款给卖家,第三方再将款项转至卖家账户。

在传统的支付场景中,交易双方"一手交钱一手交货"的交易方式更为人们所熟知,但随着电子商务的发展,现实中"有形的"交易也逐渐转移到"无形的"市场中去

了，人们的交易对象、交易方式都发生了巨大的改变，在这样的变化下，传统的资金划拨方式已经完全无法满足交易的需求，而相对于传统的资金划拨交易方式，第三方支付可以比较有效地保障货物质量、交易诚信、退换要求等环节，在整个交易过程中，都可以对交易双方进行约束和监督。在不需要面对面进行交易的电子商务形式中，第三方支付为保证交易成功提供了必要的支持，因此随着电子商务在国内的快速发展，第三方支付行业也发展得比较快。

实际上第三方支付最初的产生是电子商务刚刚兴起的时候，当时网络上产生了一些交易的行为，由于身处虚拟的无形市场中，买卖双方的交易资金需要通过银行进行划转，但卖家的信誉度不足以使得买家完全相信其在货品没拿到之前进行资金的转移，买家的信誉度也不足以使得卖家完全相信其在没拿到资金之前进行货品的转移，于是第三方支付的企业就出现了。作为第三方，可以帮买卖双方起到交易中介和信用担保的作用，第三方支付便解决了电子商务支付中的信任问题。随着电子商务继续深入发展，卖家建立起了自己的电子商务系统以更方便地进行电子商务活动，而这个卖家的电子商务系统要跟银行的系统进行对接，但大部分卖家又没有这样的一个技术能力，此时第三方支付企业在解决了信用问题的基础上，还利用自身的技术，实现了电子商务交易系统和银行支付系统对接的一个技术接口。第三方支付即所谓的"网关"，从技术角度来讲，最初的第三方支付平台很多都是从"网关"这样一个角度来介入这个行业里面。实际上网关起的作用便是将客户或者商家的电子商务平台服务器上产生的这种交易所附带的一个支付的指令传送到银行的业务系统里，然后再由银行的业务系统来完成资金的转移。

支付网关的特点是将互联网传来的数据包解密，并按照银行系统内部的通信协议将数据重新打包发送给银行，然后接收银行系统内部传回来的响应消息，再将数据转换为互联网传送的数据格式并对其进行加密，即支付网关主要完成通信、协议转换和数据加密功能以保护银行内部网络。其优点是方便、快速，故利用电子商务进行商品交易的人们越来越倾向于网络支付；其缺点是受经济利益的驱动，在电子数据的网络传输过程中的信息经常遭到不法之徒的拦截、窃取、篡改。冒用甚至恶意破坏给电子商务活动带来重大损失。

图5-1为网关支付流程。从图中可以看到，连接电子商务交易系统和银行业务系统的支付网关在整个电子商务交易里所起的作用是非常大的。首先因为这个支付网关的服务器将商家的交易信息中所附带的支付指令传递到银行的主机，然后银行主机通过支付网关的服务器返回一个对该支付指令的响应结果信息到商家的服务器，这个数据传输的过程是通过支付网关来完成的。另外，由于支付网关在连接商家的服务器的时候是在互联网上的，而后台银行的业务系统又是在银行的网络上面的，因此它涉及这两个网络的协议转换，协议的转换也是由支付网关来完成的。最后，由于支付过程涉及买卖双方的账户，所以在第三方支付过程中还有一个数据的加、解密的问题，也都是由支付网关来完成的。可以说支付网关在整个电子商务系统里所起的作用是非常大的。在支付网关对支付过程的保障下，电子商务的发展也越来越好，而随着电子商务的经营或者发展壮大，也就使得支付这一块的需求越来越多，从而就进一步激化了这些完成支付网关的厂商逐步把支付网关能力不断地加强，就成为一个平台，即第三方支付平台。这些还在不断发

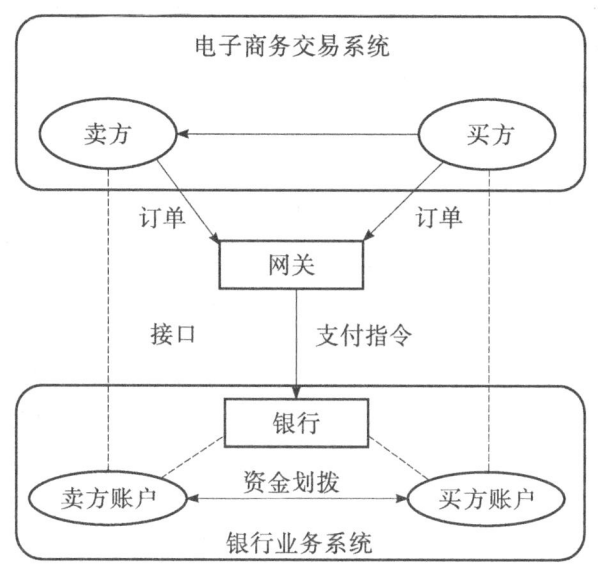

图 5-1 网关支付流程

展中的第三方支付平台,既可以起到快速完成支付的基础功能,同时它还在基础的支付功能上不断地扩展其应用的场景,不断地渗透到线上、线下的各个领域,从而发展成为支付宝、微信、财付通等大家所熟知的也在日常生活中不断接触到的一些第三方支付企业。

5.1.2 第三方支付平台的发展

第三方支付行业发展初期,无序的竞争使各家企业的利润不高甚至在亏损中经营,没有"造血"功能行业生命力就不强。当时大多数第三方支付平台还是靠收取支付手续费,即第三方支付平台与银行确定一个基本的手续费率,缴给银行;然后,第三方支付平台在这个费率上加上自己的毛利润,向客户收取费用。但是由于竞争的残酷,为抢占更多的客户,一些第三方支付公司甚至不惜血本,将向客户的提成份额一降再降,优惠条件层出不穷,不少第三方支付企业在很长时间一直在赔本赚吆喝。

除了第三方支付企业之间的残酷竞争外,原来第三方支付所依赖的银行也逐渐从幕后走向台前,大有取代第三方支付企业之势。第三方支付企业刚刚出现时,银行认为第三方支付有利于为自己发展新业务,且不管这些支付企业怎么折腾,也都不会威胁到银行自身在这个行业中的主导地位,也正是基于这种认识使得银行对于当初第三方支付平台的发展能够持一种比较开明宽容的态度。但随着网络支付行业的兴起,中国工商银行、招商银行、兴业银行、广发银行等各大银行都已经在网上电子支付投入了很大力量,除此之外,中央银行批准的 15 家外资银行准许在中国开办网上银行,这无疑对国内第三方支付企业造成了很大的冲击。

5.1.3 第三方支付平台和银行:合作与竞争

最初,银行是提供传统第三方支付服务的交易参与者,但其实力和信誉足以建设支付网关。在初始阶段，电子商务发展比较缓慢，交易量少，交易额小，利润微薄，银行不愿意建设支付网关，于是，第三方支付平台就应需求慢慢出现了，其作用主要有两点：①对接电子商务卖家的交易系统跟银行的业务系统，实现买卖双方之间资金的转移。②连接各银行，将平台的大量的用户聚集起来，在电子商务的交易中充分发挥交易中介和信用担保的作用。

对于银行来说，在第三方支付刚刚出现的时候，两者之间的关系比较微妙。一方面，随着第三方支付平台的发展壮大，其与银行的网上银行、网络支付等业务模块的竞争不断加大，甚至有可能会取得银行牌照，变身为零售银行，成为银行的竞争对手。另一方面，第三方支付企业的业务创新也为将来银行推出网上电子支付业务起到了一定的铺垫作用。一开始业务冲突还未凸显时，银行考虑到双方关系中有利的一面，没有采取强硬手段，把第三方支付扼杀在摇篮中。某银行行长就曾表示："如果是C2C的形式，第三方支付就很有存在的必要。因为卖家众多，也比较零散，管理需要耗费很多时间，银行的精力有限；但如果是B2C，一些大商户不见得比第三方支付机构能力弱，在这种情况下，银行直接介入就可以了。"这句话也表明了银行最初对于第三方支付平台的态度。

而从第三方支付平台的角度出发，它实际上做了一些原本银行可以做却没有做的事情，但交易中通过第三方进行资金的转移又离不开银行，因此第三方支付平台跟银行之间存在很紧密的关系。一方面，第三方支付平台需要跟很多的银行搭建相应的接口，来保障支付过程的顺利完成。另一方面，随着第三方支付平台的发展，抢走了原本属于银行的交易、支付的业务，于是银行也会反过来去做这一部分第三方支付的业务，与第三方支付平台进行竞争。而由于当时金融业务还没有广泛普及，第三方支付在很多场合、很多应用场景上没有得到更好的应用，所以第三方支付平台不断地扩展它的业务范围，才得以继续生存。

就现在而言，银行和第三方支付平台是相互竞争、相互制约的关系，它们之间的业务冲突越来越多，越来越明显。余额宝刚开始出现的时候，作为一种收益较银行利息高的货币基金，迅速把用户的离散资金从银行吸引走了，这就是第三方支付平台开始发展后直接跟银行产生业务冲突的一个典型例子。再比如，银行原来的很多业务，例如线下支付、代发工资、代缴水电煤气，很多第三方支付公司都可以做到。随着第三方支付平台不断壮大，业务范围不断拓宽，第三方支付平台与银行之间竞争越来越激烈，业务冲突也越来越明显，使得银行跟第三方支付平台之间产生了一种既是合作又是竞争的微妙关系。如何去处理好这样的一种关系，无论是对于第三方支付公司，还是对于银行，都必须认真地去对待。未来随着第三方支付的不断发展，或许银行和第三方支付平台都会各自寻找到适合的支付领域，把整个支付的大市场进行细分，在合作与竞争这种微妙的关系中找到一个暂时的平衡。

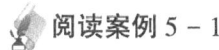
阅读案例 5-1

网联平台 2019 年年中全面上线
第三方支付机构直连银行模式进入倒计时

近日央行支付结算司发布相关通知，要求自 2018 年 6 月 30 日起，支付机构处理的非银行账户的网络支付业务应全部通过网联平台处理。同时，央行也要求各银行和支付机构应于 2017 年 10 月 15 日前完成接入网联平台和业务迁移的相关准备工作。

2017 年以来，由央行牵头的网联筹备工作一直在紧锣密鼓地准备中。

2016 年 4 月，中国支付清算协会代表大会通过《关于建设非银行支付机构网络清算平台的议案》，10 月央行正式批复了网联筹建的方案。

2017 年 3 月 31 日，网联平台启动试运行，并成功完成首笔资金交易验证，正式接入央行支付清算系统。首批接入四家商业银行和三家第三方支付机构。截至 2017 年 6 月 30 日，已有超过 10 家全国性商业银行接入网联。

这个中国独有的金融基础设施——"网联"，采用北京、上海、深圳三地六中心的分布式架构，目标容量是每秒处理 12 万笔的平稳运行能力，峰值期的目标是每秒 18 万笔。由于采取的是分布式技术，网联未来的容量还具备水平扩展能力，以解决不断增长的在线支付吞吐量。

此前，以支付宝和财付通为代表的大量第三方支付机构绕开银联，形成了直连银行的现有模式，承担了事实上的清算职能。然而，网联平台筹备组组长董俊峰在一篇公开博文上表示："在全球任何国家，清算业务须具备持牌营业许可，清算机构在各国历来都被作为金融基础设施被实施严格监管；而支付机构不具备清算牌照，存在超范围经营的违规事实。"央行推动网联成立的初衷，就是为了解决这些问题。

2017 年 7 月 28 日，网联正式确定 45 家股东名单和持股比例，包括中国人民银行清算总中心、财付通、支付宝、银联商务等在内的 45 家机构和公司签署了《网联清算有限公司设立协议书》，网联注册资本为人民币 20 亿元整，协议各方均以货币出资，出资额分 3 期缴纳，出资比例分别为 50%、30% 和 20%。

值得注意的是，网联清算有限公司第一大股东为中国人民银行清算中心（12%），第二大股东梧桐树投资平台（10%）是国家外汇管理局直属机构，支付宝（9.61%）和财付通（9.61%）股份相同，位列第三方大股东，京东旗下网银在线（4.71%）紧邻其后为第四大股东。

王蓬博分析表示，网联运行之后，对第三方支付机构影响很大。两大巨头成为网联的股东，但和银行谈判地位下降。中小第三方支付机构成本会适当降低，对行业创新有着积极意义。

（资料来源：界面新闻. http://www.jiemian.com/article/1524969.html）

问题：

试分析网联平台对于第三方支付平台和银行的影响。

5.1.4 第三方支付的模式

根据目前市场上第三方支付公司的运营模式，可以将第三方支付平台分为三种类型：独立的第三方网关模式、有电子交易平台且具备担保功能的第三方支付网关模式和有电子商务平台的第三方支付网关模式。

1. 独立的第三方网关模式

独立的第三方网关是指完全独立于电子商务网站，由第三方投资机构为网上签约商户提供围绕订单和支付等多种增值服务的共享平台。这类平台仅仅提供支付产品和支付系统解决方案，平台前端联系着各种支付方法供网上商户和消费者选择，同时平台后端连着众多的银行。由平台负责与各银行之间的账务的清算同时提供商户的订单管理及账户查询等功能。独立的第三方支付平台实质上充当了支付网关的角色，但不同于早期的纯网关型公司，它们开设了用户的虚拟账户，从而可以收集其所服务的商家的信息，用来作为为客户提供支付结算功能之外的增值服务的依据。独立第三方支付运营平台主要面向 B2B、B2C 市场，为有结算需求的商户和政企单位提供支付解决方案。它们的直接客户是企业，通过企业间接吸引消费者。这种模式与依托电商网站的模式相比更为灵活，能够积极地响应不同企业、不同行业的个性化要求，面向大客户推出个性化的定制支付方案，从而方便行业上下游的资金周转，也使其客户的消费者能够便捷付款。独立第三方支付平台的线上业务规模远比不上支付宝和财付通，但其线下业务规模不容小觑，其收益来自银行的手续费分成和为客户提供定制产品的收入。但是，该模式没有完善的信用评价体系，容易被同行复制，迅速提升在行业中的覆盖率以及用户黏性是其制胜关键。这种模式国外以 CyberSource、WorldPay 公司为代表，国内以首信易支付、百付通、环迅 IPS 等为典型代表。

2. 有电子交易平台且具备担保功能的第三方支付网关模式

有电子交易平台且具备担保功能的第三方支付平台，是指由电子交易平台独立或者合作开发，同各大银行建立合作关系，凭借其公司的实力和信誉承担买卖双方中间担保的第三方支付平台，利用自身的电子商务平台和中介担保支付平台吸引商家开展经营业务。买方选购商品后使用该平台提供的账户进行货款支付，并由该第三方平台通知卖家货款到达以便卖家进行发货，买方收到并检验物品后就可以通知平台付款给卖家，第三方平台再将款项转至卖家账户。由于该类运营模式带有担保功能，能够依托自身、购物网站拉动其交易额规模的快速增长，所以这类第三方支付工具在国内也颇具代表性，尤其以广为熟知的支付宝独占市场鳌头。易趣的贝宝和腾讯的财付通也曾经在短期内有非常好的表现。

3. 有电子商务平台的第三方支付网关模式

有电子商务平台的第三方支付网关模式的网上支付平台是指由电子商务平台建立起来的支付网关，不同于第二种模式，这里的电子商务平台往往是指独立经营且提供特定虚拟产品或实体产品的商务网站，其自身体量够大，信誉够高，所以不需要进行买卖双方的担保。支付网站的建立最初也是为了满足自身配送商品和实时支付而研发搭建的逐步扩展到提供专业化的支付产品服务。可以说这种类型的模式是发展已经足够成熟的电商平台逐步完善自身建设的必经阶段。这种类型的在线支付企业进入时间早，又依附于成熟的电子商务企业，拥有坚实的后盾和雄厚的资金，占有了一大部分在网上进行买卖的客户源，其典型代表是京东支付、苏宁易付宝支付。第三方支付商面临着不少的问题，主要包括第三方支付竞争压力过大的问题、第三方支付盈利不足的问题、第三方支付服务创新的问题、第三方支付安全隐患的问题、第三方支付政策风险的问题。

5.2 第三方支付平台的分类

5.2.1 黏性平台和开放平台

以第三方平台所依托的基础来分类，可将第三方支付平台划分为用户黏性型平台与开放式平台。

1. 用户黏性型平台

用户黏性型平台是指用户要获得该平台的支付及其他服务，必须拥有它们的账号，即须经过注册、认证等过程方可使用。支付宝、微信支付等黏性平台通过注册使用的方式抓住了相当大部分的终端直接用户，因此，这一类型的平台成了各大企业建立第三方支付平台的首选，然而用户黏性平台已慢慢发展成被支付宝和微信支付"瓜分天下"的局面。究其原因，首先，在技术不断发展的当下，用户更注重支付的便捷性和信息安全性，但用户想要使用用户黏性平台，不仅需要经过各种繁琐的注册、认证步骤，还需要用户提供银行卡信息、身份信息等各种较为隐私的信息；其次，支付宝、微信支付等率先发展壮大的用户黏性平台，都有其自身背靠的电商平台或社交平台提供庞大的用户基础，用户在该黏性平台上使用第三方支付等服务，其实都只是在该平台上获取的服务的一部分。总的来说，若一个第三方支付平台想要成为用户黏性平台，不仅需要更便捷高效的服务，还需要提供更深入、更切合用户痛点的服务。

2. 开放式平台

支付宝等黏性平台通过注册使用的方式抓住了很大部分的终端直接用户，但许多第三方支付平台却与支付宝背道而驰，它们希望通过无须注册的开放平台提供给用户更大的便利性，从而吸引更多的用户。这种无须注册的第三方支付平台，就是第三方支付开放式平台。这些平台全面支持 WAP 客户端、电脑端、IVR 语音支付（即电话支付），在支付介质上则支持信用卡、借记卡，在支持商户上，通过把平台开放出来，任何一个商户都可以在上面开发他们的移动支付工具，它们则希望通过无须注册的开放平台圈下更多的用户。开放平台与一些手机应用客户端进行了后台捆绑，而个人消费用户完成支付的同时，甚至无须知道背后调用了快钱的支付功能。独立的第三方支付企业并不需要资金沉淀，开放式地提供服务更能实现更多行业、商户资金的快速流转，从中获取手续费收入，这样的盈利模式更为明晰。在我国，比较典型的开放式第三方支付平台有快钱、易宝支付。

5.2.2 网络支付、预付卡和银行卡收单

第三方支付平台根据其所提供的服务可以分为网络支付、预付卡发行与受理、银行卡收单三大类平台。

1. 网络支付

提供网络支付服务的这种第三方支付平台是最典型的第三方支付平台，最为用户所熟知。所谓网络支付，是指利用公共网络或专用网络在收付款人之间转移货币资金的行为，包括货币汇兑、互联网支付、移动电话支付、固定电话支付、数字电视支付等。网络支付以第三方支付机构为支付服务提供主体，以互联网等开放网络为支付渠道，通过第三方支付机构与各商业银行之间的支付接口，在商户、消费者与银行之间形成一个完整的支付服务流程。提供网络支付服务的第三方支付平台还可以划分为支付网关模式和虚拟账户模式。

2. 预付卡

预付卡，是一种以盈利为目的而发行的，可购买商品或服务的有预付价值的卡，顾名思义是一种先付费后消费的支付模式，包括磁条、芯片等卡片形式。预付卡与银行卡相比，它不与持卡人的银行账户直接关联。目前市场上流通的一种多用途预付卡，是由第三方支付机构发行，该机构与众多商家签订协议，在各商家布放 POS 系统，消费者可以凭该卡到众多的联盟商户刷卡进行跨行业消费，典型的多用途卡有斯玛特卡、得仕卡等。由于受所签约商户数量及硬件等因素制约，进行预付卡发行与受理的第三方支付平台一直未能很好地发展。

3. 银行卡收单

银行卡收单业务是指收单机构通过银行卡受理终端为银行卡特约商户代收货币资金的行为。其中，受理终端是指通过银行卡信息读入装置生成银行卡交易指令要素的各类支付终端，包括 POS、转账 POS、电话 POS、多用途金融 IC 卡支付终端、非接触式接受银行卡信息终端、有线电视刷卡终端、自助终端等类型；收单机构，是指与持约商户签订银行卡受理协议并向该商户承诺付款以及承担核心业务主体责任的银行业金融机构和非金融机构。当这里所指的银行卡收单机构为第三方支付机构时，这个第三方支付机构便是提供银行卡收单服务的第三方支付机构。

5.3 网联平台

5.3.1 网联平台的介绍

网联平台的全称是"非银行支付机构网络支付清算平台"，是全国统一的清算系统，主要处理非银行支付机构发起的涉及银行账户的网络支付业务，实现非银行支付机构及商业银行一点接入，提供公共、安全、高效、经济的交易信息转接和资金清算服务，简单来说就是非银行支付机构与银行连接的一个支付通道。这里所指的非银行支付机构，即是本章所讲的第三方支付平台。

前面介绍过第三方支付平台的前身"网关",是连接交易中的买卖双方和银行之间的纽带,帮助买卖双方实现资金的转移,这种支付的模式的实现,依靠的是第三方支付平台与多家银行连接,当付款方使用某家银行的银行卡通过第三方平台进行支付时,其实是将资金转移到该第三方支付平台在该银行的账户中;同理,收款方收款时使用的是哪一家的银行卡,第三方支付平台便通过其在该银行开设的账户完成付款。由于在这种模式中,第三方支付平台是直接与各银行连接的,所以称为第三方支付的银行直连模式(图 5-2)。但在这种直连模式中,交易双方的详细交易信息为第三方支付平台所拥有,对银行、央行来说,交易的过程、数量、金额都不透明,损失了这些金融数据,央行无法准确地进行金融监管和货币政策的调节,由此产生了一系列洗钱、诈骗等非法活动,于是产生了间连模式,即网联模式。

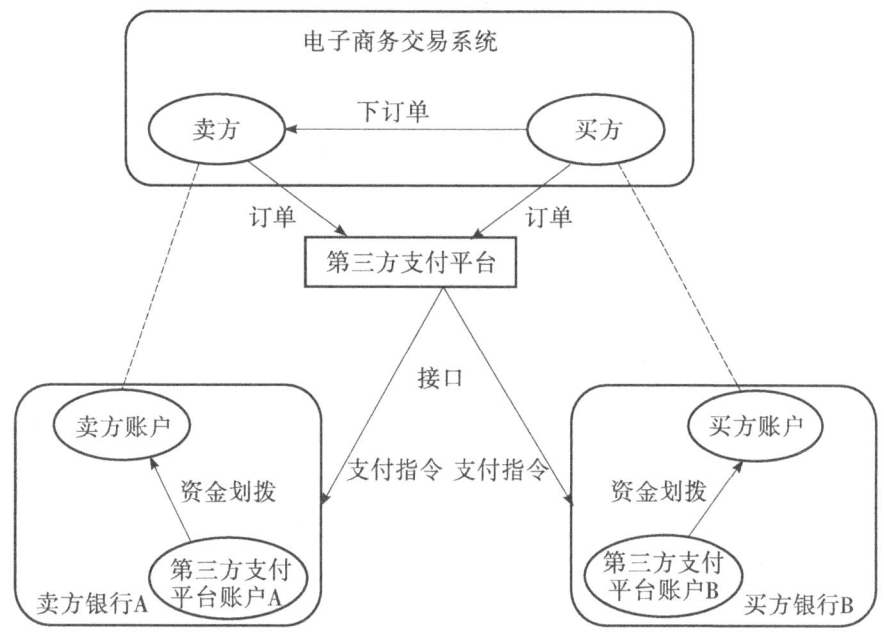

图 5-2　第三方支付的银行直连模式下的支付流程

图 5-3 为网关模式下的支付流程。由图 5-3 可知,在网联模式下,网联平台切断了以往第三方支付平台与银行连接的接口,第三方支付平台中所经过的每一次用户交易指令,都要经过网联平台,网联平台获取所有的用户交易数据,大大提高了清算信息的透明度,为创造一个合法、公平、安全的金融环境创造了有利条件。

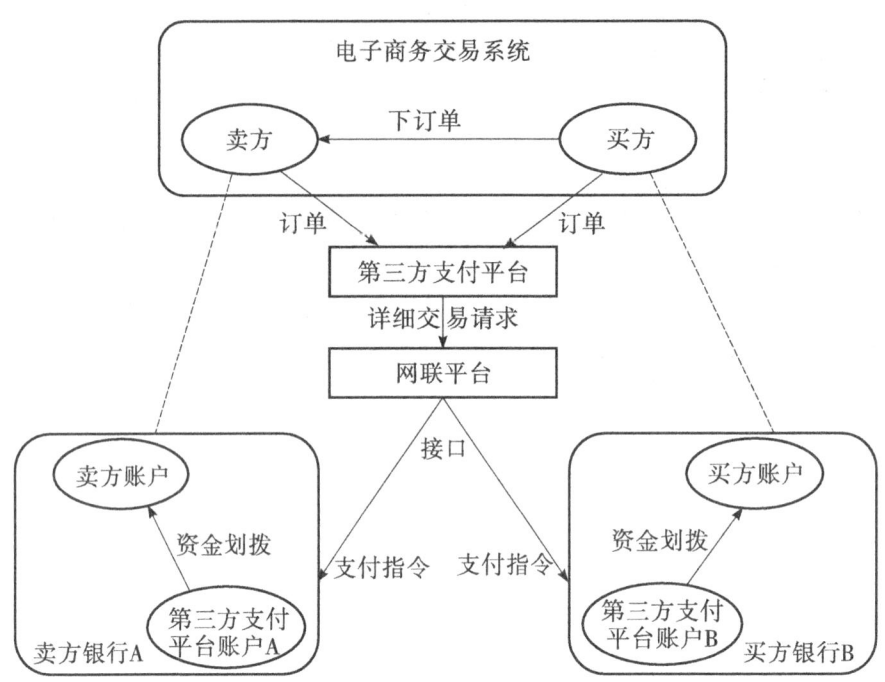

图 5-3　网联模式下的支付流程

5.3.2　网联平台的影响

1. 对第三方支付平台的影响

在网联模式出现以前，第三方支付平台直接连接各银行，经过平台的每一笔资金转移银行都会向平台收取一定的手续费，随着第三方支付平台的用户数量和沉淀资金的增加，其议价能力也随之增加，在这种情况下，第三方支付平台的发展呈现了两极分化的趋势，一些发展得较好的大型平台所取得的费率降低，随之收益也不断增加；但中小型支付平台议价能力不如这些大型平台，其发展受阻。面对这一行业竞争不平衡的情况，网联接口统一银行收取的手续费的费率，之前的大型支付平台的议价权消失，而议价能力弱的支付平台享受较低的费率，有利于整个行业的平衡有序发展。

不仅是费率的统一产生了影响，第三方支付平台接入网联平台后，大量的交易数据不得不公开透明化。随着信息时代的到来，数据的价值巨大，对于这些数据的二次开发和应用可以带来无尽的财富。特别是对于支付宝、微信等几个大型支付平台，数据优势的丧失必然会进一步削弱其寡头地位。

网联模式下，网联平台对于每笔交易都进行监管并且对于各平台的备付金（即第三方支付平台在各银行开设的账户中的沉淀资金）进行统一管理。一些第三方支付平台在直连银行模式下，没有得到有效的监管，产生一些"隐性收入"，随着网联平台的使用，这些"隐形收入"必定会消失，这些第三方支付平台想要继续生存，必然要回归支付的本质，创新支付产品和优化支付体验，而随之带来的是整个行业良好发展的风气。

2. 对银行的影响

在直连模式下,银行不仅损失了大量的用户交易信息,还被一些议价能力强的大型第三方支付平台压低费率,可谓是损失惨重。网联平台启动后,统一的费率似乎没有带来更高的收入,所有用户交易信息也由网联平台获取,但毕竟网联平台归央行主管,未来银行与网联平台合作得到用户交易数据也不是不可能。

3. 对银联的影响

在第三方支付交易信息不透明所导致的一系列金融风险盛行的时候,央行曾经考虑过以银联作为现今网联的角色,对第三方支付平台进行统一监管,但被各第三方支付平台以不公平竞争为由拒绝了,而网联的出现,让银联长久以来想要把银行卡网上交易的信息收归囊中的愿景落空了。

2018年1月29日,中国银联正式宣布,新一代银联无卡业务转接清算平台正式向各类成员机构全面开展大规模的各类业务承载服务。这意味着银联与网联这对"亲生兄弟"正式开始了在第三方支付清算领域的"战争"。

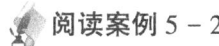
阅读案例 5-2

网联平台捆住了手脚?银联即将实现大逆转

2017年,央行推出"网联支付平台"的时候,人们都在哀叹银联怎么就"凉"了。然而半年时间过去了,第三方支付平台接入银联的方案出现,银联正在完成一次前所未有的大逆转。

传闻中的接入方案指出,微信和支付宝的收单业务将接入银联流程。此外,针对联机交易处理、相关原则、微信和支付宝存量商户和新增用户如何入网,方案也均作出相应解释。显然,这样的方案对于银联来说是一个重大利好消息。

银联之前的式微主要来自移动支付的兴起。2017年,银行业金融机构共处理电子支付业务1525.8亿笔,金额2419.2万亿元。其中,网上支付业务485.78亿笔,金额 2075.09万亿元;移动支付业务375.52亿笔,金额202.93万亿元,同比分别增长 46.06% 和28.8%。

与之相对比的是,2017年全国共发生银行卡交易1494.31亿笔,金额761.65万亿元,同比分别增长29.41%和2.67%,增长的速率远远不及移动支付。由于移动支付的高效与便捷,银联已经开始流失之前所占据的市场份额。

2017年8月的时候,中国支付清算协会已经要求支付宝和财付通等45家机构签署《网联清算有限公司设立协议书》,并敦促他们在2018年6月30日前全部接入"网联",放弃以往的直连模式。

如果央行希望能够对移动支付进行监管,那么拥有网联平台就已经足够了。不过,一阵新零售的风吹来,给了银联一次机会。

各大电商平台早已不满足于在互联网上卖货。无论是线下实体店,还是无人零售店,线下支付场景越来越多,因此需要推出一个包含市场、技术、运营、客服在内的一站式解决方案。银联恰恰符合类似的定位。

现在常见"新零售"线下店中,支付宝和微信支付都是它们主要的支付方式。如果"新零售"成为今后社会主流的话,金融、消费大数据必将被支付宝、财付通等机构垄断,形成数据寡头。因此,争夺这些数据的控制权,也是央行推出网联之后还要支付宝、微信接入银联的重要原因。

有一些专家指出,银联在和网联中心的竞争中逐渐占据了优势地位。银联自身的线下优势和合法清算的"身份"可以让它聚拢一些第三方平台加入。截至2017年底,银联已接入银行数量近200家,接入支付机构近40家,并于2018年6月30日完成全部切量。凭借着这样的接入数量,足以让银联有底气与网联平台平起平坐。

然而令形势更加复杂的是,银联与众多第三方支付平台也存在着竞争关系。在2017年2月份的时候,银联云闪付APP中开始支持免费转账,并且推出相关的二维码产品。这些动作很明显指向的是支付宝和财付通等第三方支付平台。

根据艾瑞咨询提供的数据显示,国内移动支付市场份额中,支付宝占据74.31%,财付通占据13.18%,而银联的市场份额仅为个位数。现在,银联迎来了逆转战局的最好时机。一旦支付宝和微信接入银联,整个支付市场势必迎来一次新的洗牌。

银联自己是有忧患意识的,不然也不会在2017年联合苹果的移动支付服务Apple Pay展开多项补贴活动。二维码支付让银联非常头疼,街边的小店都在使用扫码支付,但大部分的店家使用的都是支付宝或者微信支付,没有银联支付的份儿。

然而,央行的两记重拳让银联的这种危机化为乌有。2018年4月1日开始,使用静态条码进行支付的,风险防范能力为D级,同一客户银行或支付机构单日累计交易金额应不超过500元。这样的规定虽然并不影响消费者正常支付,但对于一些交易金额超过500元的消费场所,需要它们购买扫码设备,提升商户的成本显然会让第三方平台流失一部分用户。

二维码支付的限制和微信支付宝接入银联,这样的局面显然可以帮助银联实现反杀。央行官方尚未正式公布微信、支付宝接入银联的方案。不过从整体管控的趋势来看,加大对支付清算市场乱象的整治工作是势在必行的。防止第三方平台垄断金融和消费数据,也需要银联发挥它的作用。

(资料来源:新浪银行综合 http://finance.sina.com.cn/money/bank/bank_hydt/2018-03-16/doc-ifyshfuq0614570.shtml。)

问题:
1. 阐述银联与网联的相同点与不同点。
2. 根据材料,说明银联与网联的竞争、与第三方支付平台的竞争分别体现在哪些方面。
3. 在银联和网联的竞争中,你比较看好哪一方,为什么?

5.4 第三方支付行业的监管

5.4.1 第三方支付发展中存在的问题

随着第三方支付发展的不断深入,无论是新兴的互联网企业还是传统企业,都开始涉足第三方支付行业，更多竞争者的进入有力地促进了行业的发展，但由于缺少监管而带来的一系列发展问题也不得不引起人们的重视。

首先，由于行业的准入门槛较低，第三方支付机构的注册资金规模、资质参差不齐，对于用户的资金、个人信息的保护力度不强，其安全系统面临重大风险；其次，各第三方支付机构在各银行都有多个备付金账户，该平台的用户交易信息无法得到有效监管，导致诈骗、洗钱等犯罪案件层出不穷；最后，每天数以万计的资金流动产生了巨量的沉淀资金，第三方支付机构作为沉淀资金的保管人，能否对这笔资金进行有效的管理以保障用户的权利，是未知数。另外，由沉淀资金产生的巨额利息的分配，也容易引发支付风险和道德风险。

5.4.2 第三方支付的监管措施

中国人民银行于 2005 年 10 月颁发了《支付清算组织管理办法（征求意见稿）》，业界很多人认为，这个管理办法正式稿的办法将对第三方支付企业进行清理，该管理办法对第三方支付企业的准入门槛进行了明确的规定，对第三方支付企业进行了规范。但第三方支付企业的发展既需要有序，同时也需要引导和保护。2009 年，中国第三方支付市场规模达到 5766 亿元，与支付相关的企业达到 300 家以上。由于没有相关监管政策配套，第三方支付行业处于监管的空白期，挪用资金、非法套现等行为接连发生，整个支付行业陷入了混乱。2010 年，央行出台了《非金融机构支付服务管理办法》，确立了第三方支付相关的配套管理办法和细则，通过审核发放第三方支付牌照的方式把第三方支付机构开始纳入国家金融监管的领域内，并规定无支付牌照的第三方支付机构不得从事支付相关业务，这也意味着第三方支付行业的监管正式进入了全面规范化发展的时代。

第三方支付牌照，又称支付业务许可证，是中国人民银行为了加强对从事支付业务的非金融机构的管理而依法核发的非金融行业从业资格证书。所有的非金融机构要想提供包括网络支付、预付卡的发行与受理、银行卡收单和央行确定的其他支付服务在内的支付服务，必须按规定取得"支付业务许可证"，成为支付机构后才能进行。支付业务许可证也根据这四类支付服务分类，实际上能拿到全种类牌照的第三方支付机构不多。支付业务许可证自颁发之日起有效期为五年，取得牌照后，支付机构要在有效期满前 6 个月内向所在地人民银行分支机构提出续展申请。

2011 年 5 月 26 日，央行正式发放首批第三方支付牌照，27 家第三方支付公司成为央行认可的合法的第三方支付平台。2011 年到 2015 年这段时间，是央行发放第三方支付牌照的高峰期，像智付支付、支付宝、拉卡拉、快钱等具有代表性的支付平台就是在这期间获得支付牌照的。截至 2018 年 3 月，央行分 8 批发放了支付牌照，中国人民银行记录在册的拥有支付牌照的机构数量为 243 家。在第三方支付行业随着支付牌照的发放不断规范的同时，2015 年以后，央行紧缩了支付牌照的发放数量，收紧了第三方支付监管，频频开出罚单。自 2015 年 8 月起，已有 28 家机构注销了支付牌照。

第三方支付机构所持牌照类型见表 5-1。

表 5-1 第三方支付机构所持牌照类型

业务类型 支付企业	互联网支付	移动电话支付	固定电话支付	预付卡发行与受理	银行卡收单	数字电视支付
支付宝（中国）网络技术有限公司	√	√		仅限于线上实名支付账户充值	√	
财付通支付科技有限公司	√	√			√	
快钱支付清算信息有限公司	√	√			√	
网银在线（北京）科技有限公司【京东】	√	√			仅北京	
易宝支付有限公司	√	√			部分地区	
易智付科技（北京）有限公司【首信易支付】	√	√				
PayPal Holdings，Inc.						
银联商务股份有限公司	√	√		√	√	
拉卡拉支付股份有限公司	√	√		√	√	√
联通支付有限公司	√	√	√	仅限于线上实名支付账户充值	√	
中移电子商务有限公司	√	√		仅限于线上实名支付账户充值	√	
天翼电子商务有限公司	√	√	√	仅限于线上实名支付账户充值	√	

5.5 国内的第三方支付平台

5.5.1 支付宝

2003 年 10 月 18 日，淘宝网正式推出"支付宝"服务，主要针对淘宝网交易中的支付信用问题进行担保，使得淘宝网的用户能够以更为安全且快捷的方式进行交易的支付。支付宝的推出解决了限制淘宝网发展的支付瓶颈问题，并且也成了淘宝的资金流工具。此时支付宝只是淘宝网所提供的一种支付担保服务。

2004 年，在淘宝的用户不断增加的基础上，阿里巴巴高层意识到支付宝不应该仅仅只是依附于淘宝网的一种工具，而应该成为"所有电子商务网站的一个非常基础的服务"。于是同年 12 月，浙江支付宝网络科技有限公司成立，支付宝网站正式上线，标志着支付宝正式独立于淘宝网，成为独立的第三方支付平台。从这一转折点开始，支付宝慢慢与越来越多的商家和银行合作，发展成为中国最大的第三方支付平台之一。

2008年2月，随着智能手机和移动互联网的普及，支付宝推出手机支付业务。随着支付宝在移动支付领域的不断发展，支付宝也慢慢从线上渗透线下的种种支付场景中。手机支付宝发展至2019年1月，已推出包括充值、缴费、保险等6大板块共48个功能为一体的综合性第三方支付平台。

2011年5月26日，支付宝获得中国人民银行颁发的国内第一张"支付业务许可证"（即第三方支付牌照）。

2013年6月，支付宝推出账户余额增值服务"余额宝"，凭借其低门槛、高收益的特点，又背靠支付宝这一拥有庞大用户群体的第三方支付平台，在上线短短18天后就吸引了66亿元的投资。正是由于余额宝的出现，使得2013年成为普遍认可的中国互联网理财元年。而余额宝的出现，也使得以支付宝为代表的第三方支付平台与银行的业务冲突越来越明显。

2015年7月8日，支付宝9.0上线，其增加的"商家"（现为"口碑"）与"朋友"板块，实际上是支付宝基于多年的技术积累、用户积累、数据积累，以"支付"与"信用"为两大核心搭建起全场景支付闭环体系，开始实现由应用向生态的稳健转型。

5.5.2 微信平台

2011年1月21日，腾讯公司推出了一个为智能终端提供即时通信服务的免费应用程序，即微信，凭借其强大的社交功能以及"连接一切"的定位迅速在两年内吸引了2亿的用户。

2013年8月，随着微信5.0版本的推出，微信支付正式在微信上线，依托于微信的庞大用户基数和社交群体，晚了支付宝十年的微信支付推出伊始便收获了大批的用户。

2015年2月，开创了春晚红包的微信平台，以10.1亿次的红包收发数创造了春节全民红包互动的新高潮。

直至今日，微信支付已在社交、线上、线下、海外四个发展方向中不断拓展自身的使用场景，基于微信平台本身的用户价值，不断推进自身的生态布局，成为当下唯一能够与支付宝抗衡的第三方支付平台。

5.5.3 贝宝（PayPal）

贝宝是在全球有亿万用户的国际贸易支付工具 PayPal 的中文名称。早在1999年10月便诞生了有记录的首笔贝宝支付交易。

2002年，贝宝与电子交易市场 eBay 合并，成为全球互联网界最经典的并购案之一。借着 eBay 来自全球各地的庞大用户群，PayPal 得到快速的发展，2003年贝宝的年收入涨幅超过300%。

2006年，贝宝移动发布，为消费者提供首个基于短消息、可通过手机转账的支付服务，开始了对于移动支付的探索。

2015年，贝宝宣布与 eBay 拆分独立，开始多元化的发展，逐步摆脱对 eBay 的依赖。贝宝与支付宝的发展历程十分相似，但发展方式与发展目标都有所不同，首先贝宝最开始是以独立的第三方支付工具诞生，其后的发展主要依靠并购与收购，而支付宝主要是依靠自身的电子商务平台发展；其次贝宝的定位是"成为在线支付的标准"，而支付宝的发展目标是成为"金融的变革者"。无论是所处的市场环境，还是自身战略，两者还是存在着非常大的不同。

5.5.4 腾讯财付通

财付通是 2005 年 9 月腾讯公司推出的第三方支付平台，致力于为互联网用户和企业提供安全、便捷、专业的在线支付服务。当时的财付通背靠 QQ 的用户资源及拍拍网的商务资源，轻松占据了第三方交易平台仅次于支付宝的份额。

值得注意的是，财付通和微信支付、QQ 钱包都是同属于腾讯的支付产品，但只有财付通是独立地取得了支付牌照的第三方支付平台，而微信支付、QQ 钱包只是依靠财付通的前端支付渠道。

经历了拍拍网被京东收购、微信支付推出等一系列事件，财付通已经由起初与支付宝类似的依附电子商务平台的第三方支付平台演变成为微信支付、QQ 钱包提供安全的底层技术支持的第三方支付平台。

5.5.5 快钱

2005 年 1 月，国内首家基于 Email 和手机号码的综合支付平台——快钱正式上线，这也是国内最具知名度的开放式第三方支付平台之一。成立初期，快钱以"独立的第三方支付平台"作为自己的定位，但不同于支付宝、财付通这些专注于 C2C、B2C 支付的平台，快钱意识到随着电子商务的不断发展，B2B 业务中的支付业务必然也随着传统企业的电子商务化而不断壮大，于是将业务重心不断向企业间的支付业务转移，这样快钱不仅避开了已经被支付宝等大型第三方支付平台瓜分的市场，还逐渐清晰了自己的经营模式——成为连接各家银行与企业的网关，成为银行和企业之间资金快速流通的通道。由于只专注于做支付这一件事，快钱避免了与商户的竞争，消除了商户对于信息和数据安全的担忧。

5.5.6 京东钱包（原网银在线）

2003 年，专注于电子支付的网银在线成立。2011 年网银在线成为首批获取支付牌照的第三方支付平台。2012 年，开始在第三方支付行业攻城略池的京东收购了网银在线，从此，网银在线（北京）科技有限公司成了京东集团的全资子公司。背靠京东这一庞大的电子商务平台，网银在线也获得了飞速的发展，京东从此也摆脱了在支付行业对于支付宝和微信支付的依赖，开始发展自己的第三方支付体系。2015 年，网银在线正式更名为"京东钱包"。

5.5.7 易宝（YeePay）

2003 年 8 月，北京通融通信息技术有限公司正式成立，2005 年该公司推出了易宝支付电子支付平台，并更名为易宝支付有限公司。2013 年，在成立十年之际，易宝支付发布"支付+金融+营销"战略,正式向综合化的第三方支付平台发展。2015 年,易宝又推出了"支付+金融+营销+征信"的升级战略,致力于建设互联网金融和移动互联网营销开放共享的生态系统。

5.5.8 首信易支付

首信易支付是我国首家第三方支付平台,早在 1999 年 3 月就开始上线运行,其前身首都电子商城是 1998 年 11 月由北京市政府、中国人民银行、工业和信息化部等中央部委共同发起的首都电子商务工程的重要组成部分,也是由于这一背景,首信易支付拥有众多的大型中小型政府企业、政府机关、社会团体作为其用户,也是中国唯一架设在政府专网的第三方支付平台。

首信易支付还在 2014 年成为苹果 Apple Store 和 iTunes 在中国大陆首家也是唯一一家支付服务的合作伙伴。早在 2002 年,首信易支付就与亚马逊中国的前身"卓越"签约为其提供网上支付服务,至今仍在与亚马逊携手共同发展其在中国境内的业务。

除此之外,首信易支付还是目前境内支持银行卡种最多、覆盖范围最广的电子支付平台之一,其在国际收单业务等方面的服务依然是第三方支付行业中的翘楚。

5.6 微信支付、支付宝和华为支付、苹果支付的对比

5.6.1 相同点

(1) 四种支付平台都是互联网第三方支付平台。
(2) 四种支付方式都需要有账户,即四种支付平台都是黏性支付平台。
(3) 四种支付方式都有线上和线下两种支付渠道,但各有侧重。
(4) 四种支付方式都一定程度地依赖外部硬件设施。
(5) 四个支付平台的发展均离不开庞大的用户群体。
(6) 四种支付方式均有金融级别的安全体系。

5.6.2 不同点

1. 独立账户体系/原有

在四个支付平台中,只有支付宝是拥有独立的账户体系的,其他三个支付平台分别都有依赖的账户体系,即微信账户、苹果 ID 和华为账号。

2. 资金沉淀

在四个支付平台中,仅有支付宝拥有沉淀资金,即用户支付之后,支付的资金会流入平台的账户,直至用户确认收货后资金才会转移到卖家账户。其他三个支付平台均无沉淀资金。这也决定了支付宝作为第三方支付平台"居中的资金管理者"的定位,而其他三个平台则是方便用户进行支付的"支付通道",造成这一现象的原因是,要动摇支付宝在第三方支付市场上的份额,其他的平台必须不留恋存量资金,在快捷支付的基础上进一步简化支付流程,保持自己在支付流程上的客户体验优势,就能对支付宝造成持续

压力,而支付宝恰恰又没法舍弃安身立命的存量根基去和这些平台拼流量。

3. 核心竞争力

支付宝的核心竞争力是深深地抓住购物人群,从淘宝到天猫再到其他大的购物平台,实现从商品浏览到支付提供良好的便捷性和保障性,因此核心用户的忠诚度和用户黏性是支付宝最大的优势。微信支付的核心竞争力是微信庞大的用户人群,微信已经覆盖中国90%以上的智能手机,月活跃用户超过10亿,用户覆盖200多个国家、超过20种语言,目前微信的注册用户已经有10亿人左右,这也是微信支付的优势。而苹果支付和华为支付作为手机厂商所推出的支付方式的代表,其核心竞争力便在于支付所用的硬件提供的支付流程的简化和支付安全性的上升。相对于支付宝和微信支付所依赖的软件和网络,苹果支付和华为支付以手机当作卡片进行支付的方式无疑要便捷得多。

4. 本质与目标

微信支付和支付宝所提供的服务远多于苹果支付和华为支付,例如微信支付的零钱通和支付宝的余额宝都是一种货币基金,用户可以通过购买进行理财等。这也是各第三方支付平台的本质和目标的不同所造成的。

支付宝和其身后的淘宝、天猫目标相同,都是希望用户在它的体系内可以满足所有需求,它们虽然欢迎别的机构进入体系内成为必要补充,但是并不希望用户通过这个体系向外获取其他服务。所以必然会在自身的平台向用户提供尽可能多的服务,以完善自身的生态。

微信支付背靠中国最大的社交平台——微信,而微信的背后是中国的互联网三巨头之一的腾讯,拥有如此庞大的用户群体,腾讯必然也不会错过构建自身生态的机会。而微信本身的社交属性,也决定了它需要满足用户的各种需求,提供一些服务。

而苹果支付和华为支付这些手机厂商,推出支付服务只是简化用户生活行为而存在的众多产品、服务之一。其简单、人性化的服务(包括硬件和软件)是它的核心卖点。而不会如支付宝、微信支付一样挖掘用户支付行为中的变现可能。

5. 线上—线下/软件—硬件两维度对比

从客户(付款方)的角度,互联网支付有两个分类:线上支付和线下支付,软件支付和硬件支付。通过这两个分类,就有四个象限,如图5-4所示。

支付宝、财付通、快钱、微信支付等,都是属于第一象限,客户在线上通过软件进行支付。例如,淘宝购物用支付宝结算、滴滴打车用微信支付就是这种形式。第四象限的模式从逻辑上来说,是不存在的。

从表面上看,第二象限的支付宝和微信支付,跟第三象限的苹果支付和华为支付相似,都是拿着手机支付。但是本质上还是有区别的,支付宝和微信支付主要用的是软件,而苹果支付和华为支付用的是硬件。

图 5-4 四平台线上—线下/软件—硬件两维度对比

本章小结

本章首先介绍了第三方支付的概念、产生及发展，进而引出第三方支付与银行既合作又竞争的复杂关系。

其次，对第三方支付平台独立的第三方网关模式、有电子交易平台且具备担保功能的第三方支付网关模式和有电子商务平台的第三方支付网关模式进行了详细说明。

从两种不同的角度出发将第三方支付平台进行分类：根据第三方平台所依托的基础分为黏性平台和开放平台；根据第三方平台所提供的服务分为网络支付、预付卡发行与受理服务、银行卡收单三大服务的平台。

最后，对各知名第三方支付平台进行了介绍，并以支付宝、微信支付、华为支付和苹果支付为代表进行了异同分析。

关键术语

第三方支付　支付网关　支付牌照/支付许可证　黏性平台　开放平台

综 合 练 习

一、填空题

1. 所谓第三方支付，就是一些和国内外各大银行签约并具备一定实力和信誉保障的第三方独立机构提供的_____。在通过第三方支付平台的交易中，_____选购商品后，使用第三方平台提供的账户进行货款支付，由第三方通知_____货款到达、进行发货；_____检验物品后，就可以通知付款给_____，第三方再将款项转至_____账户。

2. 支付网关的特点是将互联网传来的数据包解密，并按照银行系统内部的通信协议将数据重新打包发送给银行，然后接收银行系统内部传回来的响应消息，再将数据转换为互联网传送的数据格式并对其进行加密，即支付网关主要完成_____、_____和_____数据加密功能以保护银行内部网络。

3. 根据目前市场上第三方支付公司的运营模式可分为三种：_____模式、_____模式和_____模式。

4. 网联平台的全称是_____。

二、判断题

1. 如果没有第三方支付平台，买卖双方的支付活动也能够通过银行直接进行。（   ）
2. 有电子商务平台的第三方支付网关模式一定会提供担保。（   ）
3. 网联平台的出现降低了第三方支付平台的议价能力，增加了银行的收入。（   ）
4. 支付宝属于原有账户体系的第三方支付平台。（   ）
5. 支付宝和微信支付主要依靠软件，而苹果支付和华为支付主要依靠硬件。（   ）

三、选择题

1. 以下选项中，（   ）不属于第三方支付平台。
   A. 支付宝   B. 微信支付
   C. 贝宝   D. 首信易支付

2. 根据目前市场上第三方支付公司的运营模式，可以将第三方支付平台分为三种类型，下列哪一种不属于这个分类。（   ）
   A. 独立的第三方网关模式
   B. 有电子商务平台的第三方支付网关模式
   C. 有电子交易平台且具备担保功能的第三方支付网关模式
   D. 有电子交易平台但不具备担保功能的第三方支付网关模式

3. 2011年5月26日，（   ）获得中国人民银行颁发的国内第一张"支付业务许可证"。
   A. 支付宝   B. 微信支付
   C. 首信易支付   D. 快钱

4. 网联平台简单来说就是一个（   ）。
   A. 第三方支付网关   B. "支付通道"
   C. "居中的资金管理者" D. 黏性平台

5. 我国首家第三方支付平台是（   ）。
   A. 支付宝   B. 微信支付
   C. 首信易支付   D. 快钱

四、简答题

1. 简述第三方支付的产生过程。

2. 简述第三方支付平台和银行的"合作关系"和"竞争关系"分别体现在哪些方面。
3. 试探究央行近几年对第三方支付的监管越来越紧缩的原因。
4. 举出你常用的几个第三方支付平台，并对其优点和缺点进行分析。
5. 你认为第三方支付未来会如何发展？

 实际操作训练

熟悉一个国内比较有名的第三方支付平台，并申请该平台的支付账号，通过该支付账号，进行一次完整的电子商务，并实时进行网络支付。描述开户的过程，以及实际支付过程，并谈谈你对该过程的体验感受。

 分析案例

"一带一路"机遇下，跨境支付成第三方支付的新战场

说起第三方支付，人们都会第一反应想到支付宝和财付通，它们会不会在跨境支付再次上演共同瓜分市场的情形呢？确实，国内网络支付市场越来越呈现两强争霸的格局，支付宝和财付通占据了近9成的市场份额，致使其他第三方支付企业的生存空间被大大压缩。但由于跨境商业市场的复杂性和多样性，坐拥电商场景或用户优势的两大巨头，在跨境支付上并没有具备国内网络支付市场上那样的巨大优势。

比如跨境电商方面，供应链能力的重要性并不逊色于平台和用户。阿里巴巴虽然有平台和用户优势，但旗下的天猫国际却没能确定起绝对的领先地位。天猫国际市场份额排名第一，但只有2成稍多一点，没有拉开与京东全球购、网易考拉等其他对手的距离，相互之间异常胶着。这就使得支付宝想通过阿里的大平台优势实现扩张的想法落空了。

财付通基于社交优势，以高频的应用抢占和培养了移动支付习惯，积累了庞大的C端用户，但是面对丰富的跨境业务场景与支付产业链条，如银行收单、国际结算、货币兑换等环节，还有更多的空间去挖掘拓展，这些环节都蕴藏着有待开发的巨大市场价值。

传统支付方式应对市场变化的不足，和网络支付巨头的优势难以发挥，给了其他第三方支付企业大展拳脚的机会。它们在2C市场与巨头相比确实没有任何优势，但在2B业务上却站在了同一起跑线上。由于规模成本和组织机构的原因，其他第三方支付企业可能比巨头更加灵活以及具有成本优势。因此，一些有实力的厂商依靠自身技术和服务的优势，通过提供行业解决方案或定制服务，来紧盯利润更加丰厚的2B业务，试图在跨境支付市场上获得最有价值的部分。

目前第三方支付企业中除两大巨头外，还有28家获得了跨境支付牌照。与很多第三方支付企业持有支付牌照却没有实际开展业务不同，目前这30家企业中很多进入了跨境支付市场，而且涉及的行业侧重点有所不同。这也从侧面显示出，目前跨境支付的整体竞争环境，要优于国内的网络支付市场。

跨境支付之所以会成为第三方支付的新战场，除了市场状况和企业策略外，还有一

定的客观有利因素在内。央行于2015年推出的人民币跨境支付系统（CIPS），从业务流程、服务协议、技术规范等多方面构建起了人民币跨境支付业务的基础。相比传统的大额支付系统，CIPS的优势非常明显：

（1）在整合现有人民币跨境支付结算渠道的基础上减少了中间流程，境外公司可通过国内的分支机构实现人民币结算，从而提升了跨境结算效率和交易安全性。

（2）采用国际通用的ISO 20022报文，标准化程度提升，有效降低了交易错误率。

（3）系统运行时间长，可覆盖欧洲、亚洲、非洲、大洋洲等不同地区不同国家的人民币主要业务时间。

尽管央行推出人民币跨境支付系统的目的是推动人民币在全球范围的使用，并最终成为全球货币，但客观上为第三方支付企业开展跨境支付创造了有利条件。在CIPS规则和技术标准的基础上，第三方支付企业可为企业提供更切实可行的行业解决方案或定制服务，而支付环节的改善，反过来又促进了跨境贸易和往来的繁荣增长。

扎根跨境支付2B服务市场，则给第三方支付企业带来了不菲的回报。以易宝支付为例，这家以行业解决方案和企业定制服务见长的第三方支付企业，在跨境支付市场仍然延续着自己的核心竞争力，将业务方向锁定在2B业务。易宝支付进入了货物贸易、留学教育、航空机票、酒店住宿等多个重点行业。

例如，针对跨境进口电商行业，易宝支付为电商企业提供了多元化的支付方式，完成支付后将货款购汇并及时付汇给境外供应商，不仅支持全币种，到账时效最快2小时。与此同时，易宝支付已与全国20余个海关实现对接，能够推送支付单信息至海关，并提供权威实名认证服务，覆盖了跨境电商业务场景，满足了客户需求。此外，对于留学行业，易宝支付针对行业痛点，解决了"全额到账"的难题，让家长、学生更加方便省心。

同时在新的行业模式上，易宝也从没停止探索的脚步。比如在边境贸易、供应链金融服务等方面也在投入精力，力图给客户提供更加完备的方案和更加极致的服务。

在看好跨境支付市场潜力和收益回报的前提下，众多第三方支付企业纷纷将其视为重要的新业务增长点也就不难理解了。

"一带一路"政策利好机遇难得，特别像跨境支付这样的市场机会并不常有。众多独立的第三方支付企业应抓住这难得的时机进入企业服务市场，加快企业转型的步伐，成为有核心竞争力的互联网金融服务商。

（资料来源：http://tech.sina.com.cn/roll/2018-01-21/doc-ifyquixe5444721.shtml.）

根据分析案例所提供的材料，试分析以下问题。

（1）什么叫第三方支付？第三方支付在电子商务中所起的作用有哪些？

（2）以一个第三方支付平台为例，说明第三方支付的流程。

（3）目前主要的第三方支付平台有哪些，它们之间的区别是什么？

（4）第三方支付平台要想在跨境支付的竞争中取胜，你认为需要做什么？

第6章 移动支付、微支付与云支付

教学目标

通过本章学习，了解移动商务及移动支付相关技术，明确移动支付产业链涉及成员及其关系，掌握三种不同的移动支付方式，并且掌握有关微支付、云支付等相关内容。

导入案例

从"双寡头"到"三足鼎立" 移动支付下半场何去何从

这几年，支付宝和微信支付在移动支付领域"你追我赶"；而作为"大佬"的银联亦不甘落下，动作频频（图6-1）。未来，移动支付市场是"双寡头"还是"三足鼎立"？

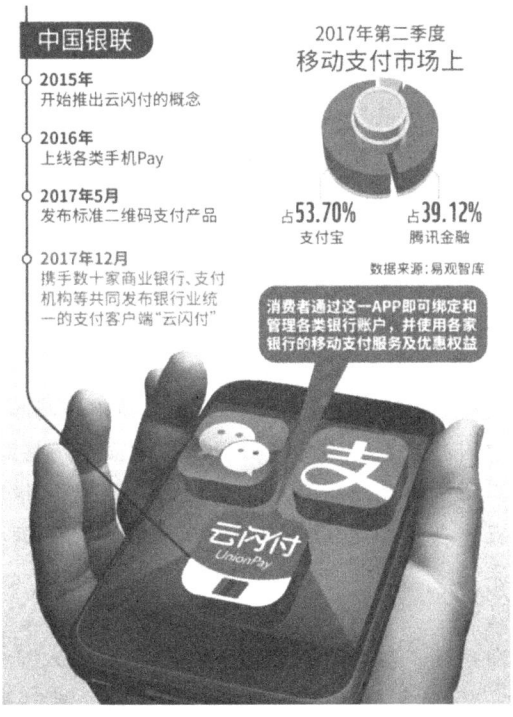

图6-1 2017年中国移动支付"三足鼎立"格局

电子支付

一、交通场景之争

回首过去这几年，从商超、外卖、打车、医院，再到街头巷尾的小摊……无一处不是支付宝与微信支付等巨头争夺的场景。进入2017年，巨头们则将这一战火引向了被视为移动支付的最后一片蓝海——公共交通出行。为何它们都将出行交通作为2017年布局的重要领域？

马化腾在合肥推广乘车码时指出，乘车码所覆盖的公共交通系统，是下一个高频、高黏度、低额度的交易场景。根据交通运输部数据，每天约有2.5亿人次选择乘坐公共交通出行，全国公共交通年完成客运量超过900亿人次。谈及竞争，刘晓捷更是坦言："公共出行领域不是互联网巨头争夺支付场景的工具，只有这个行业的公交公司、地铁公司、一卡通公司也因为互联网技术变成了'更好的自己'，实现商业模式的升级，'互联网+'大出行才算真正彻底落地。"不管怎样，交通出行可挖掘的空间很大，而这块领域之争则刚刚开始。

二、市场格局之变

长期以来，支付宝一直占据着中国移动支付市场的主导地位。

而自2013年以来借力红包大战和高频的社交服务，微信支付异军突起，一时之间，财付通迅速与支付宝分庭抗礼，给后者带来不小压力。2017年初，马化腾更是表示，微信支付在线下已经全面超越支付宝。"2016年整个线下支付发展非常快，超出我们的预期。对当时的竞争态势，我们确实有过危机感。"蚂蚁金服副总裁袁雷鸣坦言。

不过，支付宝也并没有坐以待毙，而是迅速调整战略，摒弃社交回归支付，2017年上半年扳回局面。根据艾瑞发布的2017年二季度第三方支付移动支付市场份额数据显示，支付宝市场份额占比从一季度的54%扩大到二季度的54.5%；微信支付背后的财付通则从上季度的40%环比回落至39.8%。而值得一提的是，2017年一季度，支付宝和财付通合计占据市场94%的份额，二季度这一数据更是升至94.3%。至此，第三方移动支付市场整体格局稳定，呈"双寡头"局面。

谁知在银联奋力反击之下，"双寡头"初定的局面则似乎将发生变化。继联合商业银行相继上线苹果支付、华为支付以及银联标准二维码支付功能之后，12月11日，中国银联联手商业银行、支付机构等产业各方共同发布银行业统一APP"云闪付"，共同打造移动端统一入口。一时之间，整个移动支付市场热闹非凡，不少人士表示，银联有望重塑移动支付市场。艾媒咨询分析师在报告中亦曾分析指出："银联或类似有优质制度资源的支付机构将迎来新一轮发展机遇，有机会打破现有支付宝、财付通双寡头市场格局。"此外，随着国家对互联网金融行业监管的加紧，现有市场搅局者可能来自体制或有制度背景的企业，未来中国移动支付市场将出现三足鼎立市场格局。事实上，这几年来，支付宝、微信支付依靠二维码快速攻城略地，曾经的"大佬"银联对各种创新似乎淡定许多，也显得落寞和孤寂。当然，这份淡定并不代表守旧、不拥抱创新，而是在默默发力寻求传统与创新的边界。

三、下半场之拼

随着流量红利的逐渐见顶，移动支付的竞争俨然已经进入了下半场。中金公司分析师姚泽宇此前分析指出，移动支付的竞争进入下半场后，参与者比拼的将是"金融生态"，也就是"支付带来的叠加价值"，包括信用、理财、保险、信贷、营销等多种服务，在提供消费者便利的同时，引导商家更多地接入和使用。这可以从2017年支付宝市场份额提升说起。仔细分析便不难看出，2017年支付宝市场份额的提升，除了缘于回归支付的战略调整之外，其实更得益于背靠蚂蚁金服提供的信用、理财、保险、消费信贷等多维业务，即支付之外，支付宝还能为用户、商户提供更丰富的金融价值。

与此同时，腾讯也在移动支付领域由社交向金融属性过渡，不断完善理财、借贷、证券和保险等领域。比如早在2017年9月，微信支付开启新功能"零钱通"测试，可以转账、发红包、还信用卡、扫码支付，同时零钱也能赚取收益，被市场上认为是对标余额宝。当月，腾讯还通过旗下的微众银行推出互联网银行卡——"微众卡"，而这张卡没有实体卡，与传统银行卡一样具有转账、存款、消费、理财四大核心功能。同时，与微信全面打通，微信里的零钱，乃至其他银行卡里的活期存款，都可转入微众银行里的"活期+"。可以说，虽然二季度财付通数据有所回落，但随着其在金融领域方面的布局，优势依旧不容忽视。易观的报告也曾分析指出，由于线下移动支付场景的持续发力，对线下移动支付布局的持续投入，腾讯金融第二季度个人服务类交易规模仍呈现爆发性增长。此外，腾讯金融开始将支付和理财产品线打通，以更稳定的费率获取合作伙伴支持，加上传统社交类支付（红包和社交转账），优势仍然在继续扩大。

而银联也多次联合商业银行，不断重塑金融生态。比如银联刚刚推出的银行业统一APP"云闪付"，它的强势之处就在于其对海量银行账户的利用与整合，汇聚各家机构的移动支付功能与权益优惠，消费者通过这一个APP即可绑定和管理各类银行账户，就可以使用各家银行的移动支付服务及优惠权益。同时，还可以享受APP提供的Ⅱ、Ⅲ类账户开户、手机NFC支付、二维码扫码、收款转账、远程支付等各类支付功能以及公共缴费。据悉，"云闪付"APP集合支持各类支付工具和支付场景下的返现、立减、折扣、激励金等营销活动信息展示、优惠获取和消费省钱，支持境内超过100家银行营销活动及重点卡产品权益展示。

中国人民大学重阳金融研究院客座研究员张敬伟此前分析指出，移动支付打造新"金融生态"，属于全民参与的创新驱动，这足可为新经济周期的中国和全球经济提供源源不断的发展动力。总的来说，下半场已来，而中国人民亦在不知不觉中享受上述种种"金融生态"。

（资料来源：节选自《华夏时报》"从'双寡头'到'三足鼎立' 移动支付下半场何去何从？"）

问题：

1. 各大移动支付在2017年为何将目光锁定到交通场景之中？
2. 移动支付为何发展得如此迅速？
3. 你认为当前移动支付还可以在哪些领域中有所发展？

从导入案例的数据，可以知道中国的移动支付已经拥有了坚实的用户基础，且用户的移动支付习惯也在趋于稳定，而随着5G时代的到来，移动支付业务更是将迎来前所未有的发展机遇，成为电子支付领域新的增长点，也将成为用户对移动功能需求的热点，存在着巨大的潜力。

现在，我国已经逐步步入 5G 时代，这意味着移动商务和移动支付的发展实现了一个飞跃，那么，什么是移动商务呢？移动商务跟移动支付又有什么关系？5G 等其他信息技术的更新又会给移动支付带来什么影响？本章将详细讲解和分析。

6.1 移动商务及移动支付的基本概念

20 世纪 90 年代初期，互联网的商业应用加快了电子商务的发展步伐，全球掀起了一场电子商务热潮，各国都在大力发展电子商务。近年来，随着移动通信技术的不断成熟，及移动通信终端的大力普及，传统的电子商务模式已经不能满足人们的需要，人们希望能够随时随地进行交易，而不仅仅是限制在有限的空间里。在这种情况下一种新的商务模式便产生了，这就是移动商务（M-Commerce）。

6.1.1 移动商务及其应用

移动商务是指在无线通信网络中，利用移动通信设备进行各种商务活动的一种全新商业模式。可以看出，移动商务是电子商务从有线通信到无线通信、从固定地点的商务形式到随时随地的商务形式的延伸。由于移动通信设备和无线技术固有的特性，使得移动商务比传统的电子商务更具灵活性、移动性和即时性。

移动商务的前景非常诱人，其中一个重要原因就是移动商务具有非常丰富的应用内容。比如即时通信、移动电邮、移动支付、移动搜索、移动股市、移动 CRM、手机广告、移动营销等。它的优势主要体现在不受时空限制、信息的获取将更为及时、提供更好的个性化服务、网络支付更加方便快捷四个方面。

1. 移动信息服务

移动信息服务业是一种创新产业。移动信息服务的范围非常宽广，其应用正由通信服务向企业商务活动和业务管理领域发展。主要应用有移动搜索信息服务、移动门户信息服务、多语种移动信息服务、移动商务信息定制服务和移动图书馆信息服务等。

2. 移动定位服务

移动定位服务又叫移动位置服务，指通过无线终端如手机、掌上电脑（PDA）等利用 GIS 技术、空间定位技术和网络通信技术，获取目标移动终端用户的准确位置信息（经纬度坐标数据）和方向相关信息，并在屏幕上的电子地图上显示出来的一种增值服务。依照移动定位服务的用途，移动定位应用服务可分成安全服务、信息服务、导航服务、追踪服务、休闲娱乐与商业服务等六大类型。使用者可通过手机、PDA 或可携式导航机（PND）等移动装置享受到丰富的位置应用服务。移动定位服务除了创造巨大的经济效益，同时也创造出很大的社会效益，比如其在公安行业信息化的应用就是一个很好的体现。

我国的移动定位服务是从 2003 年下半年起正式商用的，主要是基于短信方式的位置查找服务，2004 年基于 WAP、BREW/Kjava 和呼叫中心的位置服务推出，用户规模不断扩大，到 2006 年达到 4600 万。2007 年之后，移动定位服务市场进入成熟阶段。

2017 年，中国正式开始建造"北斗"全球卫星导航系统，定位服务获得快速发展，在技术和应用层面上得到了媒体和公众的关注。例如共享单车就是基于应用了北斗高精度定位的 LBS 定位技术进行运营的。目前，北斗高精度定位服务的消费级产品包括智能车载终端，手机、可穿戴设备及大热的共享单车。北斗高精度定位作为基础设施，将为物体提供精确的位置感知，架构起位置网络，在物联网中发挥越来越强的赋能作用。

3. 移动商务支持服务

移动商务支持服务是移动商务服务的一项重要内容，是直接围绕商务活动的促成提供各种便捷的、及时的、多维的支持性服务的过程。这个过程包括服务的扩展和延伸。移动商务支持服务的应用是围绕商务活动展开的，它主要的服务对象就是商务活动中的移动工作者。移动工作者是一类特殊的用户，他们具有时间位置相关性和不确定性，在动态环境中工作，并且要应对各种不可控因素，他们工作的特殊性需要移动商务支持。移动商务对移动工作者的支持主要集中在移动办公、信息和知识的移动或远程入口以及其他的一些特殊的、无法使用固定通信设备的领域中。目前移动商务支持在医疗、货物跟踪、售后服务等领域的应用已经获得成功。

4. 移动娱乐

目前，移动娱乐的需求是拉动移动商务应用普及最为可能的因素，越来越多的人会选择在移动环境中进行娱乐休闲。移动娱乐内容涵盖很广，包括图铃下载、视频点播、移动电视、星象占卜、虚拟服务、音乐下载、在线游戏等。

6.1.2 移动支付的概念

移动支付是一种新型的支付方式。移动支付既包括无线支付行为，也包括无线和有线整合支付行为。2000 年我国手机支付业务开始试运行，2002 年中国移动和中国联通正式开展了手机支付业务。2004 年中国移动再次推出将手机卡和银行卡绑定的移动支付业务。NFC 等非接触类移动支付技术的采用，将进一步推动移动支付的发展。随着移动通信技术的发展，以手机终端为代表的移动支付时代已经到来。

在移动商务中，商务活动的开展是在无线网络中采用移动终端设备来实现的。移动商务具有很大的灵活性，不局限于某个空间。因此，移动支付在移动商务中起着基础性的作用，移动支付的应用情况将直接影响到移动商务活动的开展。

目前对移动支付还没有一个标准统一的定义，被认可的定义归结起来有如下几种。

移动支付论坛认为：移动支付是指进行交易的双方以一定信用额度或一定金额的存款，为了某种货物或者业务，通过移动设备从移动支付服务商处兑换得到代表相同金额的数据，以移动终端为媒介将该数据转移给支付对象，从而清偿消费费用进行商业交易的支付方式。

从狭义来看，移动支付又称为手机支付，是依托银行卡丰富的理财功能，充分发挥手机移动性等特点，为广大持卡人、手机用户提供超值个性化金融服务，利用 STK 技术、SIM 卡开发的一个使用手机进行消费的业务。移动支付系统主要基于银行卡号与手机号的唯一性，将银行卡和手机进行技术关联，用户在普通 SIM 卡的手机上即可使用移动支付功能。

移动支付业务是一项跨行业的服务，是电子货币与移动通信业务相结合的产物。移动支付业务不仅丰富了银行服务内涵，使人们随时随地享受银行服务，同时还是移动运营商提高 ARPU 值的一种增值业务。

移动支付属于电子支付与网络支付的范畴，是在它们基础上的支付手段和方式的更新。移动支付可以提供的金融业务种类繁多，包括商品交易、缴费、银行账户管理等，使用的终端可以是手机、具有无线功能的 PDA、移动 POS 或者笔记本等设备。目前移动支付业务基本上都是在手机终端上开展的，并且用户数量占绝大多数，因此也有人将移动支付叫作手机支付。

6.1.3 移动支付的分类

移动支付存在多种支付形式，根据目前移动支付的发展现状，可以对其进行以下分类。

1. 根据交易金额分类

根据交易金额可以将移动支付分为小额支付（微支付）和大额支付（宏支付）。它们之间的界限额度没有统一的规定，通常来讲，小额支付的交易金额小于 10 美元，大额支付的交易金额大于 10 美元。小额支付是指交易货款很小的电子商务交易，其主要用途是购买数字内容业务，例如下载游戏、视频、铃声等。大额支付是指交易金额较大的支付过程，大额的在线购物就是一种方式。

小额支付与大额支付之间最大的区别在于两者要求的安全级别不同，使用的技术手段也就不同。对于大额支付，一般需要通过可靠的金融机构来进行交易验证；小额支付主要的特点在于使用快捷、运作成本低，因此使用移动网络本身的 SIM 卡鉴权机制就可以了。目前世界上大多数流行的移动支付行为都是集中在小额支付上。

2. 根据是否事先指定受付方分类

根据是否事先指定受付方可以将移动支付分为定向支付和非定向支付。如利用手机完成公用事业费的缴付属于定向支付，而在商场用手机购物则属于非定向支付。

3. 根据支付手段分类

根据支付手段可以将移动支付分为手机账单支付、预付卡支付（包括储值账号支付）、银行借记卡支付和银行贷记卡支付。

4. 根据传输方式不同分类

根据传输方式不同可以将移动支付分为远程支付和近场支付两种，也有人称为空中交易和 WAN（广域网）交易。远程支付（空中交易）是指支付需要通过终端浏览器或者基于 SMS/MMS 等移动网络系统，例如通过二维码进行扫码支付；而近场支付（WAN 交易）则主要是指移动终端在近距离内交换信息，而不通过移动网络，例如使用手机上的红外线或者蓝牙装置在自动贩售机上购买可乐。当前一个比较热门的就是利用 RFID 或者 NFC 实现一个近距离的安全通信，从而实现移动支付。

NFC 即近距离无线通信技术，主要用于移动终端的非接触支付。而非接触手机支付业务则是移动电子商务的一种业务。目前，支持 NFC 技术的手机种类繁多，用户通过手机方所设置的支付标记化技术,可以安全地将手机作为各种智能卡的集合器,仅需在应用场景的感应区放置手机,即可通过 NFC 技术进行识别验证或进行支付,从而获得相应服务。

5. 根据移动支付业务提供的主体不同分类

根据移动支付业务提供的主体不同可以将移动支付分为以移动运营商为运营主体、以银行为运营主体和以独立的第三方为运营主体三种移动支付模式。本书以此分类为主,对移动支付进行讨论。

6.1.4 移动支付业务技术实现方式

无论是网络支付或是移动支付,其安全问题都是用户最关心的,为了保障支付过程的安全保密,需要有各种技术的支持。

不同地点的支付,技术实现方式不同。远距离移动支付的主要技术实现方式有 SMS、WAP、IVR、Kjava/BREW、USSD(unstructured supplementary service data,非结构化补充数据业务)等;近距离移动支付方式的主要技术实现方式有红外、NFC(以 FeliCa IC 技术最为典型,是日本索尼公司开发的一种近距离非接触智能芯片)等。表 6-1 是各种移动支付业务技术实现方式的优劣势比较。

表 6-1 各种移动支付支持技术比较

分类	技术实现方式	优势	劣势
远程支付	SMS	业务实现简单	安全性差,操作繁琐,交互性差,响应时间不确定
	IVR	稳定性极高,实时性较好,系统实现相对简单,对用户的移动终端无要求,服务提供商可以很方便地对系统进行升级并不断提供新的服务	服务操作复杂,耗时较长,通信费用相对较高,不适用于大额支付
	WAP	面向连接的浏览器方式,交互性强	响应速度慢,需要终端支持,终端设置较为复杂,支付成本高,不适合频繁小额支付
	Kjava/Brew	可移植性强,网络资源消耗与服务器负载较低,界面友好,保密性高	需要 WAP 推动网关,需要终端支持,需为不同终端编译不同的版本支持
	USSD	可视操作界面,实时连接,交互速度较快,安全性较高,交易成本低	需要终端支持,移动运营商的支持有地域差异
近场支付	红外	成本较低,终端普及率高,不易被干扰	传输距离有限,信号具有方向性
	NFC	安全性高,速度快,存储量大	成本高,基础设施投入大,需要终端支持

各种技术都有它特定的优势和劣势,可以根据不同的需求进行选择,实现各种应用。

6.1.5 移动支付的应用范围

1. 移动支付的应用领域

随着移动支付的发展,其应用范围越来越广泛。在芬兰,2003年人们就已经可以用手机来付洗车费;在中国香港,人们只需刷一下储值卡就可以通过检票口或购买快餐;在俄罗斯,只需购买一张卡就可以将钱输入一个叫Pay Cash的互联网账户,并用它来消费,也可以支付在线《华尔街日报》的阅读费。

具体来说,移动支付的应用范围主要涉及以下领域:

移动支付应用场景越来越多。移动支付具有随时、随地、随身的特点,与传统支付方式相比,多应用于小额、快捷、便民等支付领域,如公共交通、旅游、菜场、便利店、移动互联网消费等。部分银行手机银行业务、非银行支付机构钱包产品中嵌入与百姓日常生活息息相关的服务,如话费流量、火车票、机票、酒店预订、网点门票、医疗、签证、游戏点卡、油卡代充、违章罚款等功能,移动支付生态圈正逐步形成。

2. 二维码在移动支付方面的最新应用

二维码诞生于1994年的日本,并于1997年由丰田旗下的日本电装公司开发出该技术以实现看板管理系统的电子化,随后,日本诞生了手机摄像头和二维码。中国则利用二维码创造出巨大的商业机会,阿里巴巴的支付宝和腾讯的微信支付大规模地使用二维码支付,并获得了重大技术突破。据工业和信息化部统计数据,截至2017年10月,中国移动支付交易规模已超过81万亿元人民币,位居全球之首。二维码支付已从边缘支付发展到如今的主流支付方式。二维码的发展也带动了各领域技术手段的进步。

在支付领域,借助二维码作为支付方式的现象已遍及各行各业。2018年,北京、广州、兰州等地相继推出地铁二维码服务,通过下载官方APP开通支付授权,即可获取二维码,并且机器响应速度快,乘车识别速度仅仅需要0.2秒左右,跟刷地铁卡的差别不大,即使手机在飞行模式下,也可成功扫码,无须担心手机网络状况。在出站的同时,支付宝已即时弹出扣费信息,且具体的付费明细还可以在官方APP内查询,轻松实现刷码过闸。与地铁二维码类似,2017年下半年开始,随着智慧城市概念的普及,公交二维码也逐步推广起来。在重庆,用户在开通公交二维码账户时,要提供一张实体卡与开通的二维码账户进行绑定,绑定成功后,系统将自动为用户开通专属公交二维码账户;广州市民只需要在支付宝上搜索"羊城通乘车码"进入羊城通乘车码小程序,就可以开通广州羊城通乘车码,开通后,在支付宝卡包内即可完成羊城通乘车码添加,就可刷码乘车。

而在深耕国内市场的同时,我国网络支付企业纷纷拓展海外市场为国人所熟悉的二维码支付,正被带到世界各地。日本只是众多受到中国移动支付影响的国家之一。此前,我国的二维码应用主要被日本、美国标准垄断,而日本作为二维码中QR码的发明者,由于受到来自中国二维码支付的"标准逆登陆"攻势,使得越来越多的日企如今向中国取经。有报道显示,三菱日联金融集团、三井住友和瑞穗这三家日本大型银行集团将涉足智能手机二维码支付业务,力争 2019 年度完成实用化,并讨论成立二维码的企划开发公司。实际上,除了日本三大银行外,日本通话软件 LINE 的"LINE Pay"已引入二维码结算,而另一款采用二维码提供在线支付业务的产品"Origami",目前已经获得大约 2 万家店铺的支持。

  对于东南亚国家来说,当前新加坡 80%的交易行为仍然是使用现金支付,但新加坡已逐步推广二维码支付,并计划实施统一的二维码标准,解决银行、消费者、政府在接触二维码支付时遇到的各种麻烦。与新加坡类似,马来西亚大部分交易行为也采用现金支付。马来西亚银行在 2017 年 12 月推出了二维码移动支付系统,借此在全国推广非现金支付。泰国银行推出二维码支付与来自中国的游客密不可分。二维码支付在曼谷的试点获得成功后,泰国各大银行获准提供二维码支付服务。整体上看,新加坡已逐步采用二维码支付。马来西亚也在进一步规划中,东南亚其他一些国家仍处于摸索阶段。

  二维码除了具有支付功能外,还可作为信息凭证,广泛应用在电子支付凭证和个人身份鉴别两大业务领域,用作各种电子化票据、证据。在个人身份鉴别方面,从 2017 年 9 月 20 日起,南方航空公司在广州白云机场的国内出发航班上全面推广手机二维码便捷登机服务。乘坐南方航空国内航班从广州始发的旅客,可提前用手机在南方航空官方渠道下载二维码电子登机牌,到白云机场后直接到安检通道凭有效身份证件及二维码电子登机牌通过安检和登机,享受从订票、支付、值机、安检到登机的全流程电子化服务。

  从营销方式来看,二维码向商家提供了更为广阔的平台进行宣传推广。过去,报纸、电视以及其他媒体上的内容,限于媒体介质的特性,是静态的,无法延伸阅读。二维码的出现颠覆了这种界限,实现了跨媒体阅读。比如,在报纸上某则新闻旁边放一个二维码,读者扫描后可以阅读新闻的更多信息,如采访录音、视频录像、图片动漫等。如《骑车游北京》一书便设置了二维码,通过手机扫描即可快速登录书中所述网址,可以实现图书、手机上网的时时互动。另外,户外广告、单页广告都可以加印二维码,感兴趣的客户只要用手机一扫,即可快速了解更详细内容,甚至与广告主互动。

6.2 三种移动支付模式

  移动支付平台运营商具有整合移动运营商和银行等各方面资源并协调各方面关系的能力,能为手机用户提供丰富的移动支付业务。支付平台运营商的角色可以由移动运营商、银行或信用卡组织等金融机构或者是独立的第三方支付平台运营商来担当。

6.2.1 以移动运营商为主体的移动支付方式

  本节所说的以移动运营商为主体的移动支付方式,是指移动商务中,以后付费的移动用户账户(手机号码)作为付款账户,由移动运营商作为信用中介和担保方,采取每月消费完成后在一定期限内进行后付费的方式来进行支付的一种网络支付方式,又称基于后付费账号的网络支付方式,例如中国移动通信的手机钱包业务。这种方式通常用于微支付或者小额支付。随着我国移动支付的不断发展,各种新型的支付方式不断出现,作为手机支付初期的产物,以移动运营商作为主体的支付方式已渐渐淡出人们视线,为了使读者对我国移动支付方式有一个全面且清晰的认识，此小节仅对该模式的定义、支付特点及问题与发展趋势进行简单阐述。

中国移动通信手机钱包业务是移动集团面向用户提供的一项综合性移动支付服务，在带给用户全新的支付体验同时，还大大地提高了交易的安全性和便捷性，为拥有银行卡的中国移动手机客户提供方便的个性化金融服务和快捷的支付渠道。移动支付作为一项便民的增值服务，已成为新兴的最具发展潜力的业务。中国移动通信手机钱包运营方式代表了基于后付费账号的网络支付方式中的以移动运营商为运营主体的运营方式。

1. 支付方式特点

移动运营商为主体的移动支付方式的特点如下：

（1）先消费，后付费。

（2）移动运营商作为信用中介和担保方。

（3）商家以期限结算方式（通常是月结）得到款项。

（4）以后付费账号（手机号码）作为结算账户，费用在一定期限内由移动运营商、商家或者移动平台合作运营方之间来进行分成。

（5）这里的网络，为移动运营商的网络或者为移动网络和互联网两个网络的集合。

（6）除了那种手机 SIM 卡与信用卡二合一的方式外，其他方式下，整个支付过程都不需要银行的参与。

（7）匿名性弱，移动运营商为移动用户办理后付费业务时，一般对移动用户的身份、资质等进行严格的审核，因此通常都是与用户的身份有关，这部分用户也是为移动运营商贡献 ARPU 值更高的优质用户。

目前，该模式的移动支付所开展的业务，依据中国移动官方网站的介绍，可以实现的业务主要以购买移动接入 SP 的电子产品为主，如定制新闻、邮箱提醒、天气预报、股市行情、证券信息等，以及话费充值、话费缴付、公共事业费缴付、查询银行卡余额等多种小额支付业务。

2. 移动支付的问题与发展趋势

当前，以移动运营商为主体的移动支付方式逐渐走出人们视野，与其他支付方式相比，以移动运营商为主体的移动支付具有以下明显的问题。

（1）运营商需要承担部分金融机构的责任，如果发生大额交易将与国家金融政策发生抵触，移动运营商的主要业务范围是在通信业。在涉及移动支付后，依据我国金融条例的规定，由于责任不明确和难以监管，故有非法集资之嫌。

（2）无法对非话费类业务出具发票，税务处理复杂。远程支付的消费者难以获得消费凭证，特别是一些数字化产品，例如电子书、软件下载。在移动支付行业，由于使用的是电信网络，金融监管较难，除移动运营商提供的交易数据外，其他金融监管机构较难对数据进行核实和监管。

（3）移动运营商会以用户的手机话费账户或专门的小额账户作为手机钱包账户，用户所发生的移动支付交易费用全部从用户的话费账户或小额账户中扣减。因此，用户每月的手机话费和移动支付费用很难区分。

(4) 小额支付为主。该模式的移动支付的主要业务基本都是涉及较小的金额。出于政策的考虑和安全的防范,中国移动运营商把最高限额定为 30 元/笔,50 元/天,100 元/月。所以交易的业务种类十分有限,交易额也受到很大的限制。

(5) 当前可以实现的业务主要以购买移动接入 SP 的电子产品为主,如定制新闻、邮箱提醒、天气预报、股市行情、证券信息等。由于该模式的移动支付是以移动运营商为主体,又有小额支付的特点,所以所推出的业务较为有限。

(6) 这种方式的基础是用户充分信任移动运营商,而移动运营商作为用户的全权代理完成与商家的交易过程。这种方式不涉及用户的银行账号,甚至可以没有银行参与就能够完成多种类型的电子交易和支付,如移动可以与接入移动网的 SP 定期结算,或者在交易过程中与商家直接划账。所以,移动运营商需要对资费公开化,让客户可以实时查询到自己账户的相关扣费情况。只有在这样的前提下,该模式的移动支付才能获得用户的信赖,得到进一步发展。

对于运营商来说,用户数是任何企业无法企及的,根据工业和信息化部数据显示,2017 年运营商用户总数已经突破 14 亿户。如果运营商们可以利用好本身的用户优势,未来一定会在移动支付领域拥有属于自己的阵地。

以上种种方式对于运营商来说是新的尝试,但支付宝的优势在于电商,微信的优势在于其社交人口,从竞争角度来看,各运营商依然难以撼动前两位支付霸主的地位。核心原因在于,移动支付给运营商带来的价值更多是在提升交易手续费或者增加用户黏性上,但对于互联网公司来说,支付业务承载的是线上线下生态闭环的形成以及有价值的交易数据的产生,后者布局的支付场景更多。

6.2.2 以银行为运营主体的移动支付方式

在金融机构主导的移动支付商业模式中,银行可以借助移动运营商的通信网络,独立提供移动支付服务。银行拥有丰富的账户管理和支付领域的经验,以及庞大的用户群和客户信任度。凭此基础银行可以独立享有移动支付的用户,其商业模式如图 6-2 所示。

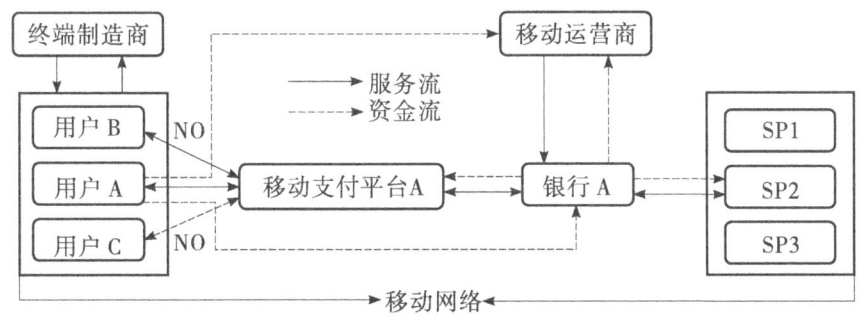

图 6-2 以银行为运营主体的移动支付商业模式

在该模式下,各家银行通过与移动运营商搭建专线等通信线路实现互联,自建计费认证系统,同时在各自用户的移动终端中增加 STK,植入银行账户等加密信息,实现移动支付的功能；同时也可以引导用户通过 WAP 等方式登录银行网站，利用手机进行网络支付。

1. 商业流程

银行可能购买也可能自己开发移动支付平台，但必须独立运营移动支付平台。所有的交易以及信息流的控制均在银行端，移动运营商只是充当此业务系统的信息通道，商家也相当于系统上的一个销售终端。

在该流程中，移动用户在商场、超市等提供移动支付的购物场所选购商品后，支付时通过手机与 POS 的接触获取商品信息，并通过移动运营商的通信网络发送支付信息；同时商家通过 POS 获取用户的账户信息，并将其发送至移动运营商的网络上；移动运营商将用户信息及其支付信息发送至银行运营的移动支付平台，银行从商家处获取交易信息，对移动用户和商家双方的交易进行确认后，实现资金转移，并将支付结果通过通信网络反馈给移动用户和商家。

在该支付方式中，用户只需要使用手机与商家的 POS 接触一次，并确认银行的支付反馈信息。整个过程，其账户信息和商品信息都是自动发送与获取，基于对用户手机支付账户的安全性和支付便捷性考虑，可以在手机端提供专门的支付软件，支付前通过密码开启该功能，支付完成后关闭支付功能，即可保证用户的账户安全。目前 NFC 支付方式中 Double Card 模式已经能满足这样的技术要求。其具体的商业流程如图 6 - 3 所示。

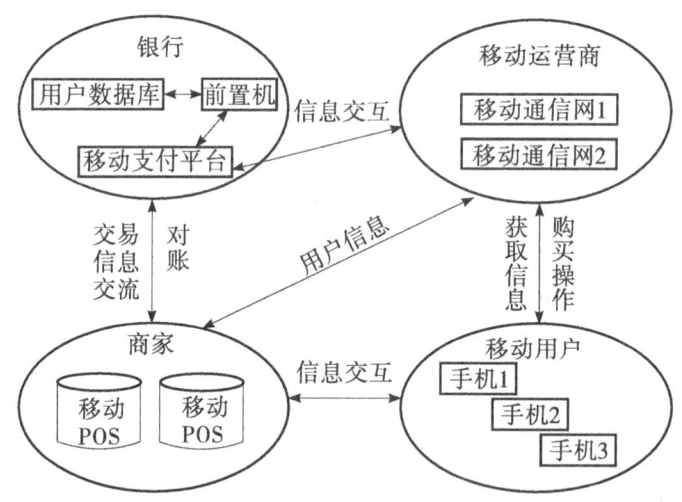

图 6 - 3　以银行为运营主体的移动支付模式的商业流程

2. 利益分配

在银行主导的移动支付模式中，移动运营商收取用户和银行的通信费；银行向商家收取平台使用费和利润分成，银行不对用户收取交易手续费，但可能收取金融信息定制费（账户业务费用）；商户付给银行平台使用费和交易手续费，从用户的商品购买中得益。

整个支付服务中，移动用户必须先在移动运营商处定制手机支付服务，增设手机账户，费用按移动运营商的收费标准，按交易次数或按月份收取；同时，用户还需将银行卡账户与手机账户绑定，之后便可随时使用，每次使用均可能需要向银行支付金融信息费，但具体情况视银行的营销战略而定；而在商家 POS 上的使用则是免费的。商家则需先购置移动 POS，并与银行运营的移动支付平台连接，向银行支付平台使用费和后续的利润分成。在该模式中，移动运营商为银行和移动用户的交互提供了通信网络，因此可以从银行和用户两端获取通信费，其与银行之间的价值分配比例是由双方在该支付产业链中的地位和作用所决定的，在银行主导的商业模式中，显然移动运营商的议价能力较低，因此在对银行的通信费收取方面可能较低，对用户则可能较高，但用户在银行方面可能已经得到了费用上的优惠。

总体上看，在该模式中用户的支出与以移动运营商主导的模式中的支出应该差不多，移动运营商和银行的收益也类似。唯一区别是向用户提供价格折让的主体不同，作为产业的主导方，将更具实力为用户提供价格优惠，从而吸引更多用户。以银行为运营主体的移动支付模式的利益分配如图 6-4 所示。

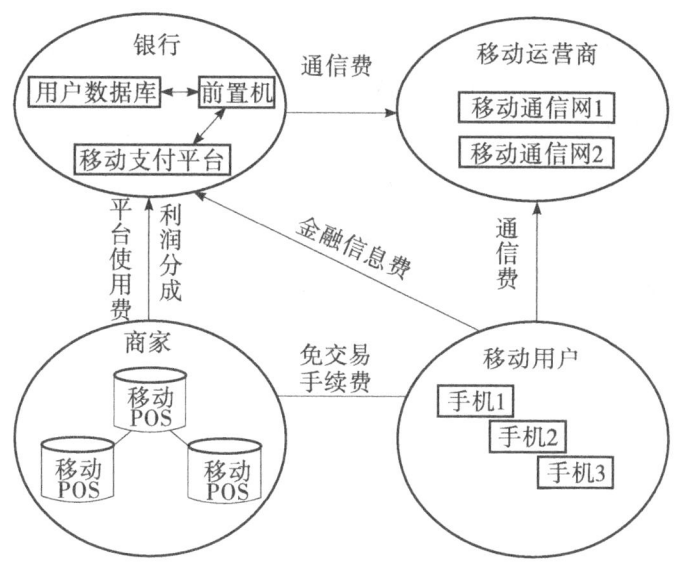

图 6-4 以银行为运营主体的移动支付模式的利益分配

3. 模式特点

以银行为主体的移动支付商业模式的特点是移动运营商不参与运营和管理，由银行独立管理移动支付的用户，并对他们负责。银行为用户提供交易平台和付款途径，移动运营商只为银行和用户提供信息通道，不参与支付过程。当前我国大部分提供手机银行业务的银行都是自己运营移动支付平台。

从应用角度来看，手机银行业务的优势主要体现在以下几个方面。

（1）功能便利。

目前手机银行服务已接近成熟，各家银行所提供的服务都涵盖了丰富的功能，用户通过手机，不但可以查询账户记录和汇率等金融信息，还可以完成各种转账、委托买卖证券、个人实盘外汇买卖等个人理财业务及实现代缴费等功能。其中中国银行提出了"跨时地域理财"的概念,为手机用户提供异地漫游理财服务。

(2) 使用区域广泛。

GSM 网覆盖广泛,手机银行在 GSM 网覆盖到的地方,都可以提供服务。

(3) 安全性好。

移动银行利用 SIM 卡中的程序可以对发出的信息进行加密,即使从空中拦截信息,同样无法获得用户的关键数据。只有银行可将数据进行解密,即使电信运营商也无法解密。利用移动银行可靠的加密属性,银行可以放心提供资金划转的银行业务。

(4) 可以进行二次交易。

利用移动银行可以实现一些在手机银行中无法实现的功能,如简易单据的发送等,用户可以选择由银行邮寄单据、由银行利用短信发送简易单据或用户确认后不发送单据。移动银行利用短信的方式,即使用户关机,再次开机后同样可以收到银行发送的请求,在任何时间对消费进行确认,从而实现二次交易。

当然,这一模式也面临不同的问题。手机银行属于新兴事物,大多数国家在手机银行交易方面的法律法规还不完善,关于交易各方的权利和义务规定也不明确,对于手机银行交易中违反法律法规的界定也不明确,使得手机银行在交易中存在着法律风险。比如,我国消费者保护法对手机银行运作的适用性还不明确,客户通过电子媒介所达成协议的有效性也具有不确定性,这些都会引发手机银行法律风险。而在客户信息披露和隐私权保护方面,手机银行也面临着法律风险。

6.2.3 以第三方为运营主体的移动支付方式

在这种模式里,移动支付服务提供商(或移动支付平台运营商)是独立于银行和移动运营商的第三方经济实体,同时也是连接移动运营商、银行和商家的桥梁和纽带。通过交易平台运营商,用户可以轻松实现跨银行的移动支付服务。

1. 支付流程

在第三方移动商务平台上开展的移动支付业务,支付流程主要包括八个步骤。

(1) 用户发送支付消息到移动运营商移动商务平台,支付请求先送到接短信网关或短信中心。

(2) 接入系统(短信网关或短信中心)把消息发送到移动运营商移动商务平台。

(3) 移动运营商移动商务平台将消费请求转发到银联或银行。

(4) 银联或银行验证用户,查询到用户对应的银行账号,扣除费用,将扣款请求处理结果回应给移动运营商移动商务平台。

(5) 移动运营商移动商务平台将业务处理请求转发到 SP。

(6) SP 回应业务处理结果。

(7) 移动运营商移动商务平台将支付处理结果转发到短信中心或短信网关。

(8) 短信中心或短信网关将支付处理结果转发到用户手机。

以第三方为运营主体的移动支付模式的支付流程如图 6-5 所示。

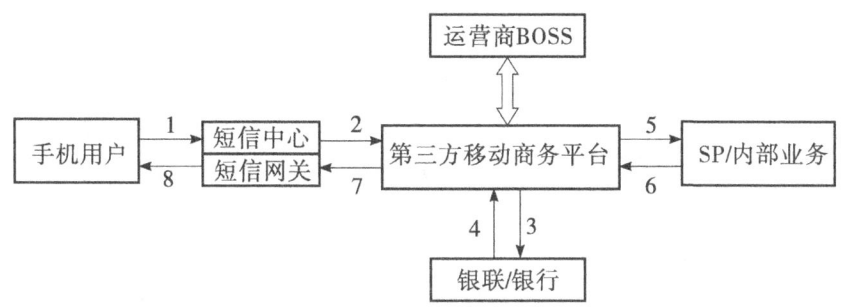

图 6-5 以第三方为运营主体的移动支付模式的支付流程

2. 利益分配

第三方机构在移动支付产业链中可能的收益来源有两方面：

（1）从移动运营商、金融机构和商家获取设备和技术使用许可费。

（2）从移动运营商、金融机构或商家提取签约用户使用移动支付业务的佣金。由于第三方机构缺乏商家和用户基础，也缺乏部署移动支付的条件，必须与移动运营商和金融机构密切合作才有生存空间。

3. 模式特点

美国 Paybox. netAo 与 IBM 公司合作开发的 websphere 平台、上海捷银信息技术有限公司、北京泰康亚洲科技有限公司的"万信"平台、广州金中华通信公司的"金钱"等就是由独立的平台运营商运营的移动支付平台。该模式相对于其他两种模式具有如下特点：

（1）银行、移动运营商、平台运营商以及 SP 之间分工明确，责任到位。

（2）平台运营商起到转换的作用，将银行、SP、用户等各利益群体之间错综复杂的关系简单化，将多对多的关系变为多对一的关系，从而大大提高了商务运作的效率。

（3）有利于银行和 SP 之间交叉推广各自的服务。

（4）用户有了多种选择，只要加入到平台中即可实现跨行之间的支付交易。

（5）平台运营商简化了其他群体之间的关系，但在无形中为自己增加了处理各种关系的负担，在商务运作上工作量比较大。

（6）对于平台运营商的要求很高，包括市场推广能力、技术研发能力、资金运作能力等方面都要求平台运营商有很高的行业号召力和认知度。

4. 安全问题

移动支付中，安全是至关重要的，是移动支付的保证。本模式中对支付安全的考虑有三方面。

（1）移动终端安全。

运营商对于移动终端的各种不同接入方式将提供相应的安全手段，除基本的密码方式外，对于短消息方式，不用 STK 时，采用封闭网络保证安全；使用 STK 时，在应用层对短消息进行加密；对于 WAP1.2，通过"TLS+SSL/TLS"保证两段传输安全；对于 WAP2.0，通过端到端的 TLS 保证安全；对于 BREW 方式，由应用层与移动终端动态口令系统共同保证安全。

(2) 银联传输安全。

为保证移动商务平台与银联之间的数据安全对于交易双方在网络上传输的数据都必须进行安全处理,通常情况下采用证书认证系统来进行身份认证和数据加密。与银联进行交易过程中,对于敏感交易信息,可以采用运营商提供的证书和银行提供的证书进行数字签名和数据加密。

(3) 业务安全管理。

手机用户在银联建立手机号码与银行账号的对应关系;支付平台不保留用户账号关键信息,在交易过程中只将手机号码、交易金额等内容发送到银联,并不涉及用户账号及密码,因此避免了支付安全问题。

5. 第三方支付的最新应用

互联网金融时代,第三方支付平台与金融机构进行合作,推出了一系列在线金融理财产品作为第三方支付平台的增值业务。首先,其推动金融业务的创新和融合。从以支付宝为代表的第三方支付平台的发展历程来看,支付宝在最近十年的发展中一直在以不变的"创新"应对万变的世界,作为优秀典型的第三方支付平台,支付宝一直在开发多样的金融产品,无论是从货币基金到信用贷款,不断地在推进金融业务的创新和融合。其次,改变了传统的信用评价体系。传统银行业的信用评价体系比较繁琐,大多是基于企业的资金流水和对金融机构的日均存款等来进行信用评价,而第三方支付企业在运营中本身就积累了大量用户的交易信息和流水,基于数据分析并推出蚂蚁金服中的芝麻信用、腾讯信用等评级标准,可以为一些资金流水比较小的小微企业提供信用数据,暂时解决企业和个人的资金短缺问题。再次,第三方支付推动金融服务的创新。以支付宝为代表的第三方支付平台推动零售金融服务的创新主要表现在:改变用户的投资方式、拓宽用户的投资渠道、为用户提供多样化的金融资源等。

除了与金融机构合作,第三方支付借助与其他领域的合作,为自身提供了其他增值业务,并促进该领域向电子化、现代化的方向发展。根据艾瑞咨询报告分析,2017年中国线下扫码支付垂直行业增值业务主要有以下几方面:

(1) O2O新入口。O2O行业的崛起带动了提供外送服务行业从线下走到线上。然而对于其他的行业来说,线下商业支付则为其提供走向线上的新机会。通过移动支付公司推广体系和鼓励金方案,获得了更多展示机会,从而吸引客户持续到店。

(2) 会员营销。基于推广体系附加的支付功能及会员功能,商家可通过积分形式促进用户的持续消费,定向开展新用户到店促销、沉睡用户激活、忠诚用户奖励等方案,提高营销的性价比。在掌握市场数据的情况下,合作方开发出了类似于裂变红包、集点活动、周边商圈推送等创新玩法,为商户精准营销提供新的渠道。

(3) 行业解决方案。依托支付,将平台综合金融服务能力打包到各垂直行业。基于线上与线下所积累的用户信息和信用数据与各垂直行业的公司合作,为用户提供类似"先享后付"等更加便捷、完善的服务,推动各垂直行业的发展进步。

(4) 拉近用户距离。通过线下商业支付,用户可以通过移动支付平台,以关注店铺公众号、加入商家用户群等方式与商家进行直接接触。在社交场景下,商户可进一步了解用户实际需求，改善自身产品，宣传店内产品，或是为忠诚客户推出定制化的产品及服务。

6.3 手机银行

手机银行，又称移动银行，是利用移动通信网络及终端（一般情况下是指手机）办理相关银行业务的简称。它将货币电子化与移动通信服务结合起来，不仅可以使人们在任何时间、任何地点处理多种金融业务，而且能使银行以高效、便利而又较为安全的方式为客户提供传统和创新的业务，极大地丰富了银行服务的内涵，是银行信息化的重要渠道。而移动终端尤其是手机所独具的贴身特性，使得手机银行业务被客户亲切地称为"将银行装入口袋"，正是这一巨大优势使之成为继实体网点、ATM、网上银行之后银行开展业务的又一强大平台，成为各大银行激烈竞争的新战场。

6.3.1 手机银行的功能

目前，我国各商业银行手机银行业务的功能大体可分为以下几种：
（1）账户查询。
账户查询是指客户将借记卡、贷记卡、活期存折、定期一本通等关联到手机银行后，即可查询关联账户的具体情况，包括余额信息、交易时间、交易币种、交易金额等。
（2）转账汇款。
手机到手机转账最大限度体现了手机银行特色，该功能使得用户无须知道收款方的银行账号，在操作流程上，只要确定收款方是手机银行客户，选择已经和银行签约的活期账户作为付款账户，再确认收款方的手机号码及转账金额，即可实现给收款人转账，同时收款方会有相应的短信提醒。手机还可进行跨行转账，客户可通过手机银行在国内跨行转账，而且这项业务能记录客户的历史付款账户信息以及收款网点的名称，除此之外，手机银行还将会以免费短信的方式通知收款方及时收款。
（3）缴费业务。
可缴纳学费、手机费、通信费、保险费、交通罚款、水电煤气费、车船税等多种费用（所缴费的项目只限于账号归属地设置的项目）。此外，手机银行还提供了保留功能，即在缴费成功后保留常用的项目，以便下次快速缴费。
（4）信用卡。
提供账户详情查询，包括账面余额、授信额度、总可用额、取现可用额、分期额度、分期可用额、积分等。交易明细查询（包括已出账单和未出账单），包括卡号、交易日期、记账日期、交易类型、交易币种、交易金额等。另外，通过还款功能可将关联到手机银行的活期账户中的资金转入信用卡账户中，完成信用卡的还款。
（5）投资理财。
利用手机银行，可以不排队实现定活互转、银证互转，而且能够随时随地查询大盘指数、基金净值、黄金价格或外汇汇率，客户无论在路上、公交车上或是地铁里，都可以通过手机进行基金申购赎回，黄金委托买入卖出，外汇盈利止损挂盘等投资操作，把握投资机遇。

6.3.2 手机银行的业务

随着手机银行的发展，各银行在业务上较以往有了较大的改变，表6-2列举了传统银行客户与手机银行客户的差异比较。

对银行而言，互联网带给传统银行业的改变不仅是在对市场、客户的争夺中，也对银行产品的运营模式造成了冲击，尤其是对于手机银行业务而言，其竞争对手不仅是银行同业产品，更重要的是同支付宝、微信支付等第三方支付平台的资源争夺。在互联网"赢家通吃"的法则中，银行应向互联网企业取经，电子银行部门应学习如何运营一款手机APP。

表6-2 传统银行客户与手机银行客户的差异对比

	传统银行客户	手机银行客户
客户黏性	客户黏性一般，新客户"货比三家"、老客户需经常维护	客户黏性高，当用习惯一款APP后，客户变更意愿极低
服务频率	受限于与客户接触时间与空间的限制，银行对单客提供服务的频率有限，客户可选产品少、信息更新慢	手机银行APP功能与银行业务联系愈加紧密，客户对消费、购买理财产品、办理贷款等服务的需求频率会越来越高
客户需求	客户需求单一，一般都会有明确的金融服务需求，比较难以进行交叉销售，银行也难以搭建综合服务平台	从满足客户最简单的需求入手，逐步引导客户形成使用习惯的过程中，推荐本行其他金融服务，与其他企业联合搭建平台，逐步挖掘满足客户多元化的需求
风险防控	通过贷前调查、征信报告、贷后管理等方式，较有效地防控风险，但占用大量人力资源与作业时间	通过搜集客户使用手机银行时产生的各种数据（如消费场景、金额、频率等），构建用户画像，通过云计算、大数据等技术，对不同用户分级分类管理、推送不同产品分层营销，精准满足客户需求的同时有效防控风险
银行收益	传统业务收益，随经济周期稳步变动	传统业务收益+互联网金融发展红利+大数据无形收益

6.3.3 手机银行未来发展趋势

在四大银行的带动下，有更多银行加入到与互联网企业联手合作的大潮当中，金融与科技融合更趋深化。短短二三十年，信息科技给我国银行业发展带来了翻天覆地的变化。从固定网点手写存折到全国联网机打存折，再到全国乃至国际通用的借记卡、信用卡；从去银行网点排队等候柜台服务，到通过ATM办理业务，再到随时随地借助网银、手机银行办理业务；从现金支付到银行卡、预付卡支付再到支付宝、微信等移动支付；

从繁杂的信贷申请审批程序，到依靠网贷平台直接达成借贷协议等，金融科技引发的变革远远超出了我们的想象。商业银行与互联网企业合作，必将进一步加快金融科技的创新应用，引领人们的金融消费行为以及银行业态发生深刻变革。在此基础上，对未来手机银行的发展趋势进行以下归纳。

1. 支付方式由实体介质向虚拟介质转变

由于我国人口多、个体差异大，今后一个时期内仍将是多元化支付方式并存，移动支付将凭借其便捷优势成为主流支付方式。在支付方式演变的同时，以数字货币替代现金的变革正在悄然发生，比特币、以太币等民间数字货币已经在某些领域流通使用，中国人民银行推动的基于区块链的数字票据交易平台已测试成功，人民银行数字货币研究所正式挂牌成立，预示着央行推出法定数字货币或许为期不远，并逐步推动我们进入一个无现金、无卡时代。

2. 服务渠道由物理网点向电子渠道转变

有数据显示，我国商业银行电子渠道业务替代率已达到90%以上，越来越多的客户通过互联网、智能手机、社交媒体、电话客服中心、ATM等电子渠道接受金融服务，特别是移动互联终端几乎能完成现金存取以外的所有银行业务。相对于时空固定的物理网点服务，借助移动互联终端能够享受随时随地的服务。随着电子支付、电子智能卡、电子货币等逐步推广应用，银行将主要通过线上获客和办理业务，零售业务特别是流程化、结构化的产品服务将通过移动互联终端、智能机器处理，对物理网点和柜台服务需求显著下降。随着电子渠道的发展，许多银行已经开始撤销合并物理网点，物理网点将进一步减少，并将更多向品牌宣传、产品展示和客户体验服务转型。

3. 业务操作由程序化向智能化转变

以往的银行信息化主要是根据内设部门职能需求，进行信息管理系统设计和软件程序开发，通过将部分业务操作程序化来提高效率。伴随着大数据、人工智能等技术创新应用，必然推动银行业务操作向智能化方向发展。对客户而言，智能化将体现为对客户意图的感知理解更加准确，能与客户进行良好互动和提供决策建议。例如已投入使用的智能投资顾问机器人，能在较短时间内判断客户投资偏好等信息，给出投资策略参考。对银行而言，智能化将体现在客户行为分析与信用评级、风险识别与防控、市场分析与产品设计等专业技术提升和业务流程再造上。基于人工智能、大数据等技术手段，银行搜集及分析客户各类数据的能力大幅提升，对客户信息的了解更加及时全面，比如借助客户画像、互联网企业建立的信用系统，对客户进行评级授信、贷后管理及风险预判将更加客观公正，辅以风控技术模型改进，银行风险防控将更加严密。借助新技术，银行对客户需求和市场的了解更加详细、准确，从而设计出更丰富、更符合客户需要的产品。人工智能技术的应用，将促使银行服务效能再上一个新台阶，原来按天数计算的业务操作可能缩短到以小时为单位甚至秒的时代。

4. 经营理念由以产品为中心向以客户为中心转变

银行通过金融科技创新应用适应客户行为变化需要，给客户带来更加丰富多元的服务体验。此外，互联网金融具有覆盖广、成本低、可获得性强等特点，是普惠金融的最佳路径选择，商业银行与互联网企业合作，有助于使普惠性更加凸显。伴随地方政府、大型企业直接融资比例逐步提高，也将倒逼银行将服务更多转向中小企业、小微企业和家庭个人，金融服务的可获得性将进一步提升。

    5. 银行业务由银行专营向多元主体经营转变

    比尔·盖茨曾说过，银行业务是必需的，但银行不是必需的。金融科技的推广应用为银行业务脱离银行机构存在提供了更多可能，意味着金融脱媒步伐进一步加快。事实上，互联网金融企业的兴起让我们见证了这种可能正在一点点变为现实。未来，除了较为复杂的专业产品、理财服务等以外，银行业务将更多依靠金融科技平台或智能机器完成，专业门槛大大降低，许多企业乃至个人，都有可能借助金融科技平台销售金融产品，银行或许真会转变为专业银行产品的生产商、供应商。

    手机银行是网上银行的延伸，也是继网上银行、电话银行之后又一种方便银行用户的金融业务服务方式，有贴身"电子钱包"之称。它一方面延长了银行的服务时间，扩大了银行服务范围，另一方面无形地增加了许多银行经营业务网点，真正实现24小时全天候服务，大力拓展了银行的中间业务。

6.4 微支付

6.4.1 微支付的概念

    所谓微支付，就是款额特别小的电子商务交易，类似零钱应用的网络支付模式。在微支付产生之前，电子商务的交易额通常都在10美元以上。在微支付系统中，电子商务中的商家可以用比较低的价格出售产品，比如在下载产品或者点击在线广告中收费。通过便捷的渠道，微支付可以低成本迅速完成大量交易。同时微支付也是一个商业概念。它的目标是通过提供付费的网页、网站链接和网络服务来集合"微分（不到一分钱）"。微支付通常购买的产品包括手机铃声、彩信、图片、新闻、电影、音乐和网络游戏等许多数字产品以及价格很低的一些产品。

6.4.2 微支付的模式

    微支付同其他电子支付系统相比，具有如下特点：

    （1）交易额。微支付的交易额非常小，每一笔交易在几分（甚至更小）到几元之间。

    （2）安全性。由于微支付每一笔的交易额小，即使被截获或窃取，对交易方的损失也不大。所以，微支付多采用对称加密和hash运算，其安全性在很大程度上是通过审计或管理策略来保证的。

    （3）效率。由于微支付交易频繁，所以要求较高的处理效率，如存储尽量少的信息、处理速度尽量快和通信量尽可能少等。在实际应用中，可在安全性和效率之间寻求平衡。

    （4）应用。由于微支付的特点，其应用也具有特殊性，如信息产品支付（新闻、信息查询和检索、广告点击付费等）、移动计费和认证，以及分布式环境下的认证等。微支付一般不适合于实物交易中的电子支付。

通用的微支付模型一般涉及顾客 C（consumer）、经纪人 B（broker）和商家 M（merchant）三方。C 是使用电子现金购买商品的主体；M 为用户提供商品并接收支付；B 是作为可信第三方存在的，用于为 C 和 M 维护账号、通过证书或其他方式认证 C 和 M 的身份、进行货币销售和清算，并解决可能引起的争端，它可以是一些中介机构，也可以是银行等。

根据不同的支付类型，微支付中的货币可以由票据或 hash 链等组成。由 M 代理产生的电子现金一般与特定的 M 有关，如 Millicent 和 SubScrip 等；C 也可以根据 B 的授权（如通过颁发证书）来独立制造货币，它一般是基于 hash 链形式的，可以与特定的 M 有关，也可以无关，并具有灵活的扩展形式，如 Payword 和 Paytree 等。

因此有关微支付的模式主要有以下几种形式。

1. 基于票据的微支付

票据是微支付中最为常见的支付形式之一，它是一种面值很小的电子现金，一般由 M 或 B 代理产生（也可以由 B 独立产生），在不需要第三方参与的情况下，可以由 M 在线验证货币的真伪。在票据形式的微支付中一般不采用公钥技术，而使用对称密钥技术和 hash 函数。常见的票据形式的微支付机制包括 Millicent、SubScrip 和 MicroMint 等。

2. 基于 hash 链的微支付

为了保证支付的有效性和不可否认性，很多机制中采用了公钥签名技术。但基于微支付考虑，过多地采用公钥技术会严重影响系统效率，所以，更多地采用了效率更高的 hash 函数来代替签名，或者是两者的结合。hash 链就是这样一种方式，它最初用于口令认证，后来被应用到微支付机制中，其具体方法就是由用户选择一随机数，并对其进行多次 hash 计算，把每次 hash 的结果组成一个序列，序列中的每一个值代表一个支付单元。

3. 基于宏支付的微支付

宏支付（也称为常规支付）是同微支付相对应的一种支付体制，它的交易额一般比较大，在十几美元或几十美元以上，SET 协议就是最为典型的实例。为了保证安全性，其交易的协议格式和步骤较复杂，且大量采用了公钥技术，所以，宏支付的交易成本比较高，不适合于微支付环境。但在宏支付基础上，通过对消息格式和交易步骤的改进，在保证一定安全性的前提下，可以大大提高宏支付的效率，从而应用于小额支付或微支付领域，这样可以在现有宏支付设施基础上开展微支付业务。

4. 基于概率的支付

由于效率在微支付机制中的重要性，所以在有些微支付机制中采用了概率的方法，只处理某些符合概率条件的微支付票据，或按照用户金额和信用度等指标来计算用户的某种概率常数，从而判断是否对用户进行在线验证等方式来提高微支付效率，其中最为典型的有微电子彩票和概率投票。

6.4.3 微支付的发展现状

微支付产生以来，由于其交易额太小，以及支付手段问题等许多原因，发展道路并不平坦，经过曲折的进化，微支付的发展现状可以从三个方面展开叙述。

首先，从娱乐媒介角度来看，微支付成就了一个巨大的市场。譬如在音乐下载领域，苹果 iPod/iTunes 的成功已经引领了音乐下载的潮流；全球最大的连锁零售商美国沃尔玛公司推出了自己的网上音乐下载商店，与收费业务紧密相关的微支付供应商迎来了新的发展机会。其次，视频平台、电影公司与唱片公司这些掌握着知识产权的实体正在建立自己的新型销售系统。随着互联网视频点播市场的看好，相关产业的微支付正在迈向成熟期。

其次，微支付在移动计费中的应用越来越重要，利用微支付链进行移动通信中实时计费的协议机制，可以实现漫游和多方移动通信中的计费和支付。

最后，从移动金融服务的角度出发可以探寻微支付的最新的实际应用。移动金融服务的主要内容是移动支付，而在当前的移动支付中，大多属于微支付的范畴。这种微支付主要面向商户与消费者之间的小额交易，由于支付金额较小，所以对交易的安全性要求不是很高。在支付过程中它可以采用消费者手机的移动充值卡的付费方式，也可以采用消费者手机号与银行账号或信用卡账号绑定到移动虚拟电子钱包的付费方式。这种情况往往采用预付费方式，即用户在使用移动支付前要先使用移动充值卡或银行账号向移动虚拟钱包充入一定的预付费。手机等移动终端设备逐渐成为人们生活与工作中的必备工具，为帮助客户在任何时候、任何地方使用任何可用的方式都可以得到任何想要的金融服务，可以通过金融业与移动的结合而实现，即形成一种新的趋势。

目前来看，第三方支付主导的微支付产业链模式比较普遍，特别是国际之前以 eBay 业务为支撑的贝宝，国内以阿里巴巴业务为支撑的支付宝，都发展到一定的规模，已经比较深入地开展了微支付交易领域的服务。

6.5 云支付

云计算作为 IT 领域新兴技术，已经在相关行业得到了很好的应用，云存储、云安全等行业应用给行业发展提供了强大的发展动力。云支付是云计算在支付领域的最新应用，在支付系统的安全管理、资金投入和操作便捷性等方面，有着传统支付方式无可比拟的优势，其应用必将引领支付业务创新，开创支付领域的新发展。

阅读案例

广州地铁全线网启用"云支付"购票

2017 年 1 月 23 日，记者从广州地铁获悉，即日起广州地铁全线网开启"云支付"购票功能，市民可通过手机在线购票或者直接刷手机"地铁云卡"进站。此外，部分传统的自助售票机也支持支付宝、微信购票，记者亲身体验扫码取票功能，平均用时仅需3秒钟。

广州地铁运营总部总经理蔡昌俊表示，"轻生活·智出行"广州地铁"云支付"全线网启用，意味着"智慧地铁"建设又迈出了实质性一步，使广州成为全国首个实现地铁全线网"云支付"的城市。

22日，在现场，中软副总裁杜潜向记者演示了使用云购票机购买单程票的步骤，乘客只需通过手机（关注"广州地铁"、中软"闪客蜂"微信公众号、支付宝城市服务中的"地铁购票"，或下载"广州地铁"、中软"闪客蜂"APP），便可实现线上购票，购票支持支付宝和微信支付。记者在现场亲身体验了取票功能，从扫码到出票平均用时仅需3秒钟。

据悉，广州地铁已在全线网158个站点（除广佛线、APM线）覆盖了342台云购票机，部分站点的传统自助售票机（TVM）也将支持支付宝、微信购票。记者了解到，预计今年底，全线所有传统的自助售票机将全面升级完成，全部支持支付宝、微信购票。

（资料来源：http://news.163.com/17/0123/02/CBECAJHE00018AOP.html.）

问题：
云闪付还会应用到什么领域？请举例说明。

6.5.1 云支付的概念

云支付业务是建立在云计算架构上的服务，系统计算能力、网络资源和存储资源等可以动态调配和扩展，这为云支付服务按需使用、动态伸缩扩展和相关上下游的增值业务融合服务的特点提供了更好的技术保障。

支付的本质是资金的转移，电子支付过程包括账户信息的存储及修改、账户信息的通信传输、账户身份的认证，主要靠后台的计算机处理，因此对数据存储、信息安全等有较高要求，且具有IT密集型的特点，使得电子支付和云计算有较大的结合空间。将云计算的理念和技术运用到电子支付产业中，产生了云支付（cloud payments，或cloud-based payments，或 payments in the cloud）的概念。

云支付中的"云"相当于IT领域的广义的"云"，泛指一切将资源、信息、数据和计算能力存储在云端的支付实现方式。而云支付产业则定义为"云计算+支付产业=云支付产业"。由于面向消费者的交易的达成都需要支付产业的支持，那么产业升级后的云支付产业将使得具有支付需求的几乎所有行业都将面临全新的渠道。在这样的时代背景下，云支付产业应运而生。云支付产业将涵盖支付云系统的建设、云支付服务模式的创新、支付数据增值挖掘和云支付体系标准规范等诸多方面。在移动互联网飞速发展的大背景下，云支付呼之欲出。云支付是云计算在支付领域中顺应时代而产生的一种支付方式，该方式与传统的网上支付、移动支付相比，不仅安全性高、使用便捷，还有其他很多优点。

从宏观角度看，云支付通过聚合资源并开放服务，减少了支付相关的IT系统重复投资，提高了社会资源的利用率。通过标准化接口，进一步降低了因标准不统一而导致的大量沟通协调成本。从商户角度看，使用云服务可以省去相关IT设施的初始投入，降低固定资产投资风险的同时节省维护成本，从而能够把资金优先用到核心业务发展之中。

另外，使用云支付也能更好地适应市场需求的变化，避免由于相关 IT 基础设施建设滞后而影响业务发展。

从用户角度看，用户不必在支付前进行软件安装、更新等操作，只要一个账户即可，该账户中包含个人所定制的服务，如支付、转账等，而且用户可以将个人智能终端和账户绑定，通过智能终端就可以实现便捷的数据访问、软件及时更新等常见操作。

6.5.2 云支付的安全问题

支付行为涉及用户的财产安全，支付的另一关键性客户体验"便捷"往往与"安全"形成支付系统设计的对立面。云计算有望打破这一格局。

首先，云计算面向服务的按需获取、随时随地访问的特性使得支付服务所需的便捷性得到充分支持。同时在技术方面，有别于传统安全机制，依托"云"中具有的庞大计算资源，可以形成高效的自防御体系，以抵御外部的木马、病毒和恶意程序的攻击，即"云安全"技术。

其次，在支付信息安全方面，消费者通常认为，信息存储在自己视线所及且可控的硬件上更为安全，如银行卡或手机中。以传统银行卡支付为例，由于账户信息在交易过程中需要上送转接机构并经发卡机构验证，实际上信息在公网或专线传输过程中存在一定的安全隐患。云支付过程中，敏感的个人及财务信息存储在云中而非实际设备上；上送传输的则是通用账号信息。所以，云支付降低了个人信息和财务信息泄漏的风险。同时，云支付的用户账号可得到不间断的监控，也有助于对异常情况及时采取必要的防范措施。

最后，由于支付云服务在社会中的特殊性，决定了其必然是受严格管控的行业私有云。因此，支付云将有一套完善严格的安全管理标准，再辅以先进的数字加密及安全传输、身份认证与管理和交易审计等安全技术，以保障电子支付的业务安全。当然，目前云计算的安全可靠性还在较大程度上依赖于云计算运营商的服务，需要进一步成熟和完善。

本章小结

移动支付，通常被称为手机支付，就是允许用户使用其移动终端（通常是手机）对所消费的商品或服务进行账务支付的一种服务方式。整个移动支付价值链环节包括移动运营商、支付服务商（比如银行、银联等）、应用提供商（公交、校园、公共事业等）、设备提供商（终端厂商、卡供应商、芯片提供商等）、系统集成商、商家和终端用户。

本章首先介绍了移动商务和移动支付的相关概念，根据不同产业链的主导企业进行划分，对以移动运营商为主体的移动支付方式、以银行为主体的移动支付方式、以第三方为主体的移动支付方式分别进行了阐述，同时介绍了有关手机银行、微支付与云支付的相关概念帮助大家理解。

关键术语

移动商务　移动支付　手机银行　微支付　云支付

综合练习

一、填空题

1. 第五代无线通信系统简称5G，是指将_____与互联网等多媒体通信结合的无线通信系统。

2. 苹果手机的Apple Pay属于_____支付系统。

3. WAP协议实现了_____的标准化。

4. 无线电子商务技术与_____的结合，可以使人们远程定位、监控资产以及对资产进行及时诊断，节省了时间，减少了各种人为因素产生的错误。

5. IVR是_____的应用平台。

二、判断题

1. 通过WAP，手机可以随时随地、方便快捷地接入互联网，真正实现不受时间和约束的移动商务。（　　）

2. 蓝牙技术只支持点对点通信。（　　）

3. 3G网络和4G网络的数据交换方式是一样的。（　　）

4. 小额支付与大额支付要求的安全级别不同，使用的技术手段也就不同。（　　）

5. 移动支付行业只有一条产业链。（　　）

三、选择题

1. 移动通信终端包括（　　）。
   A. 笔记本　　　　　　　　B. 手机
   C. PDA　　　　　　　　　D. 车载终端

2. 以下属于近距离通信技术的是（　　）。
   A. 蓝牙技术　　　　　　　B. WPKI
   C. 3G　　　　　　　　　　D. 移动IP技术

3. 小额支付（微支付）和大额支付（宏支付）是按照哪种分类方式分类的？（　　）。
   A. 交易金额　　　　　　　B. 传输方式
   C. 是否指定接受方　　　　D. 支付手段

4. 远距离移动支付技术包括（　　）。
   A. IVR　　　　　　　　　　B. RFID
   C. SMS　　　　　　　　　　D. NFC

5. 在微支付系统中，交易的费用是从（　　）扣除的。

A. 银行 B. 手机话费
C. 手机钱包 D. 以上都不是

四、简答题

1. 论述我国移动商务市场的成熟度及下一阶段可能的发展重点。
2. 结合移动支付的一项具体应用,如商品零售、公共事业缴费,分析可能存在的安全威胁。
3. 目前我国最主要的移动支付手段是什么?分析其流行的原因。
4. 结合国外移动支付的发展,分析值得我国借鉴的发展方式和经验。
5. 试分析我国移动支付发展的突破口是什么。

 实际操作训练

课题:移动支付应用

实训项目:用移动支付方式购买产品或服务

实训目的:学习移动支付如何实现付款

实训内容:自主选取移动支付服务提供商,购买产品或服务,并实现支付

实训要求:个人单独完成,并记录支付流程

第 7 章 其他网络支付方式

> **教学目标**

通过本章学习,熟悉掌握信用卡、电子现金、基于转账以及电子汇兑支付方式的概念和特点,明确预付型、即付型以及后付型网络支付的差异,掌握这四种典型的网络支付方式。

7.1 基于信用卡的网络支付方式

7.1.1 信用卡简介

1. 信用卡的概念

信用卡(credit card)支付是一种非现金交易付款的方式,具有简单的信贷服务功能。信用卡一般是长 85.6 mm、宽 53.98 mm、厚 1 mm 的塑料卡片(尺寸大小是由 ISO 7810、7816 系列的文件定义),由银行或信用卡公司依照用户的信用度与财力发给持卡人,持卡人持信用卡消费时无须支付现金,待结账日时再行还款。除部分与金融卡结合的信用卡外,一般的信用卡与借记卡、提款卡不同,信用卡不会由用户的账户直接扣除资金。

信用卡相关的日期:

交易日——持卡人实际用卡交易的日期。

记账日(入账日)——持卡人用卡交易后,发卡银行将交易款项记入其信用卡账户的日期,或发卡银行根据相关约定将有关费用记入其信用卡账户的日期。

账单日——发卡银行每月定期对持卡人的信用卡账户当期发生的各项交易、费用等进行汇总,并结计利息、计算持卡人当期应还款项的日期。

还款日——持卡人实际向银行偿还信用卡账款的日期。

免息还款期——对非现金交易,从银行记账日起至到期还款日之间的日期为免息还款期。免息还款期最短 20 天,最长 60 天,各银行规定会稍微不同。在此期间,只要全额还清当期对账单上的本期应还金额,便不用支付任何非现金交易由银行代垫给商店资金的利息(预借现金则不享受免息优惠)。

到期还款日——发卡银行规定的持卡人应该偿还其全部应还款或最低还款额的最后日期。

2. 信用卡的起源

信用卡早在 19 世纪末就出现了，1880 年，英国就有服装业发展出所谓的信用卡，接着旅游和商业部门也都兴起这个潮流。只是当时的卡片是一种短期的商业赊借行为，款项还是要随用随付，不能长期拖欠，也没有授信额度。

现代信用卡于 1915 年起源于美国。最早发行信用卡的机构并不是银行，而是一些百货商店、饮食业、娱乐业和汽油公司。美国的一些商店、饮食店为招徕顾客，推销商品，扩大营业额，有选择地在一定范围内发给顾客一种类似金属徽章的信用筹码，后来演变成为用塑料制成的卡片，作为客户购货消费的凭证，开展了凭信用筹码在本商号或公司或汽油站购货的赊销服务业务，顾客可以在这些发行筹码的商店及其分号赊购商品，约期付款。这就是信用卡的雏形。

20 世纪 50 年代，35 岁的美国曼哈顿信贷专家麦克纳马拉在饭店用餐，钱未带够，只好打电话让太太送钱来，这让他觉得很狼狈。于是他组织了"就餐者俱乐部"，规定该俱乐部的会员只要带一张就餐记账卡就可以记账消费，不必付现金，这就是最早的信用卡。

1952 年，美国加利福尼亚州的富兰克林国民银行作为金融机构首先发行了银行信用卡。

1959 年，美国的美洲银行在加利福尼亚州发行了美洲银行卡。此后，许多银行加入了发卡银行的行列。到了 20 世纪 60 年代，银行信用卡很快受到社会各界的普遍欢迎，并得到迅速发展，信用卡不仅在美国，而且在日本、加拿大以及欧洲各国也盛行起来。从 20 世纪 70 年代开始，中国香港、台湾等地区及新加坡、马来西亚等国家，也开始发行信用卡。

1979 年 10 月，中国银行广东省分行与香港东亚银行签订了为其代办"东美 VISA 信用卡"协议，代办东美卡取现业务。从此，信用卡在中国出现。

中国第一张信用卡是中国银行珠海市分行成立的信用卡经营公司——珠海市信用卡有限公司从 1985 年 3 月开始发行的地区信用卡——"中银卡"。当时的"中银卡"只是一种凸印字符卡，背面有类似磁条的褐色条，但不是磁条。后来，随着磁条技术的引进，1987 年前后，"中银卡"背面的磁条才开始写上磁记录而成为真正意义上的磁条卡。有关统计数据显示，中国信用卡发行量 2006 年年底达到 5000 万张，截至 2008 年 6 月 30 日，中国信用卡发行量猛增到 1.22 亿张。到 2010 年底，中国信用卡发卡总量已突破 2 亿张。近几年信用卡市场保持高速发展，据"2017 年度银行信用卡发展报告"显示，2017 年新增信用卡发卡量 1.23 亿张，同比增长 25.82%，线上发卡量突破 60%。

3. 信用卡组织

国际上主要的发卡组织有威士国际组织（VISA International Service Association）、万事达卡国际组织（MasterCard International）、美国运通（American Express，AE）、大莱信用证（或称"大莱信用卡"）俱乐部（Diners Club）、日本信用卡株式会社（Japan Credit Bureau，JCB）、发现卡（Discover Card）等。

阅读案例 7-1

三大发卡组织简介

1. 威士国际组织（VISA International）

威士国际组织是目前世界上最大的信用卡和旅行支票组织，其前身是 1900 年成立的美洲银行信用卡公司。1974 年，美洲银行信用卡公司与西方国家的一些商业银行合作，成立了国际信用卡服务公司，并于 1977 年正式改为威士国际组织，成为全球性的信用卡联合组织。

威士国际组织

威士国际组织拥有 VISA、Electron、Interlink、Plus 及 VISA Cash 等品牌商标。威士国际组织自身并不直接发卡，VISA 品牌的信用卡是由参加威士国际组织的会员（主要是银行）发行的，目前其会员约有 2.2 万个，发卡逾 10 亿张，商户超过 2000 多万家，联网 ATM 约 66 万台。

2. 万事达卡国际组织（MasterCard International）

万事达卡国际组织是全球第二大信用卡国际组织。1966 年美国加州的一些银行成立了银行卡协会（Interbank Card Association），并于 1970 年启用 Master Charge 的名称及标志，统一了各会员银行发行的信用卡名称和设计，1978 年再次更名为现在的 MasterCard。

万事达卡国际组织

万事达卡国际组织拥有 MasterCard、Maestro、Mondex、Cirrus 等品牌商标。

万事达卡国际组织本身并不直接发卡，MasterCard 品牌的信用卡是由参加万事达卡国际组织的金融机构会员发行的。目前其会员约 2 万个，拥有超过 2100 多万家商户及 ATM。

3. 美国运通国际股份有限公司（America Express）

美国运通国际股份有限公司（简称美国运通）于 1850 年创建之初只是一家从事快递服务的公司，后来逐渐发展成一家在全球范围内开发并销售金融产品的公司。如今，美国运通已成为全球旅游服务、财务及网络服务供应商，在全球拥有 84 000 多名员工，并为 200 多个国家提供产品和服务。

美国运通

美国运通目前拥有 5500 万张卡的购买量，是全世界最大单一发卡机构。美国运通卡以 43 种货币发行（包括由银行及其他认可机构所发行的卡），也是全球范围内最大的签账卡公司。从合作机构的总数量来讲，美国运通是第一大航空公司联营卡发行商，同时也是美国及其全球 25 个最重要市场中的 22 个市场上的首屈一指的公司卡发行商。

（资料来源：http://cj.sina.com.cn/articles/view/5903836043/15fe5638b001008gth）

问题：
1. 三大发卡组织信用卡业务各自有哪些特色？
2. 还有其他哪些著名的发卡组织？

在中国，信用卡发行基本上主要是通过中国银联。此外，还有联合威士、万事达卡、JCB 等发行的双币卡。因此我国内地银行发行的信用卡一般都有银联标志。中国银行发行信用卡较早，因此其发行的长城信用卡较目前其他银行发行的信用卡有明显不同。中国银行在中国香港地区发行的长城国际卡并无银联标志，密码信直接自中国香港的中银信用卡公司寄往内地（而通常的中国香港中银信用卡并不会接受本港以外地址），早期卡片仅能在中国香港的银通 ATM 修改密码，并只有中银香港的存钞机能接受该卡还款，实际上是代中国银行（香港）发行的。

4. 信用卡的分类

按发卡组织分：威士卡、万事达卡、美国运通卡、JCB 卡、大莱卡、Discover 发现卡（美洲）、联合信用卡（中国台湾）、NETS（新加坡）、BC 卡（韩国）、中国银联卡（中国）、Banknetvn（越南）等。威士卡、万事达卡、美国运通卡、JCB 卡、大莱卡是全球通用的卡。

按币种分：单币卡、双币卡。

按信用等级分：普通卡（银卡）、金卡、白金卡、无限卡等。

按是否联名发行分：联名卡、标准卡（非联名卡）、认同卡。

按卡片形状及材质分：标准卡、迷你卡、异形卡、透明卡等。

按信息储存介质分：磁条卡、芯片卡。

按卡片间的关系分：主卡、附属卡。

按持有人的身份分：个人卡、公务卡、公司卡。

按信用卡流通范围分：国际卡、地区卡。

此外，我国对信用卡的范围与国际有所不同。我国的信用卡广义指贷记卡和准贷记卡；狭义指贷记卡。即我国的狭义上的信用卡与国际上所指的信用卡一致。

5. 信用卡的交易使用方式

信用卡通常仅限于持卡人本人使用，外借给他人使用一般是违反使用合同的。

（1）POS 刷卡。

在 POS 上刷卡是目前最常见的信用卡使用方式，需联网刷卡。刷卡时，操作员应首先查看信用卡的有效期和持卡人姓氏等信息。然后，根据发卡行以及需要支付的货币种类选择相应的 POS，连通银行等支付网关，输入相应的金额。远程支付网关接受信息后，POS 会打出刷卡支付的收据（至少是两联），持卡人检查支付收据上的信息无误后应在此收据上签字。操作员核对收据上的签名和信用卡背后的签名后（包括姓名完全相符和笔迹基本相符），将信用卡及刷卡支付收据的一联给持卡人。至此，POS 上的刷卡程序完成。

（2）RFID 拍卡。

在 RFID 上拍卡感应是一种新类型的信用卡使用方式，亦是联网方式的一种。拍卡时，操作员应首先查看信用卡的有效期和持卡人姓氏等信息。然后，根据发卡行以及需要支付的货币种类选择相应的拍卡机，输入相应的金额，将信用卡平放于感应器上方不多于 10 cm 的地方。RFID 感应到信用卡后会发出信号声响，然后继续运作程序，远程支付网关接受信息后，打印机（如已连接）会打出拍卡支付的收据，但与以往之方式不同，持卡人无须签字，比以往之方式更快捷，更方便。至此，RFID 上的拍卡感应程序完成。

（3）手工压单。

手工压单通常在没有 POS 或不能联网的情况下使用。压单操作必须有压敏复写式的"直接签购单"（至少是两联）和电话。压单前的检查工作与 POS 相同。然后，操作员用压单设备将信用卡上凸起的卡号、姓名等印到签购单上，并书写金额、日期等资讯，然后拨打收单银行授权专线电话，报出卡片资讯申请授权，并将获得的授权码书写在签购单上，然后持卡人确认无误后签字。操作员核对签名后，将信用卡及签购单的一联交给持卡人。至此，手工压单程序完成。

（4）网络支付。

网络支付时，需要输入卡号、信用卡有效期、卡背面签名栏旁的数字（威士 CVV2 码、万事达卡 CVC2）、网上交易密码，有时需要输入姓名、网页随机生成的验证码等。输入完成后，单击提交即可完成网络支付。

（5）电视及电话交易。

同网络支付类似，需要卡号、有效期、威士 CVV2 码或者万事达卡 CVC2 等信息。

（6）预授权。

预授权一般用于支付押金，即冻结一部分信用卡的可用额度，当作押金。预授权和手工压单的过程类似，但是电话内容是要求预授权相应的金额，不是要求支付，也不需要压单，只需要出具收到押金的凭证即可。一般预授权会在结账时候由商家取消预授权。如果商家忘记取消，可以打电话给商家要求取消，自己打电话给授权机构无法取消。或者，等待银行自动取消预授权（一般为 7～30 天不等）。

6. 信用卡的特点

一般信用卡共同特点如下：

（1）先消费后付款。

（2）通常不具有存款功能，发生溢缴款亦不计算利息。

（3）对于销售（Sales）交易有免息还款待遇，一般以当月结账后 20～30 日全额付款为条件。

（4）利息一般为按日单利计息，按月复利计息。

7. 信用卡的安全问题

信用卡因先消费后付款的机制，使用起来快捷方便，但同时也面临着严重的安全问题。信用卡的安全问题主要分为下述五大方面。

（1）不法分子或犯罪集团以假卡或废卡（过期、遗失作废、磁条损毁等）冒充正卡消费，蒙骗商家或发卡机构。

（2）交易系统与机制：只要是人类所制作的或经手的，就免不了人为的错误与疏失；再严谨的交易机制，配合从确认到结算的世界级交易系统，仍然有被入侵的可能，而且所谓的"入侵"其实也具有等级层次上的差别。

（3）持卡人：卡片保管不善、处理不当（过期、磁条失效的信用卡未进行销毁，或遗失未立即作废等），以及个人身份信息无意之间遭窃取或骗取。

（4）消费商家：服务人员于持卡人消费过程超刷，或窃取其信用卡资讯至其他商家消费，这种情况无论是实体商家还是网络虚拟商家，皆有可能发生。

（5）发卡机构：电脑系统遭恶意入侵，窃取客户基本交易资讯。亦有机构内部从业人员监守自盗或内神通外鬼等不法行为。

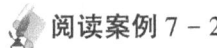阅读案例 7－2

风险增加时的人工智能防控方案

互联网的快速发展让信用卡消费场景变得以往任何时候都要丰富，但互联网也让个人信息的泄露变得更加容易，各类信用卡欺诈有多发之势。如何在客户消费时提供更加完善的安全保障服务，是横亘在每一家信用卡机构面前的严峻挑战。

广发信用卡以对大数据和人工智能的深度运用，开创了一条以差异化科技强盾防御欺诈暗箭的新时代风险防控之路。2017 年，广发信用卡在业内率先运用人工智能技术，在完善大数据平台的技术上开发出实时风控——首笔反欺诈模型。该模型将识别异常交易的速度缩短到"毫秒"，几乎在欺诈交易发生同时即作出判断，实现异常交易实时拦截，首笔拦截准确率提高了 4 倍。同时，为了避免在客户正常消费时被冻结信用卡，广发信用卡利用大数据技术将客户的日常消费行为标签化，让人工智能在识别客户本人交易时得出远比传统系统准确的结果，大大降低了误判的可能。

首笔反欺诈模型成功投入使用后，广发信用卡的反欺诈服务完成了从事发后处理的后端模式到事发前防控拦截的前端模式升级。今天的首笔反欺诈模型和广发信用卡 2015年国内首创的全面保障持卡人账户安全的服务产品"交易安全卫士"共同构建了广发信用卡的风险防御体系，用科技的力量为客户创造差异化的安全保障服务。

（资料来源：http://www.fjii.com/yw/2018/0514/152920.shtml.）

问题：

1. 信用卡主要有哪些安全问题？

2. 案例中利用人工智能技术降低安全风险，你认为还有什么安全隐患能让发卡机构提前预防？

2005 年 6 月，美国曾发生了信用卡机构"泄密事件"，原因是 CardSystems 的公司非法储存信用卡交易资料，从而导致黑客得手。而这家公司专为万事达、VISA 等国际卡组织做中间业务，每年处理的信用卡交易超过 150 亿笔，它在由发卡行、收单行、商户以及卡组织为主要要素形成的信用卡产业链条中处于"商户到收单行"之间的环节。在不少信用卡专家看来，这也是最容易出问题的一个环节。而在更多的显性或隐性环节中，信用卡安全隐患同样无处不在。

信用卡的另一种安全问题：不环保成分，绝大部分信用卡含聚氯乙烯（PVC胶），而聚氯乙烯危害生物健康和污染环境，释放出有害添加物。焚化聚氯乙烯也会产生致癌的二噁英（dioxin）。

7.1.2 信用卡网络支付模式及应用特点

在信用卡的网络支付中，客户的信用卡账号中通常没有多少资金，实际上商家取得的商品或者服务债权金额，由客户的发卡行代为支付。在信用卡网络支付系统中，会有一个信用卡交换中心作为信用卡的授权机构参与网络支付的授权、清算等活动。

1. 无安全措施的信用卡支付模式

这种支付模式是指持卡人利用信用卡进行支付结算时，几乎没有采取任何技术上的安全措施而把信用卡号码和密码直接传送给商家，然后由商家负责后续处理的模式，如图7-1所示。这是在电子商务发展初期各方面都不太成熟，特别是银行对电子商务的支持还不完善的情况下出现的，风险由商家负责，安全性差，持卡人的信用卡隐私信息完全被商家掌握，支付效率较低。

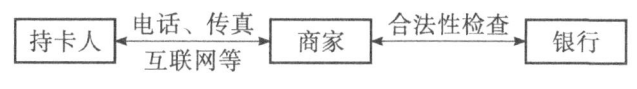

图7-1 无安全措施的信用卡支付模式

2. 借助第三方代理机构的信用卡支付模式

为了降低在无安全措施支付模式中的风险，在买方和卖方之间启用一个具有诚信的第三方代理机构，这个机构持有持卡客户的信用卡账号信息用于与银行的支付结算，并负责将交易信息在商家和客户之间传递。这种方式对第三方代理机构的公正、信誉和操作规范有很高的要求，主要风险由第三方代理机构承担，安全性得到一定的保证；但由于并未发挥银行网络在支付中的作用，在提高安全性的同时支付效率没有得到提高，成本也较高，且不太适合小额的网上支付。

借助第三方代理机构的信用卡支付流程如下：

（1）持卡客户以在线或离线方式在第三方代理机构处登记信用卡号和注册一个相应的应用账号，由代理人持有买方的信用卡号和账号。

（2）持卡客户上网用该应用账号从网上商家处进行在线订货，且把应用账号传送给商家。

（3）商家将持卡客户传送来的应用账号、交易资金、支付条款等信息以离线或在线方式提供给第三方代理机构核实，第三方代理机构验证应用账号信息后，经与持卡客户协商，得到持卡客户确认，再返回给商家一个确认信息。

（4）商家在收到第三方代理机构的确认信息后，接收持卡客户的购货订单，然后给持卡客户以及第三方发出交易确认通知。

（5）第三方代理机构收到交易确认通知后，按支付条款要求办理资金转拨手续。

图7－2描述了借助第三方代理机构的信用卡支付的流程。

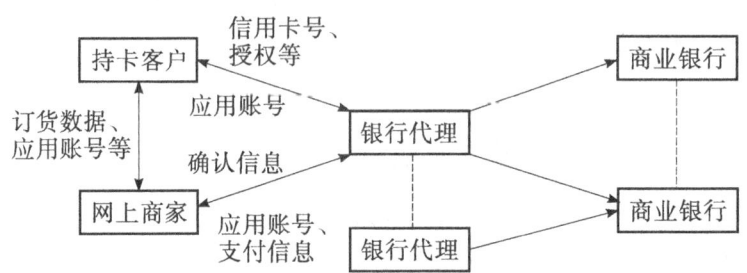

图7－2　第三方代理机构信用卡支付流程

借助第三方代理机构的银行卡支付方式的特点如下：

使用这种方式是通过双方都信任的第三方代理机构协助完成的，由于真正的信用卡信息未在开放的网络上多次传送，因此持卡客户既没有信用卡信息被盗窃的风险，卖方也没有很高的受骗风险；这种方式对第三方代理机构的公正、信誉与操作规范有很高的要求，主要风险由第三方代理机构承担；该方式虽然提高了支付的安全性，但支付效率还是较低，成本也较高，其性能价格比在小额支付结算中并不高，它属于电子商务发展初期利用银行卡支付结算时的一种过渡方式。

3. 基于SSL协议机制的信用卡支付模式

这种方式为互联网环境下信用卡支付的典型方式，使用SSL作为安全会话，保护和防止互联网其他用户获取信用卡账号等机密信息。交易多方身份验证机构认证中心的作用是间接的，主要是为支付各方颁发证书。用户以明文方式输入其信用卡号，该卡号将被加过密的SSL会话发送给商家的服务器并转发给发卡银行。这种通过商家中转支付信息的SSL支付模式不能保证支付账户信息不被商家看到，所以改进的SSL支付模式就是客户浏览器与银行服务器之间直接建立SSL加密连接。

SSL协议在运行过程中可分为六个阶段：

（1）建立连接阶段：客户通过网络向服务商打招呼，服务商回应。

（2）交换密码阶段：客户与服务商之间交换双方认可的密码。

（3）会谈密码阶段：客户与服务商之间产生彼此交谈的会谈密码。

（4）检验阶段：检验服务商取得的密码。

（5）客户认证阶段：验证客户的可信度。

（6）结束阶段：客户与服务商之间相互交换结束信息。

SSL在信息传递上的安全性，刚好适应了电子支付的需要。又由于架构简单，处理的步骤少，速度快，所以虽然存在一定的安全性漏洞，但依然被广泛地应用在银行卡在线支付模式中。

图7－3描述了基于SSL协议机制的信用卡支付模式工作流程。

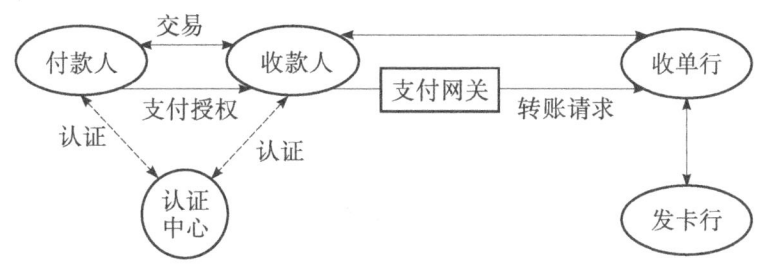

图 7-3 基于 SSL 协议机制的信用卡支付流程

（1）身份认证。SSL 模式的身份认证机制比较简单，只是付款人与收款人在建立"握手"关系时交换数字证书。

（2）付款人建立和收款人之间的加密传输通道之后，将商品订单和信用卡转账授权传递给收款人。

（3）收款人通过支付网关将转账授权传递给其收单行。

（4）收单行通过清算网络向发卡行验证授权信息，发卡行验证信用卡相关信息无误后，通知收单行。

（5）收单行通知收款人电子支付成功，收款人向收单行请款。

通过对基于 SSL 协议机制的信用卡支付流程的分析，可以发现该模式应用具有以下特点：①实现的是部分信息加密，效率提高；②使用对称私有密钥和非对称公开密钥加密技术，各尽所长，相当安全；③客户端可选对商家身份验证数字证书，提高支付效率；④由于持卡客户端进行网络购物时只需一个银行卡号和密码，无须任何其他硬件设施，可以说比传统的银行卡支付投入还少。所以这种支付方式给支付客户带来极大的方便，支付处理速度也比较快。

4. 基于 SET 协议机制的信用卡支付模式

SET 协议是由 VISA 和 MasterCard 联合开发的一种开放性标准。SET 协议可以让持卡人在开放网络上发送安全的支付指令和获取认证信息。SET 主要用于兼容当前的信用卡网络，目前涉及的是 B2C 的电子商务交易。在这种支付方式中，运用了一系列安全技术与身份认证手段，如对称加密、公开密钥加密、数字摘要、数字签名和双重签名、数字证书等。SET 协议的作用是达到网络的安全交易。安全电子交易的目的是提供信息的保密性，确保付款的完整性和能对商家及持卡人进行身份验证，而实施 SET 机制可以做到如下几点：

（1）对付款信息及订单信息能各自保密。
（2）能确保所有传送信息的完整性。
（3）能验证付款人是银行卡的合法使用者。
（4）能验证商家是该银行卡的合法特约商家。
（5）建立一个协议，该协议不是依赖传输的安全机制。
（6）能在不同平台上及不同网络系统上使用。

SET 协议为了能做到上述六点，必须要架构一个 PKI（public key infrastructure，公钥基础设施）对参与的成员进行认证，同时利用密钥对传送信息进行加密。在 SET 协议中对认证的架构规定严谨，认证是采用层级式的架构，而无论是付款人、收款人或收单银行都需要经过认证才能参与交易。其中地区性认证中心并不一定存在，而品牌认证中心可能直接认证付款人、收款人及金融机构。

基于 SET 协议机制的信用卡支付模式的工作流程：在 SET 协议环境下，应用银行卡进行电子支付，需要在客户端下载一个客户端软件（电子钱包软件），在商家服务端安装商家服务器端软件，在支付网关安装对应的网关转换软件等，并且各参与者还要各自下载一个证实自己真实身份的数字证书，借此获取自己的公开密钥和私人密钥，且把公开密钥公开出去，手续稍显麻烦。如图 7-4 所示。

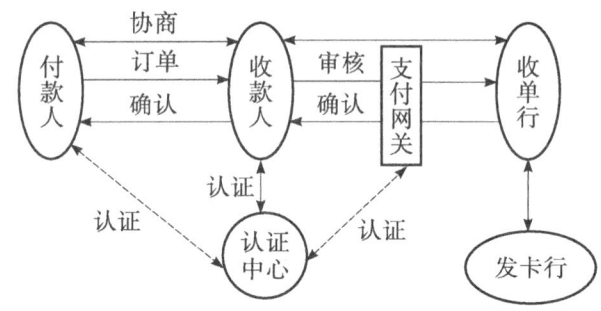

图 7-4 基于 SET 机制的网络支付流程

（1）付款人在发卡行柜台办理应用 SET 网络支付的信用卡；收款人（商家）与收单行签订相关结算合同，得到商家服务器端的 SET 支持软件，并安装。

（2）付款人从银行网站下载客户端软件，安装后设置应用此软件的用户名、密码等，以防止被人非法运行。

（3）付款人访问认证中心网站，把信用卡相关信息，如卡类别、卡号、密码、有效期等资料填入客户端软件，并且申请一张数字证书。

（4）付款人在商家网站上选购商品，结账时选择 SET 结算方式。这时客户端软件被激活，付款人输入软件用户名和密码，取出里面的相应信用卡进行支付。

（5）客户端软件自动与商家服务器相应软件进行身份验证，双方验证成功后，将订单信息及信用卡信息一同发送到商家。

（6）商家服务器接收到付款人发来的相关信息，验证通过后，一边回复付款人一边产生支付结算请求，连同从客户端来的转发信息一并发给支付网关。

（7）支付网关收到相应支付信息后转入后台银行网络处理，通过各项验证审核后，支付网关收到银行端发来的支付确认信息。否则向商家回复支付不成功。

（8）支付网关向商家转发支付确认信息，商家收到后认可付款人的这次购物订货单，并且给付款人发回相关购物确认与支付确认信息。

（9）付款人收到商家发来的购物确认与支付确认信息后，表示这次购物与网络支付成功，客户端软件关闭。电子支付完毕。

分析基于 SET 协议机制的信用卡支付模式工作流程，可以总结出该支付方式具有以下特点：①需要在持卡客户端安装客户端软件；②需要各方申请安装数字证书并且验证真实身份；③实现的是部分信息加密，以提高效率；④使用对称密钥加密法、非对称密钥加密法、数字摘要技术、数字签名、数字信封等多种技术，各尽所长；⑤充分发挥CA的作用以维护在互联网上的电子商务参与者所提供信息的真实性和保密性；⑥客户端软件功能多样，每次网上购物的相关信息都可集成在一个数据结构里，以后整体地自动提取应用，可以减少持卡客户每次购物的繁琐度和工作量。由于加密、认证次数多，支付处理相比于SSL机制，速度稍慢一些，各方开销大一些。

与SSL协议机制的银行卡网络支付方式一样，基于SET协议机制的信用卡网络支付方式对微额交易而言是不太适用的，成本相对较高。可在持卡客户端软件里装电子零钱应用，加密与认证次数就少多了，应用效果更佳。

7.2 电子现金网络支付方式

7.2.1 电子现金及电子现金的种类

电子现金（electronic cash）又称数字现金，是纸币现金的电子化。广义上来说是指那些以电子的形式储存的货币，它可以直接用于电子购物。狭义上通常是指一种以数据形式流通的货币，它把现金数值转换成一系列的加密数据序列，通过这些序列数来表示现实中各种交易金额的币值。用户使用电子现金进行购物，需要在开展电子现金业务的银行设立账户并在账户内存钱。

不同类型的电子现金都有其自己的协议，用于消费者、销售商和发行者之间交换支付信息。但就电子现金的表现形式而言，主要有预付卡式电子现金和纯电子形式电子现金。

（1）预付卡式电子现金。该类电子现金以预付卡形式存在，预付卡与电话卡有些相似，但流动性更大。电话卡只能用于支付电话费，流动性相对小，而预付卡在许多商家的POS上都可受理，常用于小额现金的支付。目前中国移动的"神州行"充值卡就类似这种预付卡式电子现金，用一点减一点，非常方便；很多大学里的校园一卡通也属于这种类型，广州的羊城通、香港的八达通等都属于这种类型的电子现金。

（2）纯电子形式电子现金。这种形式的电子现金没有明确的物理形式，以特殊的电子数据形式存在，特别适用于买卖双方物理上处于不同地点，通过网络进行支付的情况。支付行为表现为把电子现金从买方扣除并传输给卖方，卖方可以继续应用也可以去银行兑换。在传输过程中，通过加密保证只有真正的卖方才可以使用这笔电子现金。

通常所讲的电子现金即纯电子形式电子现金。预付卡式电子现金的应用类似电话卡的储值后扣费形式，与带读卡器的智能卡网络支付模式基本相同。

7.2.2 电子现金的特性

电子现金在经济领域起着与普通现金同样的作用，对正常的经济运行至关重要。电子现金应具备以下性质：

（1）可分性。电子现金不仅能作为整体使用，还能被分为更小的部分多次使用，只要各部分的面额之和与原电子现金面额相等，就可以进行任意金额的支付。

（2）独立性。电子现金的安全性不能只靠物理上的安全来保证，必须通过电子现金自身使用的各项密码技术来保证电子现金的安全。

（3）具有金钱价值。即受现金、银行授权信用或银行证明的本票所担保，若没有适当的银行证明，电子现金就有在存款时因资金不足而被拒绝的风险。

（4）快捷方便。客户不论是在家里、办公室或旅行中都可实时利用电子现金进行交易，甚至可以将电子现金存储在远程的计算机里、智能卡上或其他方便携带或特别设计的装置上。

（5）匿名性。即使银行和商家相互勾结也不能跟踪电子现金的使用，也就是无法将电子现金用户的购买行为联系到一起，从而隐蔽电子现金用户的购买历史。

（6）可传递性。用户能将电子现金像普通现金一样，在用户之间任意转让，且不能被跟踪；即可以和其他电子现金、纸钞、货物或服务、信用贷款限额、银行账户存款、银行票据或契约、电子利益转移等来交换。

（7）安全性。电子现金可以预防或检测电子现金的复制或重复使用，使电子现金不容易被复制或篡改。

（8）不可重复花费。电子现金只能使用一次，重复花费容易被检查出来。

7.2.3 电子现金的制作

（1）客户在发行电子现金的银行建立资金账户，存储一定数量现金，领取相应的客户端电子现金应用软件。

（2）安装电子现金应用软件来产生原始数字代币及其原始序列号。

（3）借助软件通过将 A 与另一个随机数（隐藏系数）相乘，得到新序列号 B，与原始数据一起发送到发行银行。银行看见 B 与数字代币的联合体后，用其签名密钥对其进行数字签名，认可电子现金价值，从客户资金账号扣去对应资金余额。

（4）银行将经过数字签名的 B 与数字代币的联合体回送客户。

（5）客户用隐藏系数分解序列号，并取回原始的序列号。

7.2.4 电子现金网络支付系统

在整个电子现金支付系统中，电子现金发行机构的参与十分重要。为控制电子货币的发行量，发行机构在央行的严密监控下进行电子现金的发行，发行机构本身也有十分严格的资格审批流程。发行机构根据客户所存款项向客户发放等值的电子现金，并保证电子现金的防伪性。客户则可以持电子现金进行日常支付、网上购物以及网上个人之间的其他支付等活动。

目前，针对电子现金，国际上已开发出了多种应用系统，如 DigiCash、Mondex、Net-Cash 等。下面以荷兰的 DigiCash 公司 E-Cash（钱包软件）和数字设备公司（DEC）的 Millicent 电子现金系统为例来分析电子现金交易的详细过程。

客户和商家在电子现金银行开立账户，客户可以从其银行账户中提取电子现金，并存到自己的电子钱包里,客户有了电子现金就可以随时到商家消费。当客户拿电子现金消费时,商家首先将电子现金送到银行,银行验证电子现金的真伪并确认该电子现金是否消费过,然后将电子现金存入商家的账户并通知商家,此时商家就可以寄商品或发货到客户。具体支付流程如图 7-5 所示。

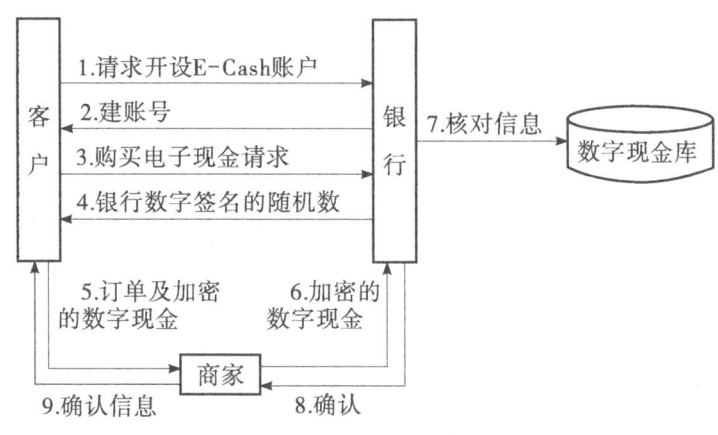

图 7-5 电子现金支付流程

1. 电子现金存放

客户使用电子现金之前,先用自己的网际钱包软件(E-Cash 钱包软件称为网际钱包(cyber wallet),主要存储和管理客户电子现金,保存所有交易记录,使协议尽可能对客户透明,但银行看不到客户的硬盘号)产生一个序列号,并送到银行签字生效。序列号是随机产生的,它既不能与以后产生的序列号重复,也不能与别人网际钱包里的序列号重复。目前采用随机数技术已完全能做到这一点。这个序列号送到银行签字时不能让银行看到。这就是所谓盲签协议(blind signature,BS),即由客户网际钱包软件再选一个随机数,称作盲因子(blinding factor,BF),并与序列号相乘。将序列号变盲送到银行签字后送回客户,客户再以盲序号除以 BF 即恢复原序号。因为电子现金已由银行签字,所以可以进入流通。

2. 客户从银行提取电子现金

客户想得到不同面值的电子现金时,需要发送一个提款要求到银行,这个要求要用客户密钥签字,并由银行公钥加密。银行签字时看不到客户的序列号,但又要为客户要求的面值签字,这可通过不同的电子现金面值用不同的签字密钥来实现。客户只要告诉银行所需面值,银行就用表示此面值的密钥签字,然后借记客户账户相应的金额。提款时每个电子现金都要由银行私钥加密序列号(加盖数字印章),银行盲签电子现金之后要借记客户账户,之后银行签署回应信息并返回客户,这个信息无须加密,因为只有客户才知道 BF,复原后就可以用这些电子现金去消费。

3. 客户用电子现金去消费

客户有了电子现金,可将其存入网际钱包,并可随时拿去消费,客户消费时都得与商家 Web 站点打交道。购买和订货协议不属于电子现金协议范围,但要真正做商务就得实现二者的衔接和集成。商家接到客户订单后，要将支付要求送到客户网际钱包。这些信息包括订货数量、所用货币、当前日期、商家银行、商家银行账户、货物叙述等。如果客户同意支付，其须精确算出应付多少电子现金给商家。为了匿名，商家只记录序号。这些均由客户网际钱包完成，如果电子现金不够则钱包软件还可向银行提取。

4. 支付和证实支付

将电子现金传送到商家时要用银行公钥加密，以防传送时被人偷看，同时也可防止商家篡改。商家将加密的电子现金和支付信息送入银行并存入其账户。信息中包括订单叙述的 hash 函数。因已知客户订单，银行可以与其副本对照比较，以检验客户同意的购买量。由于订单被加密，银行并不知道购买细节。如果支付信息自离开客户到存入银行期间被篡改，则 hash 函数值就会改变，因此支付信息的 hash 值和电子现金（coins）均要加密。当银行接到支付信息后再产生自己的支付 hash 值，如果二者匹配就说明信息未被篡改。在此过程中付款者（客户）仍然是匿名的，除非其决定以后要证实这笔支付。收款者（商家）不需匿名，因商家必须将电子现金送到银行联机确认后才能存入其账户，所以银行会根据客户构造的支付信息识别商家。

5. 消费之后电子现金存款

商家收到支付信息后将存款要求送到银行，这笔存款要由商家签字并由银行公钥加密。银行检验这个电子现金是真的并且不是重复消费，就贷记账户，完成之后送一个通知给商家。

7.2.5 电子现金网络支付实例

1. E-Cash

E-Cash 电子货币最早由数字现金公司 DigiCash 推出，而后被数字现金技术公司收购。瑞士的网络支付 AG 银行、德国的德意志银行、澳大利亚的圣·乔治银行以及奥地利的奥地利银行，均曾开展 E-Cash 的相关业务。E-Cash 曾是一个十分成功的电子现金解决方案。

E-Cash 采用公用密钥以及数字签名技术，保证了电子货币在传输过程中的安全性与购物时的匿名性。由于其使用过程几乎与用现金付款一样简单，所以很受用户的欢迎。为了使用 E-Cash，顾客必须在一家参与银行开一个账户。然后，顾客还必须在该账户存储一定数量的钱，顾客会得到以电子现金形式存在的钱，这些钱可以存储在顾客的硬盘上。这些钱是以代币（token）的形式存储的，顾客从银行所获得的电子现金也可以转到一个特设的银行账户，然后用这个账户来支付与贸易商之间的交易。顾客可以用存储在硬盘上的文件进行付款。想接受 E-Cash 货币的贸易商也需要在一家支持 DigiCash 的银行设立一个账户，以便兑换已接受的货币。对 E-Cash 模型来说，交易费用为零。

用 E-Cash 作为典型的电子现金来进行网上支付，其流程大致如下。

（1）客户需要先在其电子钱包软件中储存 E-Cash 电子现金，即一定数量的电子现金。

（2）客户浏览商户的站点，确定欲购物品的品类、数量及价格等。

（3）客户通过商户的站点递交一份购物订单。

（4）商家收到订单后，即向客户电子钱包发送支付请求，请求内容包括订单金额、可用币种、当前时间、商户银行、商户的银行账户 ID 及订单描述等。

（5）客户电子钱包将上述信息呈现给客户，请求是否付款。

（6）客户同意付款，则将从电子钱包中采集与请求金额相等的电子现金。

（7）在将所要支付给商户的电子现金送给商户之前，须用银行的公用密钥加密。

（8）商户将接收的电子现金送给银行存入自己的账户。在先送往商户、后送给银行的支付信息中包含有关支付和加密的电子现金的信息。

（9）在商户存款期间，支付信息与加密电子现金一起被送往银行。

（10）在收到支付信息后，作为存入请求的一部分，商户将其送往银行。客户可以用类似的存入信息格式向银行返回专用电子现金。

（11）在收到有效支付后，商户给用户发送所购商品和收据。

使用 E-Cash 电子现金的消费者可以放心地购买所需要的任何商品，因为 E-Cash 是一种无条件匿名系统。当消费者使用电子现金时，商家所能看到的只是银行的签字，而不是消费者本人的签名。

E-Cash 系统是一个单向代币系统，它只允许货币使用一次。在顾客和贸易商之间只能执行一个交易，贸易商不能用它来支付其他东西。这些货币必须送回银行进行兑换。顾客之间的对等交易是可行的，但是在过程中需要一家银行来兑换代币，每个代币都包含它所代表的金额、用作序列号的随机数以及发行银行的数字签名。银行能够在不知道使用者的情况下对电子现金进行验证，而且还允许电子货币保持匿名性。这是通过使用一个叫作"隐蔽签名"（blind signature）的系统来实现的。隐蔽签名是一个由 DigiCash 的创始人大卫·考恩发明的具有专利权的算法。为了使其更加简单，由获取电子现金的顾客创建原始代币。将一个序列号加到代币上，并将其发送到顾客的银行。通过将该序列号与另一个随机数相乘，使银行不可以看见该序列号。银行给代币增加一个数字签名，并将其送回给顾客。顾客可以用隐蔽系数分解序列号，并取回原始的序列号。

2. NetCash

NetCash 是可记录的匿名电子现金支付系统。它是由南加利福尼亚大学在 1995 年开发的，现在已经不再使用。虽然 NetCash 是一个非常好的方案，但是由于它出现的时间太早，难以取得成功。它要求有一个复杂的付款基础设施。在早期，这对许多互联网用户来说是很难实现和使用的。其主要特点是设置分级货币服务器来验证和管理电子现金，其电子交易的安全性得到保证。

NetCash 系统运作的中心是一个货币服务器。货币服务器是一个经政府许可的发行电子现金的机构，该机构存有资金，以保证支付，并且在许多方面和银行的作用相同。政府机构还需建立一个中心认证机构，用于向货币服务器发放公钥和数字签名密钥。

NetCash 系统产生的电子现金有以下字段：第一，货币服务器名称，负责产生这个现金的银行名称及 IP 地址；第二，截止日期，电子现金停止使用的日期；第三，顺序号，银行需记录尚未兑现的有效账单的顺序号；第四，币值，电子现金的数额及货币类型。

电子现金可通过任意次数的不同协议实现交换，但以下两步是必需的。

（1）客户能在某些电子现金或数字支票中结合一些指令，这些指令用于指示货币服务器用这些电子现金或数字支票去交换由其他人开出的新的现金或支票。客户还可以在以上电子现金或数字支票中随机选取密钥，并且用货币服务器的公钥进行加密。

（2）货币服务器解密收到的消息，并按用户的指令产生新的电子现金或支票，同时检查是否有欺诈。

NetCash 系统的安全性依赖于单向认证。另外，客户的身份能保密，因为业务过程中不需要出示客户的公钥或其证书上的身份。货币服务器负责清理支票。客户服务器应在发出新支票或新电子现金前，向货币服务器呈递客户的钱，以实现支付。货币服务器应经常清账。客户能够通过在若干个不同的货币服务器之间交换电子现金而隐藏身份信息。

3. Micropayments

Micropayments 是由 IBM 公司研制开发的一个专门用于互联网处理任意小额的交易，适合在互联网上购买一页书、一首歌、一段文字、一个笑话等的微小支付。由于这种支付的特殊性，以至在传统的支付形式下较难实现，在互联网上通过微支付传输协议（micro payment transport protocol，MPTP。该协议是由 IETF 制定的工作草案），解决了每个商品交易的发送速度与低成本问题。

7.2.6 电子现金网络支付存在的问题

电子现金以其方便、灵活的特点可以用于互联网上的小额消费结算，其在带来许多方便的同时，也带来很多问题。除了安全问题，还在税收、法律、货币供应等方面存在一些潜在的问题。

以下列举几项电子现金支付存在较突出的问题。

（1）成本较高。电子现金对于硬件和软件的技术要求都较高，需要一个大型的数据库存储用户完成的交易和电子现金序列号以防止重复消费，因此，尚需开发出硬件、软件成本都较低廉的电子现金。

（2）存在货币兑换问题。由于电子现金仍以传统的货币体系为基础，因此从事跨国贸易就必须要使用特殊的兑换软件。

（3）风险较大。如果某个用户的硬盘损坏，电子现金丢失，钱就无法恢复，这个风险许多消费者都不愿承担。更令人担心的是电子伪钞的出现，一旦电子伪钞获得成功，那么，发行人及其客户所要付出的代价就可能是毁灭性的。

（4）找零问题。电子现金通常有很多不同的面值，支付时，用户先进行精确计算再将与需要支付的金额一致的电子现金传给商家。但由于用户将电子现金存在本地，如果某次支付时，本地现金的面值无法与需要支付的金额刚好相等，而此时向银行购买又不现实，这时就遇到"找零"问题了。解决该问题的方案有许多种，它们的主体思想基本一样，最大不同之处在于"零钱"如何返回到用户手中。其中一种解决方案是：银行用不同的公钥对不同面值的现金签字；商家将用户签字的账单和加密现金送到银行；银行计算出用户的实际消费金额；如果用户送来的货币需要找零，则银行将找的零钱存起来，这时的零钱不能用于用户的下次支付，即不能及时返回给用户，由银行保管起来，并累积；以后用户通过某种验证，银行能确定其的确是零钱的拥有者，再将零钱返回给用户。

7.3 基于转账的网络支付方式

7.3.1 电子转账支付系统概述

电子转账支付系统是通过对账户的处理来完成支付的,包括存款人主动发出付款指令,将款项从自己的账户转到收款人的账户中的付款人启动支付和收款人主动发出请求付款的指令,经付款人确认后将款项从付款人账户转到自己的账户中的收款人启动支付两种类型。其实质是存款在账户间的移动。常见的电子转账支付系统有以下几种。

1. 储蓄卡支付系统

消费者持储蓄卡可在 ATM 上自动存取现金,也可在 POS 上直接支付货款。其实际上是通过消费者自行发出的电子化转账指令,将储蓄卡对应存款账户的存款提现或转入商家的存款账户中了。这是一种付款人启动支付的模式。

2. 网络银行提供的电子转账服务系统

将传统的银行业务搬上互联网,即实现银行业务的电子化和网络化,网络银行就诞生了。网络银行利用互联网把业务终端伸入千家万户的家中,赢得了更为广泛的客户,同时人们也享用到了更为便捷多样的服务。网络银行提供的电子转账服务采用的也是顾客在互联网上直接对银行发出转账指令,然后使存款移动到指定账户中的结算方法,也是一种付款人启动支付的模式。

3. 电子支票支付系统

电子支票支付系统提供发出支票、处理支票的网上服务,是纸质支票的电子化延伸。付款人向收款人发出电子支票以支付货款,收款人用此电子支票向银行背书以启动支付,经认证的合法电子支票在支付过程中就作为将存款从付款人账户转入收款人账户的确认依据。这是一种付款人启动支付的模式。

大量的电子支票还可以经票据交换所进行清偿,即通过票据交换组织,互相抵销各自应收、应付的票据金额,然后只进行最终相差金额的转账。由于整个过程的自动化程度很高,即使交易额很少,这种方式也是经济划算的。

7.3.2 即付转账清偿债务

例如,参与主体为销售商品的商家和购买商品的消费者,他们所选择的市场行为是销售和购买型的商务活动,如果市场环境为商场,而采用的支付活动方式为 POS 转账,则支付的特点就是即时清偿债权债务的转账支付活动方式,如图 7-6 所示。

在淘宝上为完成 B2C、C2C 交易所使用的支付宝,作为一种第三方支付工具,起到了帮助商家和消费者之间完成即付转账的作用。

支付宝是一个网络转账工具,也是一种网上的支付平台,用户可以通过它给其他有支付宝的人汇款,也可以把它作为第三方的机构,在特定的环境(淘宝网)下进行网上购物,这是一种可以同时保护买卖双方不被欺诈的第三方平台。

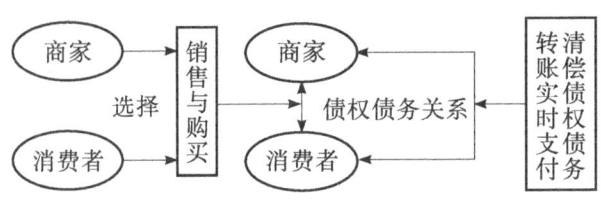

图 7-6 转账支付清偿债务示意图

7.3.3 账户划转的支付方式

由于社会上出现银行类的金融机构，任何一个经济主体和社会人都能在银行开设有自己的账户，而银行是社会信用的产物，具有很高的社会信用，银行发行的票据和银行账户就具有与现金同等的信誉，社会相信它，因此它也可作为支付中的一个工具所使用。

A 向 B 支付以结清债务，可以采用将自己账户上等值数额的金额划拨到 B 账户上的方式来进行，如图 7-7 所示。

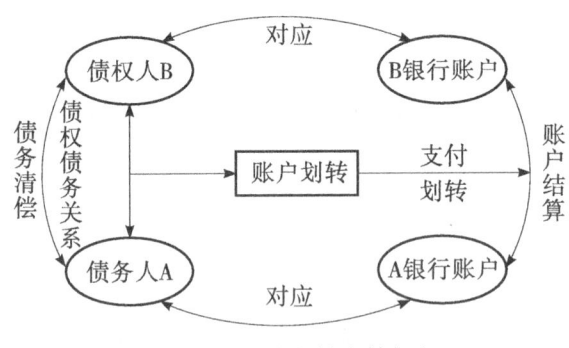

图 7-7 账户划转支付方式

这种支付方式减少了现金在社会中的流通量，并且支付的环节更简单。社会上债权债务关系的清偿，通过银行这个中间环节，变成了银行间账户划拨的结算关系。这种支付方式成为现代信用社会中常用的普遍通行的一种支付和结算方式。

7.4 电子汇兑系统

7.4.1 电子汇总系统简介

所谓电子汇兑，即利用电子手段处理资金的汇兑业务，以提高汇兑效率，降低汇兑成本。广义的电子汇兑系统，泛指客户利用电子报文的手段传递客户的跨机构资金支付、银行同业间各种资金往来的资金调拨作业系统。具体来说，就是银行以自身的计算机网为依托，为客户提供汇兑、托收承付、委托收款、银行承兑汇票、银行汇票等支付结算服务方式。

任何一笔电子汇兑交易，均由汇出行发出，到汇入行收到为止。其间的数据通信转

接过程的繁简,视汇出行与汇入行两者之间的关系而定。根据汇出行与汇入行间的不同关系,可把汇兑作业分成以下几种:

(1) 联行往来汇兑业务。汇出行与汇入行隶属同一个银行的汇兑,属于银行内部账务调拨,必须遵守联行往来约定,办理各项汇入和汇出事宜。

(2) 通汇业务。资金调拨作业需要经过同业多重转手(多个银行参与)处理才能顺利完成的称为通汇业务。通汇业务是一种行际间的资金调拨业务,如本国通汇和国际通汇。跨行或跨国通汇,因涉及不同银行间的资金调拨,参与通汇的成员必须签署通汇协定,才能保证作业系统的正常运行。

电子汇兑系统的客户是单位,主要顾客是公司企业,其次是政府机构,社会大众很少使用。这种系统同前面介绍的各类电子货币网络支付系统相比有许多特点。前者额大量小,主要面对公司企业和政府部门;后者额小量大,主要面对社会公众。因此,国外把前者划归批发银行系统,把后者划归小额支付系统。

银行批量业务电子处理系统主要包括面向单位客户的银行电子化服务系统(如电子银行及 EFT、网络银行、电子支票等)和面向银行同业资金往来的电子汇兑系统。而面向单位客户的银行电子化服务系统要为其客户提供电子资金转账 EFT 服务,必须通过电子汇兑系统才能完成。

7.4.2 电子汇兑系统的特点

电子汇兑系统的特点如下:

(1) 交易额大、风险性大。

(2) 对系统的安全性要求高于时效性要求。客户汇款时最关心的是安全,其次才是及时送到。为了系统的安全,在设计电子汇兑系统时,信息的传输方式几乎都是先存后送,确保信息在传输过程中所通过的每个站点都有确切的记录,万一汇兑业务出现问题,也能迅速找出出事点。

(3) 跨行和跨国交易所占的比重很大。因此,设计电子汇兑系统时,应适应国际上通行的各种标准、规格和要求,才能顺利进行国际汇兑业务。

7.4.3 电子汇兑系统的类型

为适应国际贸易快速发展的需要,国际上建立了许多著名的电子汇兑系统。这些系统所提供的功能不尽相同,按照依其作业性质的不同,可把电子汇兑系统分成三大类:通信系统、资金调拨系统和清算系统。

(1) 通信系统。主要提供通信服务,专为其金融机构成员传送同汇兑有关的各种信息。成员接收到这种信息后,若同意处理,则将其转送到相应的资金调拨系统或清算系统内,再由后者进行各种必要的资金转账处理。这种系统的典型实例是国际环球同业财务电信系统(SWIFT),它把原本互不往来的金融机构全部串联起来。

(2) 资金调拨系统。是典型的汇兑作业系统,负责具体支付。这类系统有的只提供资金调拨处理,有的还具有清算功能,属于这类系统的代表性系统有美国的 CHIPS、FEDWIRE,日本的全银系统,我国各商业银行的电子汇兑系统、中国人民银行的全国电子联行系统等。

（3）清算系统。主要提供清算处理。如果汇入行与汇出行之间又无直接清算能力，则需委托另一个适当的清算系统进行处理。以美国为例，CHIPS 除可作资金调拨外，还可兼做清算，但对象仅限纽约地区的银行。纽约以外的银行清算则要交由具有清算能力的 FEDWIRE 进行处理。我国的异地跨行转汇，必须经过中国人民银行的全国电子联行系统，才能最终得以清算。

7.4.4 电子汇兑系统运作模式

电子汇兑系统运作是一个复杂的模式，如图 7-8 所示。尽管电子汇兑系统的种类很多，功能也不尽相同，但是汇出行和解汇行的基本作业流程及账务处理逻辑是很相似的。以一笔电子汇兑交易为例，由汇出行启动至解汇行收到为止，不论是点对点传送，还是通过交换中心传送，汇出行与解汇行都要经过以下基本作业处理流程。

（1）数据输入。
（2）电文的接收。
（3）电文数据控制。
（4）处理与传送。
（5）数据输出。

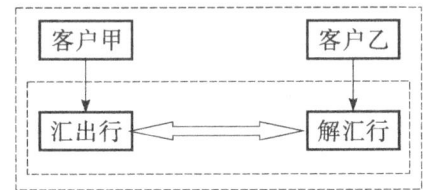

图 7-8 电子汇兑系统运作模式

7.4.5 国际网络支付系统

CNFN 和 CNAPS 都属于电子汇兑系统，接下来以国际网络支付系统（SWIFT）为例介绍电子汇总系统。

1. SWIFT 的产生

为适应国际贸易发展的需要，20 世纪 70 年代初期，欧洲和北美的一些大银行开始对通用的国际金融电文交换处理程序进行可行性研究。研究结果表明，应该建立一个国际化的金融处理系统，该系统要能正确、安全、低成本和快速地传递标准的国际资金调拨信息。于是，美国、加拿大和欧洲的一些大银行于 1973 年 5 月正式成立 SWIFT 组织，负责设计、建立和管理 SWIFT 国际网络，以便在该组织成员间进行国际金融信息的传输和确定路由。1977 年夏，完成了环球同业金融电信网络（SWIFT 网络）系统的各项建设和开发工作，并正式投入运营。

2. SWIFT 管理结构

SWIFT 由 25 名董事长领导下的执行董事会为最高权力机构，监督由 CEO 领导的执行部门的工作。董事会包括 6 个委员会：财务委员会，负责会计、财务报告与财务管理等；偿付委员会评估公司绩效，决定董事会成员和其他主要主管的薪酬管理、雇员薪酬管理、薪贴计划；两个商务委员会负责银行与支付和证券；两个技术委员会分别负责标准及技术和产品。具体管理结构如图 7-9 所示。

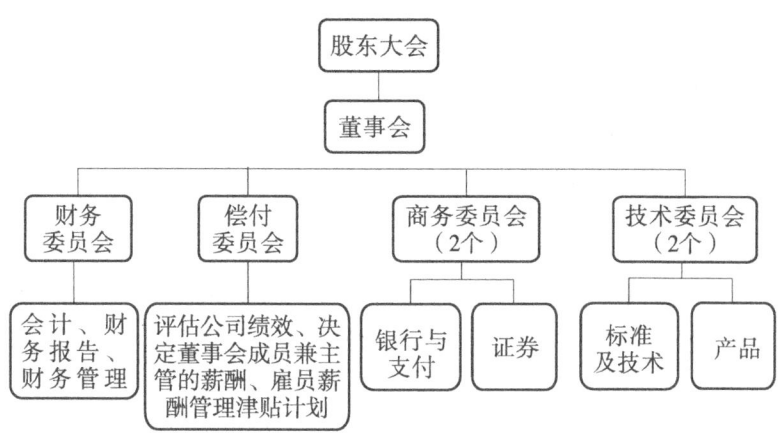

图 7-9 SWIFT 的管理结构

3. SWIFT 会员分类

SWIFT 的成员分为持股者和非持股者。持股者（会员）包括银行、符合资格的证券经销商以及符合规定的投资管理机构，都可以持有 SWIFT SCRL 的股份。会员行有董事选举权，当股份达到一定份额后，有董事的被选举权。非持股者主要分为非参股成员、附属成员及参与者三类。非参股成员是那些符合成为参股人资格但是并未选择或不愿选择成为参股人的机构。附属会员是持股会员对该机构组织拥有 50% 的直接控制权或 100% 的间接控制权。此外，该机构组织还需满足附属会员条例中第 8 款第 1 节的要求，即必须和会员所参与的业务相同，但必须完全由参股人控制管理。参与者主要来自证券业的各个机构，如证券经纪人和经销商、投资经理、基金管理者、货币市场经纪人等。只能获得与其业务相关的一系列特定服务，并且需满足公司大会中为其设定的标准。参与者不能持股。需要特别指出的是，根据参与者的类型不同，能够享有的 SWIFT 服务与产品会有所不同。

4. SWIFT 提供的服务

SWIFT 扮演着国际银行业中枢神经系统的角色，担负着全球银行之间信息交流、资金流通的重任。SWIFT 提供的服务分为四大类：接入服务、金融信息传递服务、交易处理服务、分析服务与分析工具。

（1）接入服务。

SWIFT 的接入服务通过 SWIFT Alliance 的系列产品完成，包括以下部分：

①SWIFT Alliance Access and Entry：传送 FIN 信息的接口软件。

②SWIFT Alliance Gateway：接入 SWIFTNet 的窗口软件。

③SWIFT Alliance Webstation：接入 SWIFTNet 的桌面软件。

④File Transfer Interface：文件传输接口软件，通过 SWIFTNet FileAct 使用户方便地访问其后台办公系统。

SWIFTNet Link 软件内嵌在 SWIFT Alliance Gateway 和 SWIFT Alliance Webstation 中，提供传输、标准化、安全和管理服务。连接后，它确保用户可以用同一窗口多次访问

SWIFTNet，获得不同服务。

（2）金融信息传送服务。

SWIFTNet 启用以后，传统的 FIN 服务转而在新的网络 SWIFTNet Fin（已于 2002 年 8 月开通）上提供。SWIFT 把传统的 FIN 服务与新开发的、交互性的服务进行了整合，开发出 SWIFTNet 信息传送服务以满足现代金融机构不断发展的需要。包括以下四种服务。

①在金融信息传送方面，SWIFT 的核心服务是 FIN。它通过 SWIFT 网络接收、存储转发各种金融业务处理中的数据。内置的冗余、分布式处理系统确保 FIN 服务安全、灵活、可靠。其增值处理服务为：按 SWIFT 标准进行信息格式化、信息的保存与恢复、信息管理及优先级控制。SWIFT 为支持大额支付及与证券相关交易中的清算、结算、净额结算提供了 FIN Copy 服务。在交易指令传达给接收方之前，指令要备份并通过第三方（如中央银行）的认证。FIN 服务使 SWIFT 称为世界上使用最广泛的支付服务系统，各国银行的国际业务都依赖于它，其信息种类、格式和技术架构已成为全球支付系统中的典范。

②SWIFTNet InterAct：提供交互（实时）和存储与转发两种信息传送方式，适合要求实时应答的金融业务。InterAct 有三种不同的工作模式，分别是存储转发、实时报文、实时查询及响应模式。无论收报行联机与否，使用存储转发模式，当收报人准备好后，报文会被立即分发出去。对于交易时处于联机状态的收报行，实时报文模式比存储转发模式更快捷有效。实时查询及响应模式是一个典型的基于联机查询或报告的交互式服务系统，该模式通常和 SWIFTNet Browse 配合使用。

③SWIFT FileAct：提供交互和存储与转发两种文件自动传输方式，适合大批量数据的传输。通过 SWIFTNet 浏览器，用户可以方便地使用这两种服务。FileAct 支持任何类型的字符集、任何内容的结构，可使用 SWIFT 格式、集团内部格式或私有格式，最大可传输 250 MB 大小的文件，适合大批量数据的传输。利用 FileAct，所有的 SWIFT 成员紧密地连接在一起，快速地收发文件。无论是集中支付处理、支票影像交易、有价证券的附加信息还是给央行的报告、内部机构报告都可利用 FileAct 完成，欧美多数的金融机构都已经从安全、可靠、低廉的文件传输交换中获得了利益。

④SWIFTNet Browse：以浏览器为基础，使用标准的互联网浏览器（如 IE）和 SWIFT Alliance Web Station 访问 Browse 服务，其安全由 SSL 和 SIPN 保证。

SWIFT 的访问过程如图 7-10 所示。

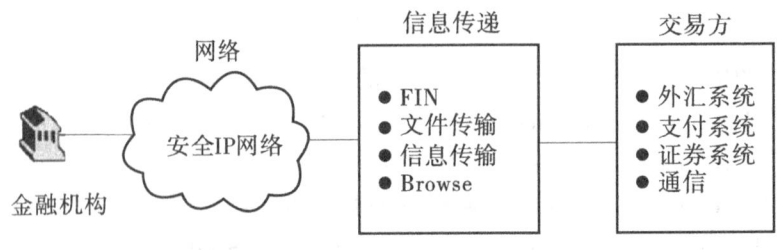

图 7-10 SWIFT 的访问示意图

（3）交易处理服务。

交易处理服务是通过 SWIFTNet 向外汇交易所、货币市场和金融衍生工具认证机构提

供交易处理服务,具体如下:

①交易处理匹配服务;

②实时报告的双边净额清算服务;

③支持 B2B 的商务中的端对端网络支付。

(4) 分析服务与分析工具。

SWIFT 也向金融机构提供一些辅助性的服务,即分析服务与分析工具(Analytical Services/Tools)。

①BIC Online 和 BIC Directory Update Broadcast:向金融机构提供最新的、世界范围内的金融机构的代码(BIC)。

②Traffic Watch:可以监视 SWIFT 当前传送信息的数量。

③Transaction Watch:可以监视信息从发出到接收所经历的过程,获得各种参数,为提高证券系统和支付系统的效率提供分析数据。

④STP Review:金融机构为提高自身竞争力,直达处理(straight through processing,STP)能力变得愈加重要。SWIFT 可以向用户提供独立、客观的 STP 评估。

5. SWIFT 的系统结构

目前的 SWIFT 系统结构是四层,如图 7-11 所示。

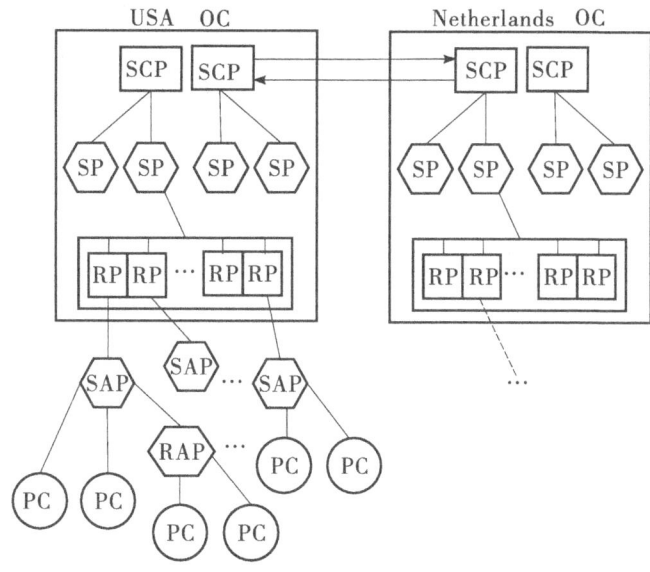

图 7-11 SWIFT 系统层次结构图

其中网络控制由设置在系统控制中心 OC 的系统控制处理机 SCP 完成,它控制和监测网络片的片处理机,片处理机 SP 通过区域处理机 RP 进行发送和存储事务,区域处理机 RP 经过 SWIFT 访问点 SAP 连接到用户终端 PC 上。

SWIFT 的传输网络分为网络管理中心、核心网络、校验网络和界面网络四个层次,操作中心备有双重后备发电机、继电器设施电信网络及 24 小时的查询服务。网络和系统管理设置在美国和荷兰的操作中心，遇故障时，另一个中心网络智能工作台可以照顾整个SWIFT网，网络的设置及更改由比利时网络操作中心统一运筹管理。银行本地线路、校验站由当地处理站处理。银行用户可用电话、电传等方式查询网络状况。

SWIFT系统利用高度尖端的通信系统组成国际性的银行专用通信网，且在会员间传递信息、账单和同业间头寸划拨，即为全世界各个成员银行提供及时良好的通信服务和银行资金清算等金融服务。SWIFT的使用，为银行的结算提供了更为安全、可靠、快捷、标准化、自动化的通信业务，从而大大提高了银行的结算速度。

（1）操作中心（operating centers，OC）。

目前，整个SWIFT网络的业务处理集中在美国和荷兰两个操作中心。SWIFT通过这两个OC把发报行和收报行连接起来，OC之间通过全双工链路连接，必要时可以互相备援。如果一个OC出现故障，该OC的通信工作转由另外一个OC处理。SWIFT网络的所有处理机都集中在这两个操作中心，它主要执行下述六种主要功能。

①注册。成员行的SWIFT接口设备SID经过注册才能进入系统。SID的使用者必须输入经确认的密码，OC才允许其注册和进入系统。

②电文接收。当发报行将电文发到系统后，SWIFT系统要对电文的内容进行验证。验证合格，则向发报行回发一条信息，说明已经收到电文，同时准备转发电文。

③电文处理。电文发出前，系统要对电文进行若干处理，主要包括记录追踪轨迹，检查是否符合系统规定的标准，编定输出参考码及系统参考码。其中，输出参考码包括收报行终端机代码及系统编定的输出电文序号OSN；系统参考码包括发报行终端机代码及发报行编定的输入电文序号ISN。上述参考码都是追踪电文在网络中运行的重要数据。

④电文提交。发报的准备工作，主要检查到目的地的路由是否畅通。若畅通，则将收到的电文转发到收报的SID。除了系统电文和紧急电文可享受发送优先权外，一般正常的交易电文采用先到先发的原则。通常电文收到10分钟内就可发出。

⑤检索功能。向成员行提供查询系统数据文件功能。但是严禁查询与自身无关的其他数据。

⑥网络控制。SWIFT系统中的每个OC都有一部主机负责与另一个OC及各RP之间的线路连接。该主机自动检测每条线路的负荷，若发现某条线路有超载现象，则自动使电文绕道转送。若检测到某线路故障或RP故障，将自动执行侦测功能，判断问题的原因，做出必要的恢复处理。

（2）系统控制处理机（system control processor，SCP）。

SCP负责整个SWIFT网络的正常运行，不断监测、控制网络中的各种设备、线路和用户访问。在美国、荷兰的操作中心，各有两台SCP，在任何时刻，只有一台SCP处于激活状态，控制整个网络，其余三台SCP处于热备份状态。在处于激活状态的SCP出现故障时，备份SCP被激活，保证网络的安全可靠性。

（3）片处理机（slice processor，SP）。

SP负责电报的存储转发和控制电报的路由选择。目前两个操作中心各有两台SP处于激活状态，同时每个激活的SP都有一台同型号的SP进行热备份。为了适应发报量不断增长的需要，还要陆续增加SP。目前SWIFT采用的是CNISYS公司的A系列主机作为

SCP 和 SP。

（4）地区处理机（reginal processor，RP）。

RP 是连接 SWIFT 网络终端（computer based terminal，CBT）与 SWIFT 系统的安全有效的逻辑通道，是运行在 RP 上的软件与运行在 CBT 上的接口软件通信。所有用户发出的电报都由 RP 对其格式、地址代码等进行审核。合格后才能发往 SP，在电报即将出网进入 CBT 前，也暂时存放在 RP 上，等待送达接收用户。

每台 RP 基本上承担一个国家的电报处理，所以称为地区处理机，所有的 RP 都在美国和荷兰的两大操作中心内。OC 通过全双工国际数据通信链路与 RP 连接，各成员国行则通过国内数据通信链路与 RP 连接。RP 担任的工作类似于网络集线器，成员行的所有进出电文，全部通过 RP 送入或发出。

为进一步提高系统的运行可靠性，在各 RP 之间还设有备用链路。如果主链路出故障，该 RP 通过另一个 RP 连接到某个 OC 上。

（5）SWIFT 访问点（SWIFT access point，SAP）和远程访问点（remote SWIFT access point，RAP）。

SAP 是连接 SWIFT 骨干网（SWIFT transport network，STN）的分组交换结点机，它们把 SWIFT 系统的各种处理机（SCP，SP，RP）和遍布世界的 SWIFT 用户连接到 STN 网上。根据入网用户数量和发报量的大小，SAP 的配置不尽相同。除了少数用户数和发报量很大的国家和地区外，多数国家采用远程 SAP 方式（即 RAP），采用一个统计时分多路器，将几个用户连到一个多路器上，通过一条专线连到邻近国家或地区的 SAP 上，这个多路器称为远程 SWIFT 访问点 RAP。

1995 年以前，中国地区的远程 SWIFT 访问点在北京中国银行大楼内，几家商业银行通过一个统计时分多路器，复用一条 9600 bps 的卫星线路连接到香港的 SAP 上。1995 年，RAP 升级为中国 SAP，并迁入北京电报大楼内，同时在上海电信局内也设立了同样型号的 DPN100。北京的 SAP 通过卫星线路连接到新加坡的 SAP，上海的 SAP 连接到香港的 SAP。北京和上海的 SAP 用 9600 bps 的光缆互联公共数据网 CHINAPAC 使用 19 200 bps 连接北京的 SAP，使国内 SWIFT 用户使用 SWIFT 更加安全可靠。

（6）用户与 SAP 的连接。

根据发报量的大小、SAP 的位置以及对费用的权衡，用户与 SAP 有三种连接方式，即专线连接、通过公共电话线的拨号连接和通过公共数据网连接。为了增加安全性，避免由于设在本国的 SAP 出现故障时引起用户通信中断备份线路直接连接某个境外的 SAP。用户访问 SWIFT 系统需要有一套计算机系统与 SWIFT 系统连接，目前有多家计算机公司开发运行在多种平台上的 SWIFT 接口软件。

6. SWIFT 的网络结构发展

早期的 SWIFT 电报采用 X.25 协议进行传输，主要提供 FIN、GPA 业务，共有 240 种以上的电文标准供成员使用。FIN 的用户与 SWIFT 或其他用户间交换着标准的格式化报文；GPA 是普通目标的应用，通过 GPA 可在逻辑终端和 FIN 系统间建立和控制通信，同时也能起始和中断 FIN 会话，GPA 主要处理系统报文，不处理用户间的报文。

面对不断增加的 SWIFT 连接和迅速成长的 FIN 类的报文流量，1997 年 SWIFT 宣布计划开发基于 IP 技术的产品和服务。

2000 年 SWIFT 宣布在信托及支付两方面进军 B2B 领域。在开发新的 XML 标准时，SWIFT 推出了安全 IP 网（secure IP network，SIPN）、SWIFTNet Link（一种通过安全 IP 网访问 SWIFTNet 报文服务的软件产品）、SWIFTNet PKI（提供数字签名及支持认证服务的公钥密码技术）、SWIFTNet InterAct、SWIFTNet FileAct。

2002 年，SWIFT 开始对其网络技术进行升级。SWIFTNet 完成了 X.25 到 SIPN 的迁移，它处于公网和互联网之外，仅对 SWIFT 会员开放。SWIFTNet 二期也在实施之中，该阶段的主要任务和目的是使用工业标准的（IPublic Key Infrastructure，PK）公钥基础设施技术建立一个单一的安全模式来访问所有的 SWIFTNet 服务，同时引入一种全新的关系管理应用（relationship management application，RMA）使 SWIFT 的各成员能够更有效地管理他们的客户关系。

2003 年 6 月，SIPN 启用了多供应商模式，即用户可以使用不同的网络供应商提供的网络系统与 SWIFT 系统相连。这些网络系统一端通过主干网访问节点与 SIPN 主干网相连，一端通过 M-CPE 与用户相连，这样用户就可以访问 SWIFTNet，获得相关服务，服务流程如图 7-12 所示。

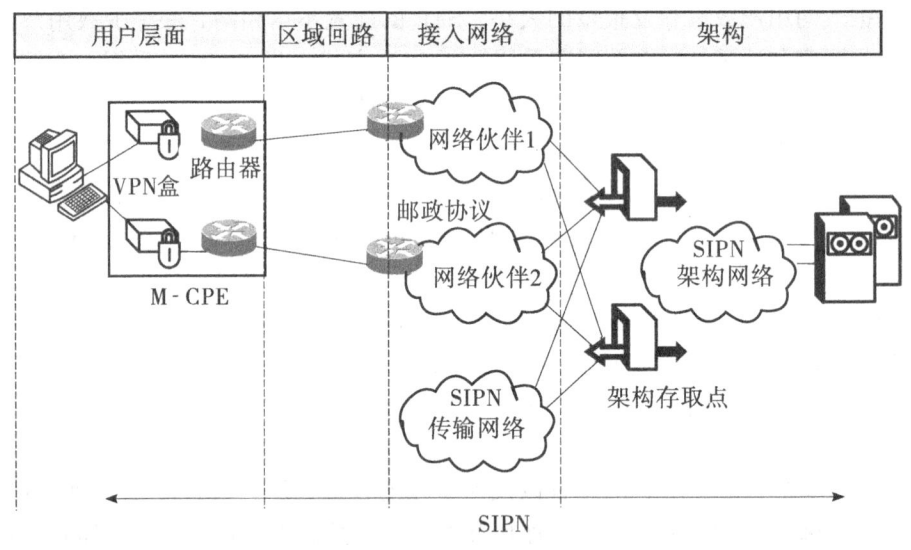

图 7-12 服务流程图

M-CPE 是由 SWIFT 管理的安装在客户端的网络设备，由一个或多个 VPN 盒及一个或多个网络路由器组成。在客户端既可选用适宜高速专网的 M-CPE 与 SWIFT 网络伙伴（point of presence，POP）连接，亦可选用适宜低速用户拨号的调制解调器与 SWIFT 网络伙伴的连接。SWIFT 谨慎地选择了一定的网络伙伴供客户连接到 SWIFT，避免了单个网络供应商可能导致的垄断，客户可在多个网络供应商间引入竞争机制，连接使用一个或多个网络供应商的网络。

新一代 SWIFT 系统是开放的、基于 IP 网络连接方式的 SWIFTNet 系统。其基础架构可分为四层,自底向上分别为SWIFTNet网络连接层、报文平台层、交易服务专用接口层和业务应用层。SWIFT更详细的系统架构如图7-13所示。

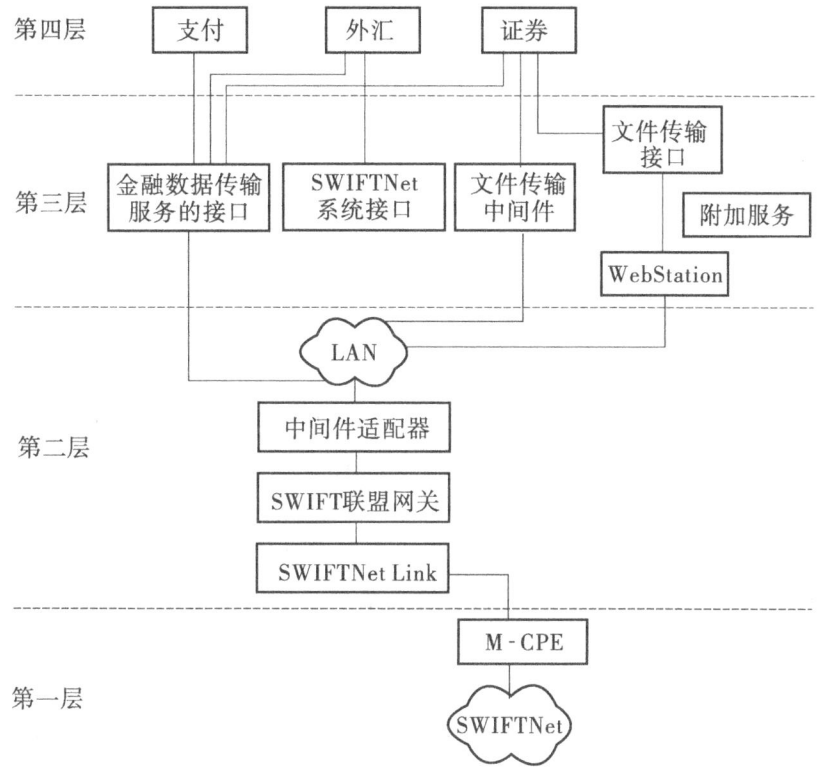

图7-13 SWIFT的详细系统架构图

7. SWIFT的特点

从1973年SWIFT组织成立至今,该组织已经过了40多年的成长,作为国际结算的平台,SWIFT系统详尽的安全架构使得它非常可靠。SWIFT有下列几个特点:

(1)格式标准化。

SWIFT的标准格式分为两种,一种是基于FIN的标准MTs,另一种是基于XML的新标准MXs。目前,两种标准处于暂时的共存状态。

①MTs。MTs通用表达式为MTnXX,n(0~9)表示报文类型,XX表示在n类型中的分类:Category n——Common Group Messages;Category 1——Customer Payments & Cheques(类别1——客户的汇款与支票);Category 2——Financial Institution Transfers(类别2——银行头寸调拨);Category 3——Treasury Markets–Foreign Exchange,Money Markets & Derivatives(类别3——外汇、货币市场与衍生物);Category 4——Collection & Cash Letters(类别4——托收与支票);Category 5——Securities Markets(类别5——证券买卖);Category 6——Treasury Markets–Precious Metals(类别6——财富市场–贵金属),Treasury Markets-Syndications(财资市场–联合贷款);Category 7——Documentary Credits & Guarantees(类别7——信用证业务和保函);Category 8——Travellers Cheques

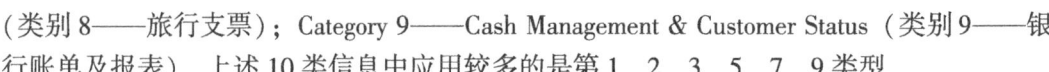

（类别8——旅行支票）；Category 9——Cash Management & Customer Status（类别9——银行账单及报表）。上述10类信息中应用较多的是第1、2、3、5、7、9类型。

②MXs。在1999年，SWIFT组织选择了XML编码作为新一代标准，同时决定最终应用新一代以XML为基础的标准（MXs），这是一个漫长的过程，因为它在实现难易程度及需求上都有一定挑战，以至于暂时无法立即替代现有的FIN为基础制定的MTs。这使得MTs、MXs将有一段意义重大的共存期，这同工业上正在采用的其他共存方法并无差别。

新型的MXs标准由12类组成，账户管理：acmt.×××.×××.××；管理：admi.×××.×××.××；现金管理：camt.×××.×××.××；支付清分与结算：pacs.×××.×××.××；支付起始：pain.×××.×××.××；证券：seev.×××.×××.××；交易服务管理：tsmt.×××.×××.××；债券管理：trea.×××.×××.××；证券交易：setr.×××.×××.××；证券结算：sese.×××.××；证券管理：semt.×××.×××.××；参考日期：reda.×××.×××.××。

③MTs与MXs的共存及解决方式。目前，一个两步的方法正在用来评估特定环境下的商业交易以及鉴定究竟如何才能够解决共存现象。

步骤1：确保语义的完全。

第一步用来评估现存的标准是否能够提供令人满意的端对端商业交易的支持。这个分析会考虑到账户服务的水平，并由一些特点诸如日期的丰富性、质量及时间等代表。也许这会揭露出漏洞或者矛盾，比如丢失信息或者重复信息。被鉴定出的问题会通过标准的发展解决。自由格式信息、自由文本领域或者独立信息等用来发送丢失信息的工作区会被抑制，因为它们不能够保证兼容STP，也就是说，在长期来看它们对于用户会意味着更大的成本。

步骤2：决定使用的语法（MT或者是MX）。

第二步会评估将被商业交易所采用的语法。假如以后的信息一直采用不同的语法，那么互用性及STP的弊端带来的风险将日益明显，所以最终的目标就是在每个商业交易领域有唯一的语法。标准发展将会默认采纳执行XML，除非商业交易只对MTs有好感，或者是并没有意愿迁移到XML。

（2）传送量大、费用低。

SWIFT每日信息传送量很大，为国际结算提供强有力的支持。SWIFTNet FIN客户数量统计中，活跃状态国家有208个，活跃状态会员为2264个，活跃状态附属会员3224家，活跃状态参与者2897家，总计活跃状态用户数量为8385。

SWIFT通信费是基于路由和通信量定价的，对通信量多的用户可打折扣，最高可折让50%，对发展中国家则减半收费。SWIFT每年底还根据经营情况向成员行返还部分（如20%）收费，并根据其业绩向成员行发放红利。

（3）提高了金融通信和金融机构业务处理的效率。

对于金融机构业务处理来说，SWIFT提供了详细的业务处理记录节省金融机构结算、查账和控制的时间；Transaction Watch服务为金融机构监视信息传递过程，方便对系统效率的分析；STP Review向用户提供STP评估，提高服务质量。

（4）提供了有效的安全措施和风险管理机制。

SWIFT采取的安全措施主要有：储备系统中心备份，建立了两套独立、完整的设备和线路；日常的系统检测，在访问应用流程方面采取认证、入侵检查、信息流量的控制等。

在支付风险管理方面，SWIFT并不向金融机构提供直接的帮助，但是SWIFT向其提供间接的帮助：大额支付和证券交易的清算、结算；净额结算提供FIN Copy；在交易指令传达给接收方之前，指令要备份并通过第三方（中央银行）的认证。

（5）多元化的服务。

SWIFT的服务对象范围在不断扩大。早期，SWIFT的会员主要是银行、证券机构等。现在，SWIFT向大量的金融服务机构提供信息传送和接入服务。而且，SWIFT正在逐渐地把企业吸收到协会中来，这项措施对企业和会员银行都有利。一方面提高了企业信息传输的效率和安全性；另一方面，会员银行将吸引更多的客户，这会增加信息传输量，从而降低每笔业务的费用，而且可以提供更多种类、更为优质的服务。

SWIFT从四个角度服务金融市场——证券、贸易服务、财政及派生物、支付及资金管理。具体产品及服务包括以下几个方面：

①SWIFT解决方案：包括如SWIFTNet Accord、SWIFTNet Affirmations、SWIFTNet Bulk Payments、SWIFTNet Cash Reporting、SWIFTNet CLS Third Party Service等服务。

②市场基层设施：具体分为证券市场及银行市场两方面。

③信息传递服务：包括SWIFTNet FIN、SWIFTNet FileAct、SWIFTNet InterAct、SWIFTNet Browse等。

④接入服务：包括SPIN、SWIFTNet Link在内的各种直接与间接接入服务。

⑤交互式服务：SWIFT Alliance系列产品，信息传送方面拥有SWIFT Alliance Access、SWIFT Alliance Entry；信息交流方面拥有SWIFT Alliance Gateway、SWIFT Alliance Starter Set；在桌面操作则有SWIFT Alliance WebStation、SWIFT Alliance Messenger。

⑥信息产品：包括了BIC查询服务等内容。

8. SWIFT的风险防范

SWIFT安全威胁来自两个方面：一是支付风险，二是系统风险。

在支付风险方面，SWIFT并不向金融机构提供直接的帮助。利用SWIFT所提供的服务，金融机构可以有效控制支付风险。例如，SWIFT为支持大额支付及与证券相关交易中的清算、结算、净额结算，提供了FIN Copy服务。在交易指令传达给接收方之前，指令要备份并通过第三方（如中央银行）的认证。

（1）SWIFT的安全体系。

SWIFT系统的安全主要遭受以下几个方面的威胁：假冒，报文被截取（读取或复制）、修改、重播；报文丢失，报文发送方或接收方否认等。针对这些安全威胁，SWIFT系统从三个方面设计其安全体系，即进入系统的操作管理场所的物理安全、系统访问安全、报文安全。

①物理安全。SWIFT使用电子仪器探测系统，保证只有合法的授权人，才可进入系统的"敏感区"。对于远程无人操作地点，在两个系统控制中心（SCC）都有检测器进行

监视，对于任何闯入企图，检测器将立即报警。凡要进入访问节点（SAP）的用户，必须通过支持中心或 SWIFT 技术代理向系统申请，并要获得 CIO（chief inspector's office）的同意，才可进入。

②系统访问安全。进入 SWIFT 系统的 CBT（computer based terminal），必须经过"LOGIN"操作；进入 FIN 应用环境，要经过"SELECT"操作；凡不能正确完成"LOGIN"和"SELECT"操作的都无法进入系统，而这两个操作都需要口令，只有有权进入该服务系统的人员，才能提供正确的口令。SWIFT 系统的每个 CBT 都有一套自己唯一的口令。

③报文安全。发送报文的安全。所有 GPA（general purpose application）和 FIN（Financial Application）报文，SWIFT 系统都要对其加密，经过加密算法得到的结果 CHK 放在报尾（checksum trailer），每个报文都有唯一的 CHK。网络的输入输出节点还要重新计算 CHK 来验证报文在传送过程中是否有损坏，如果有损坏系统将要求重发报文。

·报文验证。在报文进入片处理器（SP）以前，需要经过地区处理器（RP）的验证，只有符合 SWIFT 标准和语义的报文方可进入系统。

·传递报文安全。接收端收到报文后对其 CHK 重新计算，确认报文是否安全送达，只有正确收到报文后，接收端才向 SWIFT 系统发出正确接收信息 UAK，否则发出 UNK。如果系统收到 UNK，还需重新传递报文，最多 11 次，如果还是收到 UNK，系统将自动终止传递，并通知发报方报文未被安全送达。

·用户密押。FIN 用户报文都要用到用户密押对报文加密，只有用户双方知道密押值。发报方用密押按照公开算法对报文进行加密计算，得到 MAC（message authentication code）放在报尾后，收报方用密押按照相同的算法重新计算，如果算得的 MAC 与报文的 MAC 相同，就可以确认报文在发送途中未被篡改，报文的数据是真实的。SWIFT 系统向用户提供了密押交换服务 BKE，用户可按照自己的要求互换密押。

(2) SWIFT 系统安全策略。

针对系统的安全威胁，SWIFT 系统提供了安全策略，用以维护系统安全。

（1）安全登录和选择服务。用户通过 LOGIN/SELECT 功能连接 SWIFT 系统，其作用是鉴别和审核 SWIFT 的逻辑终端。

（2）防止第三方冒充。即通过报文验证代码（MAC）鉴别报文发送方的真实身份，从而准确地鉴别报文的来源，或通过产生一次性的会话密钥确保用户与 SWIFT 系统正常连接。

（3）防止第三方截取报文。即防止报文内容被未经授权的人阅读或复制，通过对报文进行加密从而达到内容保密，即使第三方截获报文也难以理解报文内容。

（4）使第三方无法修改、替换报文内容，或者可以发现报文在传输的过程中被修改。

（5）防止报文的重播和丢失。通过重复报文报尾 PEMtrailer、传送时限来防止报文重播和丢失。

（6）在系统内进行交换的报文被复制存储，与报文交换有关的各种活动及其发生的时间均被记录。

（7）相关安全责任的分离，即一人不能负责多项安全事务，即使是系统管理员也不能一人拥有所有的权限，而是由多个系统管理员分别管理各项功能。

9. SWIFT 与中国

中国银行作为中国银行业中的第一个 SWIFT 组织成员，于 1983 年 2 月率先加入了 SWIFT 组织，并于 1985 年 5 月 13 日正式开通了 SWIFT，是 SWIFT 组织的第 1 034 家成员行，成为我国与国际金融标准接轨的重要里程碑。随后，中国工商银行、中国农业银行、中国建设银行、交通银行、中信银行等也相继加入 SWIFT，并利用 SWIFT 系统开展国际金融业务。例如，中国建设银行的快速电子清算系统就是利用 SWIFT Alliance Access 的电子服务系统，通过 SWIFT 组织开发的 PC-Connect 软件与主机相连，为客户间的国际结算提供服务。中国银行的环球收付清算系统以 SWIFT 通信网络为运行环境，与国外代理行计算机系统对接，集收付指令处理及资金清算为一体，把遍布 22 个国家和地区的 554 个海外分支机构连成有机整体，形成一条快捷、安全、高效的资金传递"高速公路"。

2007 年 6 月 7 日，中国银行正式注册加入由 SWIFT 开发的贸易服务设施系统（trade services utilities，TSU）。作为中国银行业中的第一个 SWIFT 组织成员，中国银行的业务专家在包括开发推广"TSU"系统等工作过程中发挥了建设性作用。随后中国银行积极应用"TSU"系统开展供应链管理和融资业务的实践和创新，为广大贸易企业提供优质高效的产品和服务。

SWIFT 的优势在于批量支付银行可以将原本需要多次发送的同类报文和文件打包进行一次性的处理，直接进行与清算中心、银行间和企业用户间的直连，从而降低运营费用。

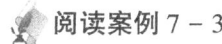

阅读案例 7-3

SWIFT 存在漏洞

2016 年 4 月 26 日，据国外媒体报道，环球同业银行金融电讯协会（SWIFT）警告其客户称近期有黑客通过恶意软件入侵 SWIFT 通信平台发送诈骗短信的现象。

据悉，SWIFT 此次发出该警告的时间，正值调查人员调查黑客入侵孟加拉国央行盗提现金案之际。2016 年 2 月，黑客入侵了孟加拉国央行的电脑系统，试图将其在纽约联邦储备银行的 9.51 亿美元存款转走。SWIFT 已经承认，黑客通过恶意软件入侵了涉事央行的 SWIFT 软件，删除了非法转账的相关记录。

SWIFT 通过路透社向客户发布警告称："SWIFT 意识到，在最近的几起网络事件中，恶意攻击者通过金融管理后台的本地端口连接至 SWIFT 网络，入侵 SWIFT 客户端获得提交 SWIFT 报文的权限"。SWIFT 发布该警告的同时并未明确有相关金融机构因此受到攻击或出现损失。同时 SWIFT 组织证实了路透社发文的真实性。

周一，SWIFT 针对银行客户端软件发布安全更新以阻止恶意软件。英国防务承包商 BAE 安全研究人员称该恶意软件可能被黑客用于此前的孟加拉国央行盗提现金案。BAE

获取的相关证据表明，黑客通过恶意软件入侵了 SWIFT 的 Alliance Access 客户端软件以掩饰其非法转账的痕迹。但 BAE 无法就黑客如何通过 SWIFT 系统发起转账作出解释。

但 SWIFT 就该攻击做出推测，称攻击者非法获取了 SWIFT 通信的相关授权后，才能通过 SWIFT 通信平台进行欺骗性转账申请。这是近期网络攻击的共性问题。SWIFT 发言人 Natasha Deteran 表示，"这些网络攻击的共性是攻击者首先非法获取了关于该金融机构的有效授权。"她警告称，"客户应尽最大努力，防止授权泄露。"

（资料来源：http://www.51cto.com/article/511572.html）

问题：

你认为 SWIFT 可以做哪些改动防止下次遭到非法攻击？

本章小结

后付型网络支付是先消费、后付款的一种网络支付方式，最主要的就是两种：基于信用卡的网络支付，以及在移动商务中利用后付费用户的手机号码作为支付账号；采取月结方式扣取相关的消费费用的方式。

信用卡起源较早，现今已有很多十分健全的组织，有着极为广泛的应用。从申请到最终的使用，信用卡已经发展出一整套颇为完善的模式和流程。但与此同时，信用卡支付仍然存在着问题。

移动支付存在多种支付形式，本章主要叙述的是以移动运营商为运营主体，以后付费用户为对象的小额支付模式。

关键术语

信用卡　电子现金　转账　电子汇兑系统

综合练习

一、填空题

1. 国际上主要的发卡组织有_____（至少写出 4 个）。
2. 一般信用卡共同特点是：_____。
3. 狭义电子现金通常是指一种以_____形式流通的货币，它把现金数值转换成一系列的_____，通过这些序列数来表示现实中各种交易金额的币值。
4. 就电子现金的表现形式而言，电子现金主要有_____和_____。
5. 电子汇兑系统，就是_____以自身的计算机网络为依托，为客户提供汇兑、托收承付、_____、银行承兑汇款、_____等支付结算服务方式。

6. 电子汇兑系统的运作都要经过以下基本作业处理流程：_____、电文的接收、电文数据控制、_____、_____。

二、选择题

1. 信用卡的基本功能包括（   ）。
   A. ID 功能   B. 结算功能
   C. 信息记录功能   D. 代理收费功能
2. 在信用卡交易中，（   ）来担保向收受信用卡的商家付款。
   A. 持卡人的担保人   B. 持卡人
   C. 收单银行   D. 发卡机构
3. 以下哪一种不属于网络上可支付的信用卡？（   ）
   A. VISA   B. MasterCard
   C. VIP Card   D. American Express
4. 以数据形式流通，通过互联网购买商品或服务时使用的货币是（   ）。
   A. 电子现金   B. 安全零钱
   C. 电子信用卡   D. 电子汇款
5. 电子现金的发行方式包括（   ）。
   A. 信用卡   B. 具有存储功能的预付卡
   C. 纯电子化的用户号码文件   D. 借记卡

三、判断题

1. 以移动运营商为主体的移动支付方式不可直接与用户发生关联，需要银行参与。（   ）
2. 后付型网络支付是先消费、后付款的一种网络支付方式，有一定的信用风险，但能有效促进消费。（   ）
3. 以移动运营商为主体的移动支付方式可以小额支付，也可大额支付。在 POS 上刷卡是目前最常见的信用卡使用方式，是一种联网刷卡的方式。（   ）
4. 电子转账支付的实质是存款在账户间的移动。（   ）
5. 电子汇兑系统的主要用户是社会大众。（   ）

四、简答题

1. 信用卡卡面上至少应有哪些信息？
2. 信用卡的安全问题主要有哪些方面？
3. 电子现金制作流程有哪些？
4. 电子现金支付流程有哪些？
5. 列举本章四种网络支付存在的安全问题。
6. 简述电子汇兑系统的类型。

电子支付

 实际操作训练

课题：信用卡支付流程

实训项目：信用卡支付流程的制定

实训目的：熟悉信用卡支付流程，充分理解各方利益

实训内容：收集信用卡发放相关资料，并进行信用卡申请

实训要求：同学各自分组，分别收集各个不同银行信用卡资料

参考文献

[1] 张劲松. 网络金融 [M]. 北京：机械工业出版社，2018.

[2] 柯新生，王晓佳. 网络支付与结算 [M]. 北京：电子工业出版社，2016.

[3] 戴建中. 电子商务概论 [M]. 北京：清华大学出版社，2016.

[4] 周虹. 电子支付与网络银行 [M]. 北京：中国人民大学出版社，2016.

[5] 张宝明. 电子金融学 [M]. 上海：立信会计出版社，2011.

[6] 俞立平. 电子商务概论 [M]. 北京：清华大学出版社，2012.

[7] 张承惠，陈道富. 我国金融监管架构重构研究 [M]. 北京：中国发展出版社，2016.

[8] 陈林. 互联网金融发展与监管研究 [J]. 南方金融，2013（11）：52-56.

[9] 徐超. 第三方支付体系：兴起、宏观效应及国际监管 [J]. 经济问题，2013（12）：11-16.

[10] 尹海员，王盼盼. 我国互联网金融监管现状及体系构建 [J]. 财经科学，2015（09）：12-14.

[11] 任高芳. 美国第三方支付监管体系对我国的启示 [J]. 金融发展评论，2012（10）143-154.

[12] 董昀，李鑫. 互联网金融的发展：基于文献的探究 [J]. 金融评论，2014，6（05）：16-40，123.

[13] 魏鹏. 中国互联网金融的风险与监管研究 [J]. 金融论坛，2014，19（07）：3-9，16.

[14] 董昀. 支付经济学：起源、发展脉络与前沿动态 [J]. 金融评论，2016，8（04）：110-123，126.

[15] 李蔚田，孙学军. 网络金融与电子支付 [M]. 北京：北京大学出版社，2015.

[16] 陈彩霞. 电子支付与网络金融 [M]. 北京：清华大学出版社，2016.

[17] 埃里克·杰克逊. 支付战争 [M]. 北京：中信出版社，2015.

[18] 史浩. 互联网金融支付 [M]. 北京：中国金融出版社，2016.

[19] 刘生福. 数字化支付对货币政策的影响：综述与展望 [J]. 经济学家，2018（07）：88-95.

[20] 徐茜. 支付宝、微信支付营销实战 [M]. 北京：人民邮电出版社，2016.

[21] 陈果静. 支付市场重塑新格局 [J]. 决策探索，2017（09）：38-39.

[22] 徐海勇，刘虹，张琳，等. 二维码扫码聚合支付模式研究 [J]. 中国新通信，2018（3）.

[23] 秦湘清，吕涛. 二维码扫码支付模式的探讨 [J]. 中国金融电脑，2017（2）：72-75.

[24] 赵鹍. 二维码扫码支付迎来银联巨头 [J]. 金融博览（财富），2017（1）：68-69.

[25] 党杨，施立. 商业银行与第三方支付软件在"扫二维码大战"中如何取得优势 [J]. 产业与科技论坛，2017（18）：125-126.

[26] 崔莹. 手机二维码支付应用技术和发展概述 [J]. 电脑知识与技术，2013（4）：945-947.

[27] 高小强. 条码支付：业务模式、发展前景与对策建议 [J]. 南方金融，2017（1）.

[28] 张鑫. 我国商业银行二维码支付业务及发展对策研究 [D]. 北京：首都经济贸易大学，2017.

[29] 徐英卓，王文彬. 支付宝扫码支付模式探究 [J]. 电脑知识与技术，2017（17）.

[30] 张新访. 基于智能卡技术的移动支付发展 [J]. 中国金融, 2013 (1)：35-35.

[31] 谭明红. 金融 IC 卡 POS 终端交易流程分析及优化建议 [J]. 金融科技时代, 2014 (6)：70-71.

[32] 郭娜, 黄凤. 浅析智能卡的应用及发展 [J]. 中国新通信, 2014 (20)：83-83.

[33] 罗永其. 智能卡技术 [J]. 网络新媒体技术, 2011, 32 (4)：61-65.

[34] 李庆艳, 张文安, 谢云. NFC 技术标准体系揭密 [J]. 电信技术, 2013 (6)：62-68.

[35] 韩丰, 张雷鸣. NFC 技术的应用及发展 [J]. 中国电子商务, 2013 (19)：92-93.

[36] 韩露, 桑亚楼. NFC 技术及其应用 [J]. 移动通信, 2008, 32 (6)：25-28.

[37] 胡治宇, 利莉. NFC 技术下移动近场支付模式探究 [J]. 电子制作, 2017 (18)：88-89.

[38] 欧阳秉炎. NFC 技术在移动支付中的应用 [J]. 广东通信技术, 2016, 33 (6)：67-69.

[39] 缪尔宁. 基于 NFC 技术的移动近场支付模式分析 [J]. 金融电子化, 2012, (8)：73-74.

[40] 周茏茏. 近场通信技术（NFC）浅谈 [J]. 无线互联科技, 2013 (8)：35-36.

[41] 张智华, 黄玲. 近场支付 NFC 的应用分析 [J]. 硅谷, 2015 (4)：160-161.

[42] 余程辉, 刘立新. 近场支付的竞争与发展 [J]. 上海金融, 2016 (7)：91-95.

[43] 徐吉伟. 近场支付现状与规范发展初探 [J]. 现代商业, 2014 (33)：154-155.

[44] 刘凤, 胡徐兵, 张立丽. 浅谈移动近场支付的发展 [J]. 科技展望, 2016, 26 (22).

[45] 沈焕. 全球近场通信与移动支付现状及趋势研究 [J]. 移动通信, 2017 (22)：40-44, 49.

[46] 韦穆华. 移动近场支付战略联盟中的竞争强度与合作强度研究 [D]. 北京：北京邮电大学, 2014.

[47] 郭宝欣, 李朝林. 4G 时代下手机银行的发展策略分析 [J]. 现代商业, 2015 (3)：52-53.

[48] 赵瑾婷. 纯网络银行的发展前景分析：基于 SWOT 分析 [J]. 时代金融, 2017 (27)：110-112.

[49] 赵瑾婷. 纯网络银行与传统银行的竞合分析 [J]. 时代金融, 2017 (15)：86-87.

[50] 张凯, 李天一, 刘杨. 当前互联网银行发展的思路及建议：以前海微众银行与浙江网商银行为例 [J]. 三峡大学学报（人文社会科学版）, 2016, 38 (2)：51-55.

[51] 薛玉燕, 班晶晶, 窦兆文. 第三方支付与网上银行关系研究 [J]. 中国管理信息化, 2015, 18 (12)：178-179.

[52] 胡华. 互联网民营银行发展研究：基于网商银行和微众银行的对比分析 [J]. 企业技术开发, 2015, 34 (31)：96-98.

[53] 张艳, 沈亮, 顾健. 基于移动终端的手机银行安全性技术及评估需求浅析 [J]. 信息网络安全, 2012 (8)：67-70.

[54] 陈林芳. 浅谈区域性商业银行手机银行业务发展 [J]. 商场现代化, 2017 (16)：113-114.

[55] 刘晓燕, 孔祥茹. 手机银行技术发展与应用探讨 [J]. 电信技术, 2015, 1 (9)：77-78.

[56] 刘寅. 手机银行系统的设计与实现 [D]. 济南：山东大学, 2015.

[57] 徐立杰. 网络信息安全技术在手机银行系统中的应用与研究 [D]. 保定：华北电力大学, 2014.

[58] 王璞玉. 我国纯网络银行发展问题研究 [J]. 金融经济, 2017 (7)：22-24.

[59] 罗玉辉, 侯亚景. 我国互联网银行发展战略及政策监管：基于微众银行和网商银行的案例分析 [J]. 现代经济探讨, 2016 (7).

[60] 许可. 我国网络银行发展的现状及完善 [J]. 中外企业家, 2017 (5)：39.

[61] 包丽红. 我国第三方支付的监管问题研究 [D]. 中国优秀硕士学位论文全文数据库, 2017.

[62] 刘丹阳. 第三方支付平台法律问题研究 [D]. 中国优秀硕士学位论文全文数据库, 2017.

[63] 付佳, 张燕. 互联网金融弄潮儿：第三方支付 [M]. 北京：电子工业出版社, 2015.

[64] 李栋. 互联网金融平台的战略选择以及竞争优势构建研究 [D]. 南京：东南大学, 2017.

[65] 田奇聪. 第三方支付与商业银行的竞争合作关系研究 [D]. 中国优秀硕士学位论文全文数据库, 2017.

[66] 赵渊博. 银行网点转型, 路在何方 [N]. 中国城乡金融报, 2018-06-21.

[67] 翟迪. 互联网+时代网络科技发展对银行业务的推动作用 [J]. 商场现代化, 2018.

[68] 张益群. 中国电子商务第三方支付的市场结构研究 [D]. 中国优秀硕士学位论文全文数据库, 2018.

[69] 许庆华. 互联网金融之第三方支付研究 [D]. 中国优秀硕士学位论文全文数据库, 2015.

[70] 马梅. 支付革命：互联网时代的第三方支付 [M]. 北京：中信出版社, 2014.

[71] 修永春. "网联"时代第三方支付的三元监管模式探析 [J]. 上海金融, 2018 (11).

[72] 只音. 互联网金融背景下的移动支付研究 [D]. 中国优秀硕士学位论文全文数据库, 2017.

[73] 田增. 我国商业银行移动支付业务发展研究 [D]. 中国优秀硕士学位论文全文数据库, 2017.

[74] 杨媚. 我国移动支付发展研究 [J]. 现代营销（经营版）, 2018.

[75] 陈晓勤, 钱守廉, 李峰. 移动支付改变生活：电信运营商的移动支付创新与实践 [M]. 北京：人民邮电出版社, 2012.

[76] 赵存宝. A公司地铁云支付系统项目商业模式研究 [D]. 北京：北京交通大学, 2017.

[77] 李纯. 基于电子钱包的移动微支付方案的研究 [D]. 扬州：扬州大学, 2015.

[78] 李俊花. 几个电子现金支付方案的分析与改进 [D]. 中国优秀硕士学位论文全文数据库, 2011.

[79] 孙森. 网络银行 [M]. 北京：中国金融出版社, 2010.

[80] 陈鹏. 美国网络银行的发展及其对中国的启示 [D]. 长春：吉林大学, 2017.